DIE 100 BEDEUTENDSTEN ENTDECKER

Samuel de Champlain

Samuel de Champlain

DIE ERFORSCHUNG DER OSTKÜSTE NORDAMERIKAS

Übersetzt und eingeleitet von Udo Sautter

»Die Entdeckung Nordamerikas wird nirgends großartiger anschaulich als in der epischen Schilderung der Abenteuer Samuel de Champlains.«

Joe C. W. Armstrong, Champlain.

Inhalt

Einleitung

I. Gedanken zu Beginn

Von den Entdeckungen Christoph Kolumbus' Ende des 15. Jahrhunderts an kontrollierten Spanier und Portugiesen jahrzehntelang die amerikanische Atlantikküste. Gelegentliche Versuche anderer europäischer Mächte, sich einen Stützpunkt zu sichern, erfolgten nur halbherzig und ohne dauerhaften Erfolg. Der Franzose Jacques Cartier segelte zwischen 1534 und 1542 dreimal zum Sankt-Lorenz-Golf und den Strom hinauf bis zum Ort des späteren Montreal, doch zu guter Siedlung kam es nicht. Die hugenottischen Versuche Nicolas Durand de Villegaignons in Brasilien in den 1550er Jahren blieben ebenso ergebnislos wie etwa die zaghaften englischen Bemühungen auf Roanoke Island vor der Küste Virginias in den 1580er Jahren. Erst der britische Sieg über die Spanier 1588 und das Ende der französischen Religionskriege gegen die Jahrhundertwende hin machten den Weg frei für ernsthaftere Bestrebungen. Die erste französische, die dauerhaften Erfolg hatte, war diejenige Samuel de Champlains. Auf eigene Initiative hin und bald auch mit staatlicher Unterstützung legte er den Grundstein für die Entwicklung der neufranzösischen Kolonie.

Wir wüssten heute nicht viel über die Einzelheiten dieses Beginns ohne Champlains Berichte. Obwohl selbst eher ein Mann des Astrolabs und der Hakenbüchse, hat er uns jedoch offensichtlich aufgrund eigener oft minutiöser Aufzeichnungen recht ausführliche Erzählungen über vielerlei Einzelheiten dieser Anfangsjahre hinterlassen. Dafür gebührt ihm der uneingeschränkte Dank des Historikers. Natürlich ist die Darstellung durchgehend subjektiv gefärbt und verlangt, wie neuere Untersuchungen ergeben haben, in nicht wenigen Fällen hinsichtlich mancherlei Fakten nach Korrektur. Aber gleichwohl ist sie in vielem unersetzlich in ihrer Frische. Nirgends sonst finden wir eine solche Fülle von Beschreibungen der Fauna und Flora, der Sitten der Ureinwohner und der Mühsal der Erkundungsbemühung zu Beginn des 17. Jahrhunderts wie bei ihm. In den hier vorgelegten Schilderungen seiner Reisen zwischen 1604 und 1613, die das Kernstück seines schriftstellerischen Schreibens bilden, besitzen wir eine zeitgenössische Quelle erster Güte. Sie wird hier erstmals auch deutschsprachigen Lesern vorgelegt.

Bei der Übersetzung des im Französisch des frühen 17. Jahrhunderts verfassten Textes mussten natürlich hin und wieder im deutschen Sprachgebrauch nicht zu findende Wendungen adaptiert werden. Grundsätzlich wurde jedoch Wert gelegt auf möglichst große Textnähe, um dem Leser wenigstens so weit wie angängig das Flair des Originals zu vermitteln. Auf die Verwendung heute bei Manchen beliebter, ideologisch inspirierter Modernismen (»Erste-Nation-Leute« für Ureinwohner) wurde verzichtet. So schreibt Champlain zwar durchgehend von »Wilden«; diese werden in der vorliegenden Übersetzung aber, wohl sachgerechter, »Indianer« genannt. Absätze wurden grundsätzlich beibehalten. Für Ortsnamen wurde, falls heute üblich, die englische Form gewählt, sonst die französische.

II. Samuel de Champlain

Wenig ist bekannt über Champlains Abstammung. Seinem Ehevertrag zufolge wurde er als Sohn von Anthoine de Champlain, einem »Kapitän der Marine« und dessen Ehefrau Marguerite Le Roy geboren. Unbezweifelt ist, dass er seine Jugend in Brouage in der Saintonge (heutiges Département Charente-Maritime) an der französischen Atlantikküste verbrachte. Aber viele Fragen sind ungeklärt. Wurde er in Brouage geboren? Dies war damals ein vorwiegend katholischer Platz in einer hugenottischen, also protestantisch-calvinistischen Umgebung. Wurde er katholisch getauft? Sein für Katholiken unüblicher, alttestamentarischer Vorname Samuel deutet eher auf eine protestantische Familienabstammung hin. Andererseits verhielt er sich in späteren Jahren unzweideutig katholisch, doch dies in der Nähe des selbst vom Calvinismus zum römischen Glauben konvertierten Königs Heinrich IV. Ist Champlain diesem auch in Glaubenssachen gefolgt?

Sehr unsicher ist gleichfalls das genaue Jahr der Geburt. Das Taufregister jener Jahre in der Kirche von Brouage ist nicht erhalten. Lange Zeit schwankten diesbezügliche Annahmen zwischen etwa 1567 und 1580. Kürzlich fand man einen möglicherweise passenden Taufeintrag in einer Kirche der nahegelegenen Stadt La Rochelle aus dem Jahr 1574; doch sofort vorgebrachte Zweifel konnten bislang nicht überzeugend widerlegt werden.

Eine andere Frage ist diejenige nach der Zugehörigkeit zum Adel. Den Namen des Vaters ziert, wie oben erwähnt, in Champlains Eheurkunde die adlige Partikel »de«. Doch Champlain hat diese bis 1610 nicht verwendet. Auch war es damals nicht unüblich, dass sich arrivierte Leute auf diese Weise schmückten, ohne formell in den Adelsstand erhoben worden zu sein. Von solcher Erhebung wissen wir jedoch nichts. Der Umstand, dass Champlain trotz aller Verdienste um Neufrankreich nie mit dem dortigen Gouverneursposten ausgezeichnet wurde – was eine adlige Stellung vorausgesetzt hätte – deutet eher darauf hin, daß er in bürgerlichem Stand verblieb.

Nicht von Adel zu sein, bedeutete für Champlain freilich vor allem, dass er sich offen zeigen musste für die Möglichkeiten, die sich für sein Fortkommen boten. Gute Voraussetzungen für Letzteres waren durchaus vorhanden. Er besuchte wohl einige Jahre lang eine der in Brouage tätigen privaten Elementarschulen, wo ihm eine solide Grundausbildung in Grammatik und Rechnen vermittelt wurde. Seine späteren Schriften sind durchweg frei von den damals zum höheren Bildungsgut zählenden Bezügen zu antiker Mythologie und Philosophie, was gewiss darauf hinweist, dass er mit solchem Wissen nicht konfrontiert wurde. Vielmehr erhielt er seine weitere Ausbildung in der Praxis des Lebens, und dieses war für ein Kind der Seefestung Brouage fast notwendig mit dem Meer verbunden.

III. Jugendjahre

Sowohl Champlains Vater als auch ein Onkel waren Seeleute. Bevor er sich allerdings auf See begab, lernte er das Metier eines Landsoldaten. Er diente wohl zwischen 1595 und 1598, also in den späten Jahren der französischen Religionskriege, in der Armee König Heinrichs IV. in der Bretagne. Erst Hilfsquartiermeister, beendete er sein Engagement schließlich als »maréchal de logis«, das heißt Verantwortlicher für die Versorgung der Pferde.

Nach der Beendigung der Kämpfe in der Bretagne erfuhr Champlain, dass ein Onkel mütterlicherseits sein Schiff zum Transport spanischer Truppen nach Cádiz vermietet hatte. Champlain wurde zum Sicherheits-Chef auf der *Saint-Julien* bestellt. Anschließend erhielt er einen Schiffsplatz auf einer zweijährigen Reise zu den spanischen Besitzungen in der Karibik. Champlain machte unterwegs, wie es seine Gewohnheit wurde, viele Notizen. Einen bebilderten Bericht über das während dieser

Jahre Erfahrene übergab er dann nach seiner Rückkehr an Heinrich IV., der ihm daraufhin eine lebenslängliche Pension gewährte. Dieser Bericht, bekannt als *Brief Discours* ..., wurde erst 1870 veröffentlicht. Gelegentlich ist wegen einiger Ungenauigkeiten und textlicher Diskrepanzen Champlains Autorenschaft infrage gestellt worden, doch wird diese neuerdings nicht eigentlich mehr bezweifelt.

Beim Tod des Onkels 1600 erbte Champlain dessen erheblichen Besitz einschließlich eines Gutes bei La Rochelle, Grundstücken in Spanien und eines Handelsschiffes von 150 Tonnen. Diese Erbschaft gewährte ihm, zusammen mit der königlichen Pension, eine finanzielle Unabhängigkeit, die ihn für vielerlei Unternehmungen frei machte. Sie gestattete ihm insbesondere auch, den Handelskreisen in Saint-Malo, Rouen und La Rochelle gegenüber forscher aufzutreten, als es sonst denkbar gewesen wäre.

Die nächsten zweieinhalb Jahre lang arbeitete Champlain am Hof Heinrichs IV. als Geograf, wobei es zu seinen Aufgaben gehörte, die Anlagen französischer Häfen zu besichtigen. Er erfuhr viel über Nordamerika von den Fischern, die jährlich über den Atlantik fuhren und die reichen Fischgründe vor der Küste von Massachusetts bis Neufundland ausbeuteten. Hierbei informierte er sich auch über die kürzlich erfolgten französischen Kolonisierungsversuche, etwa des 1600 in Tadoussac am Sankt-Lorenz-Strom unternommenen, und die Gründe für deren Scheitern.

IV. Akadien

1602 erhielt der Gouverneur von Dieppe, Aymar de Chaste, das Pelzhandelsmonopol für Nordamerika zugesprochen. Champlain sah die Möglichkeit einer weiteren Transatlantikreise und bat de Chaste erfolgreich um einen Platz auf dessen erstem nach Westen segelndem Schiff. Im März 1603 fuhr er von Honfleur in der Normandie auf der unter dem Kommando von François du Pont-Gravé stehenden *Bonne-Renommée* ab. Champlain hatte als eine Art Gentleman-Fahrgast keine eigentlichen Mannschaftsaufgaben auf dem Schiff. Er verstand sich aber offensichtlich gut mit dem älteren und erfahrenen Pont-Gravé, der ihm mancherlei Navigationswissen vermittelte und mit dem ihn danach eine feste, lebenslange Freundschaft verband. Das Schiff erreichte gegen Ende Mai Tadoussac am Unterlauf des Sankt-Lorenz-Stromes, das schon seit Jahrzehnten als jahreszeitlich aktive Pelzhandelsstation für die aus Europa kommenden Schiffe die erste Anlaufstation auf dem Festland war. Drei Tage später überquerten Champlain und Pont-Gravé in einem Boot die Mündung des von Norden kommenden Flusses Saguenay und trafen sich mit Häuptlingen der hier ansässigen Indianer, der Montagnais, der Maliseet und der Algonkin, die mit vielen Stammesgenossen zu einem Fest versammelt waren. Die Franzosen sprachen vom Wunsch ihres Königs nach guter Zusammenarbeit, und man schloss eine Art Allianz. Diese frühe Festlegung beeinflusste die Beziehungen zwischen Franzosen und Ureinwohnern dann auf Jahrzehnte hinaus.

Ab dem 18. Juni fuhren Champlain und Pont-Gravé, die Spuren des zwei Generationen zuvor hier gewesenen Jacques Cartier suchend, den Strom weiter hinauf bis zum heute Richelieu genannten Fluss und erkundeten dessen Unterlauf bis Saint-Ours; anschließend folgten sie dem Sankt-Lorenz weiter, bis die Stromschnellen bei Lachine in der Nähe des heutigen Montreal ihnen die Weiterfahrt verwehrten. Zurück in Frankreich, veröffentlichte Champlain den Reisebericht *Des Sauvages*, der eine detaillierte Beschreibung des Sankt-Lorenz mit schönen Skizzen und Karten enthielt.

In Paris erfuhr Champlain, dass das Pelzhandelsmonopol inzwischen nach dem Tod von de Chaste auf Pierre Dugua de Monts übergegangen war. Als dieser 1604 eine Expedition nach Kanada schickte, schloss sich Champlain wiederum an. Diesmal war nicht der Sankt-Lorenz-Strom das Ziel, sondern vielmehr die Akadien (Acadie) genannte Gegend am Atlantik. Das Tal des Sankt-Lorenz-Stromes war den Expeditionsteilnehmern 1603 als ziemlich unwirtlich und rau erschienen, und so hatte man sich entschlossen, vorerst näher am Atlantik zu bleiben. Der Auftrag 1604 war ohnehin weniger, eine kräftige Siedlung zu errichten, als vielmehr mineralischen Reichtum zu entdecken und nach Möglichkeit die schon lange ersehnte Durchfahrt zum Westmeer zu finden, auf dem man zu den Schätzen und Attraktionen Ostasiens kommen würde. Vorerst würden Fische und Pelze genügend Gewinn bringen.

Nach der Ankunft vor der Küste Neuschottlands im Mai 1604 erhielt Champlain von de Monts den Auftrag, nach einem passenden Ort für ein Winterquartier zu suchen. Nach eingehender Erkundung der Bay of Fundy wählte er schließlich Saint Croix Island (heute Dochet Island), eine kleine Insel in der Mündung des Saint-Croix-Flusses. Das umgebende Wasser verhieß gute Verteidigungsmöglichkeiten und konnte wohl auch durch seinen Fischreichtum zur Ernährung der Belegschaft beitragen. Doch letztere erwies sich als recht ungenügend auf den strengen Winter vorbereitet. Bis Anbruch des Frühjahrs starb fast die Hälfte der Überwinterer an Skorbut. Das in den 1530er Jahren von Cartier benutzte Heilmittel gegen diese Mangelkrankheit war offenbar völlig in Vergessenheit geraten. Im Jahre 1605 erkundete Champlain die Atlantikküste nach Süden bis zum heutigen Cape Cod. (Die britischen *Pilgrim Fathers* kamen dort erst 1620 an.) Nach seiner Rückkunft zum Saint Croix Island entschloss man sich, die Wohnstätte aufs südliche Festland zu verlegen, da sich der vorige Winter mitten im Wasser als zu streng erwiesen hatte.

Die nächsten zwei Winter waren in der neuen Siedlung Port Royal (heute Annapolis Royal) etwas erträglicher. Um die Langeweile zu unterbrechen und die Ernährung sicherer zu stellen, gründete Champlain hier den noch heute in allen kanadischen Schulbüchern vorgestellten Jagdorden *Ordre du Bon Temps*. Die mildere Jahreszeit nutzte er für weitere Erkundungen, die ihn im Süden über Cape Cod hinaus bis Martha's Vineyard führten. Auseinandersetzungen mit Indianerstämmen ließen jedoch eine permanente Siedlung in dieser klimatisch begünstigteren Region als unratsam erscheinen.

V. Gründung Neufrankreichs

Freilich war man nun auch von den akadischen Möglichkeiten einigermaßen enttäuscht, und somit richtete sich künftig das von Champlain personifizierte französische Pelzhandelsinteresse wieder auf die Region des Sankt-Lorenz-Stromes. Im Mai 1607 kam die Nachricht, dass de Monts' Handelsprivileg widerrufen worden war. Zurück in Frankreich, gelang es Champlain, diesen zu einer erneuten Anstrengung, diesmal am Sankt-Lorenz, zu ermuntern. De Monts erhielt ein neues Privileg und ernannte Champlain zu seinem offiziellen Statthalter (»lieutenant«) in Kanada. Drei Schiffe wurden ausgerüstet, die Anfang Juni 1608 in Tadoussac ankerten. Die Besatzung fuhr in Booten weiter stromaufwärts, und am 3. Juli gründete Champlain am Cap Diamant, unweit der Mündung des Saint-Charles-Flusses, den festen Platz Quebec. Ein Holzgebäude (die sogenannte *Habitation*), umgeben von einem Verteidigungsgraben und einer Palisade, diente von da an als Wohnstätte, Handelsposten und Festung; weitere Bauten schlossen sich an. Es war die erste permanente französische Siedlung in Nordamerika. Bald wurde der Name Neufrankreich gängig, und jahrzehntelang dehnte sich die Kolonie vor allem nach Westen hin aus. Auch nach der britischen

Eroberung im 18. Jahrhundert bewahrte sie ihren französischen Charakter.

Die Siedlungsanfänge, ohnehin schwierig und kraftaufwendig, wurden noch lästigerweise gestört durch eine Art Meuterei. Champlain gelang es, die Rädelsführer dingfest zu machen. Der Winter war wieder sehr streng, und von den 25 in Quebec Anwesenden überlebten nur acht Skorbut und Ruhr. Doch unter ihnen war Champlain, und nach Eintreffen einer Unterstützungsflottille unter Pont-Gravé fühlte er sich 1609 zu tatkräftigem Handeln bereit. Vor allem galt es, gute Beziehungen zu den lokalen Indianern zu etablieren und zu halten, vor allem den Huronen, den Algonkin und den Montagnais. Diese Stämme verlangten unter anderem, dass Champlain sie unterstütze in ihren Auseinandersetzungen mit den weiter im Süden lebenden Irokesen. Im Sommer begab er sich demgemäß auf den Kriegspfad den heute Richelieu genannten Fluss hinauf. Ende Juli stieß Champlain mit zwei Franzosen und 60 Ureinwohnern in der Gegend von Ticonderoga im heutigen Staat New York auf die Gegner. Seinem Bericht nach feuerte er mit seiner Hakenbüchse auf sie und tötete zwei der Häuptlinge mit einem einzigen Schuss; einer seiner Leute tötete einen dritten. Die Irokesen flohen. Freilich bestimmte diese unmittelbar erfolgreiche Aktion auch den Ton für die schlechten Beziehungen zwischen Franzosen und Irokesen während der folgenden Jahrzehnte. Konsolidiert wurde dieser Gegensatz noch im Juni nächsten Jahres durch ein Gefecht an der Mündung des Richelieu. Champlain, wiederum unterstützt durch französisches Militär sowie Krieger der Wyandot, Algonkin und Innu, kämpfte gegen die irokesischen Mohawk. Die französischen Hakenbüchsen töteten fast alle der feindlichen Krieger.

Im gleichen Jahr 1610 wurde König Heinrich IV. ermordet. Um die Interessen seines Unternehmens zu wahren, kehrte Champlain nach Frankreich zurück. Dort nutzte er die Gelegenheit unter anderem zur Eheschließung im Dezember mit einer jungen Hugenottin aus vermögender Familie. Hélène Boullé war freilich erst zwölf Jahre alt, und der körperliche Vollzug der Ehe hatte zu warten. Aber die beträchtliche Mitgift war für

Champlains Unternehmungen finanzieller Balsam. Im Frühjahr 1611 zurück in Kanada, fuhr er den Sankt-Lorenz hinauf auf der Suche nach einem günstigeren Siedlungsplatz als dem engen Quebec. Er fasste die Insel im Sankt-Lorenz-Strom ins Auge, auf der Jacques Cartier 1535 das nun freilich nicht mehr vorhandene Dorf Hochelaga besucht hatte und wo später die Stadt Montreal entstand.

VI. Erkundung am Sankt-Lorenz

Champlain wusste, dass die regierende Königinmutter Marie de Medici wenig Sympathie für Neufrankreich empfand; und nicht ohne Zusammenhang damit war das Pelzhandelsmonopol, das Quebecs Existenz sicherte, sehr umstritten. Er verbrachte deshalb das ganze folgende Jahr 1612 in Frankreich. Seine Bemühungen um Bestandssicherung wurden schließlich von Erfolg gekrönt. Als er im März 1613 erneut in Quebec landete, war er wiederum »Leutnant«, also Statthalter, aber diesmal eines der vornehmsten Adligen des Königreichs, nämlich des neuen Monopolisten Henri de Bourbon, Prince de Condé.

Solchermaßen gestärkt, machte sich Champlain daran, das Hinterland Neufrankreichs ernsthaft zu erkunden und nunmehr vor allem den von ihm schon lange ersehnten Zugang, wo nicht zum Westmeer, so doch zumindest zu einem Meer im Norden zu finden, von dem er immer wieder hatte munkeln hören. Von diesem Nordmeer konnte sich durchaus ja auch ein Weg in den Pazifik ergeben. Gegen Ende Mai 1613 brach er auf und reiste den Ottawa-Fluss hinauf; später verfasste er eine erste Beschreibung dieses Gebiets. Im Juni traf er Tessoüat, den Häuptling der Algonkin auf der Allumettes-Insel, den er schon in Tadoussac kennengelernt hatte. Champlain wollte, angespornt durch die Behauptung eines französischen Dolmetschers, dass das Nordmeer in nur wenigen Tagesreisen zu erreichen sei, von

Tessoüat Boote und Führer erhalten. Doch dieser fürchtete um seine Stellung als Zwischenhändler im Verkehr mit den nördlichen Stämmen und half, den Dolmetscher als Lügner zu entlarven. Champlain blieb nichts übrig als umzukehren. Zurück in Frankreich, veröffentlichte er die hier im Folgenden übersetzten *Voyages*.

Der Stoff dieser Reiseberichte sind die Aktivitäten Champlains in Nordamerika zwischen 1604 und 1613. Er hatte zwar, wie oben erwähnt, Amerika gelegentlich schon vor 1604 besucht, und er war auch nach 1613 noch als Forschungsreisender und Verwalter tätig. Aber die mittleren Jahre waren besonders ertragreich. Die ersten hier vorgestellten Berichte sind Beschreibungen seiner Reisen entlang der Küste Neuenglands und seines Vordringens nach Süden bis zum Cape Cod und zu Martha's Vineyard im späteren Massachusetts. Hierauf folgt die Darstellung der Reisen ab 1608 den Sankt-Lorenz-Strom hinauf mit der Gründung von Quebec, dem dort verbrachten grausamen Winter und der Entdeckung des Lake Champlain. Kurz zurück in Frankreich gewesen, beschreibt Champlain dann die Rückkehr nach Neufrankreich im Jahre 1610 und die Begegnung mit den feindlichen Irokesen. Die »Dritte Reise« berichtet über die Fahrt 1611 den Sankt-Lorenz-Strom hinauf und durch die Stromschnellen bei Lachine. Champlain fügte dann noch eine Beschreibung seiner »Vierten Reise« zum Auffinden des Nordmeers an.

Zweifellos beabsichtigte Champlain mit der ausführlichen Darstellung des bisher Unternommenen, die neufranzösische Unternehmung in Frankreich besser bekannt zu machen und weitere Mittel zu ihrer Fortsetzung zu erschließen. Und diese Bemühung trug durchaus gute Frucht. Zu Beginn 1614 weilte er in Fontainebleau am Hofe und konnte die zuvor recht gegnerischen, konkurrierenden Pelzhändler in einer *Compagnie des Marchands de Rouen et de Saint-Malo* zusammenschließen. Bei seiner nächsten Überfahrt nach Quebec im Mai 1615 nahm er dann auch vier Missionare mit, nämlich franziskanische Rekollekten.

Möglicherweise in Begleitung des Einzelerkunders Étienne Brûlé folgte er im Juli 1615 der Route seiner vorhergehenden Expedition bis zur Allumettes-Insel und zog anschließend weiter über den Lake Nipissing und den French River. Am 1. August erreichte er den Huronsee. Einen Monat später schloss er sich am Lake Simcoe einem Kriegszug der Huronen gegen die Irokesen an. Im Oktober erreichten die Krieger eine befestigte Siedlung am Onondaga Lake nahe des heutigen Syracuse. Der geplante Überraschungsangriff scheiterte jedoch, und Champlain wurde durch zwei Pfeile am Bein verletzt. Er überwinterte bei den Huronen. Ende Mai 1616 kehrte er nach Quebec zurück, und im September kam er nach ereignisarmer Überfahrt in Honfleur an.

VII. Sicherung Neufrankreichs

Das Jahr 1617 war eines politischer Wirren in Frankreich. Bei seiner Ankunft hatte Champlain erfahren, dass der Prince de Condé verhaftet worden war. In den ausbrechenden Machtkämpfen gelang es ihm gleichwohl, seinen neufranzösischen Statthalterposten zu bewahren. Ob er kurzfristig während dieses Jahres wiederum über den Ozean fuhr, ist nicht zuverlässig festzustellen. Die allmähliche Stabilisierung der politischen Verhältnisse gab Champlain jedenfalls nunmehr den Mut, Anregungen für die Planung der zukünftigen Entwicklung seiner Provinz an die höheren Stellen zu geben. Im Februar 1618 sandte er je einen Bericht an den König und an die Handelskammer. Darin schrieb er, dass man über Neufrankreich leicht nach Ostindien gelangen könnte; Zölle könnten auf asiatische Handelswaren erhoben, der christliche Glaube könnte unzähligen Seelen vermittelt und die Handelssiedlung Quebec zu einer stark befestigten Hafenstadt ausgebaut werden.

Die Handelskammer zeigte sich sofort überzeugt. Im Februar 1618 verlangte sie von der Krone, dass Champlain finanzielle

Mittel gewährt würden, um jährlich 300 Familien in Neufrankreich anzusiedeln, woraufhin König Ludwig XIII. Champlains Gesellschaft jegliche Unterstützung bei etwaigen Kolonisierungsbemühungen zusagte. Noch im gleichen Jahr reiste Champlain kurz nach Quebec, um die Möglichkeiten der kommenden Entwicklung zu sondieren. Ende August war er schon wieder in Frankreich. Hier erhoben sich freilich erneut Schwierigkeiten, welchen als Ursache der alte Widerstand der freien Handel fordernden Kaufleute gegen Champlains Monopolbestrebungen zugrunde lag. Die Dinge klärten sich etwas, als der neufranzösische Vizekönigstitel im Oktober 1619 an den Herzog von Montmorency überging. Am 7. Mai 1620 schrieb der König an Champlain, dass er ihm für seine Arbeit in Neufrankreich volles Vertrauen schenke. Von da an ging dieser nicht mehr auf Erkundungstouren, sondern widmete sich ausschließlich dem Aufbau und der Verwaltung Neufrankreichs.

Als Champlain im Frühjahr 1620 wieder über den Atlantik segelte, brachte er seine nunmehr 22-jährige Ehefrau Hélène Boullé mit. In der mittlerweile heruntergekommenen Siedlung ließ er dauerhaftere Gebäude errichten. Außerdem ordnete er den Bau der ersten Festung an, nämlich das Fort Saint-Louis oberhalb der Felswand des Cap Diamant. Im Herbst 1624 kehrte er wieder nach Frankreich zurück. Seine Ehefrau, die sich nie richtig an das Leben in Nordamerika hatte gewöhnen können, verließ Quebec für immer. Jahre später trat sie in ein Kloster ein. Kinder waren der Ehe nicht beschieden gewesen.

VIII. Die letzten Jahre

Nach einem Aufenthalt von eineinhalb Jahren kam Champlain im Juli 1626 wieder in Quebec an. Nun zeigte die Krone Interesse. Der neue Machthaber in Frankreich, Kardinal Richelieu, betrachtete Kolonien als Mittel zur Stärkung Frankreichs und zur Festigung der königlichen Macht. Er stellte daher 1627 die Verwaltung auf eine völlig neue Grundlage und gründete zu diesem Zweck die staatlich kontrollierte Handelsgesellschaft *Compagnie des Cent-Associés*. Diese verpflichtete sich, in den folgenden 15 Jahren 4000 Siedler nach Neufrankreich zu bringen. Auch Champlain gehörte zu den Teilhabern. Wichtiger war, dass Richelieu ihn 1629 zu seinem persönlichen Vertreter ernannte. Nie offiziell Gouverneur geworden, hatte Champlain damit den Gipfel seiner administrativen Karriere erreicht.

Die Rangerhöhung mochte Champlain schmeicheln, aber seine Tätigkeit in Neufrankreich konnte nicht eigentlich von ihr profitieren. Die europäischen Streitigkeiten zeigten bald auch spürbare Auswirkungen auf die amerikanische Kolonie. Dort wurde die Versorgungslage immer prekärer. Britische Freibeuter begannen, französische Schiffe und Kolonien in Nordamerika zu attackieren. Anfang Juli 1628 plünderten englische Händler einen Bauernhof, den Champlain zwei Jahre zuvor zur Versorgung Quebecs hatte errichten lassen. Am 10. Juli überbrachten baskische Fischer im Auftrag des Abenteurers David Kirke eine Kapitulationsforderung. Champlain zeigte sich nicht beeindruckt, doch Kirke kaperte die für Quebec bestimmte Versorgungsflotte. Im Frühjahr 1629 gingen dort die Vorräte langsam zur Neige. Im Juli erschien Kirkes Flotte direkt vor Quebec, und Champlain musste kapitulieren. Er wurde nach London transportiert, von wo er schon im Dezember nach Frankreich übersetzen konnte.

Doch erst im Frieden von Saint-Germain-en-Laye 1632 erhielt Frankreich seine Kolonie Neufrankreich zurück. Champlain, der inzwischen seine *Voyages de la Nouvelle France,* im Grunde eine Zusammenfassung seiner Reisebeschreibungen, veröffentlicht hatte, kehrte 1633 endlich wieder nach Quebec zurück. Er leitete den Wiederaufbau der von den Engländern verwüsteten Siedlung, bis sich im Jahre 1635 sein Gesundheitszustand sehr verschlechterte. Er starb am 25. Dezember, dem ersten Weihnachtstag. Wir kennen heute sein Grab nicht mehr.

LES VOYAGES DV SIEVR DE CHAMPLAIN CAPITAINE ORDINAIRE POVR LE Roy en la marine, & Lieutenant de Monsieur de Mons gentilhomme ordinaire de la Chambre du Roy, son Lieutenant general en la Nouuelle France, & Gouuerneur de Pons en Xaintonge,

OV

IOVRNAL TRES-FIDELE DES OBSERuations faites és descouuertures de la Nouuelle France: tant en la description des terres, costes, riuieres, ports, haures, leurs hauteurs & plusieurs declinaisons de la guide-aimant; qu'en la creance des peuples, leur superstition, façon de viure & de guerroyer, enrichi de quantité de figures.

ENSEMBLE

Deux cartes geographiques: la premiere seruant à la nauigation, dressée selon les compas qui nordestent, sur lesquels les mariniers nauigent: l'autre en son vray meridiẽ, auec ses longitudes & latitudes.

PREMIER VOYAGE DE L'AN 1604.

L'vtilité du commerce a induit plusieurs Princes a rechercher vn chemin plus facile pour trafiquer auec les Orientaux.
Plusieurs voyages qui n'ont pas reüssy.
Resolutions des François a cet effect.
Entreprise du Sieur de Mons: sa commission & reuocation d'icelle.
Nouuelle commißion au mesme sieur de Mons pour continuer son entreprise.

CHAP. I.

SElon la diuersité des humeurs les inclinations sont differentes: & chacun en sa vacation a vne fin particuliere. Les vns tirẽt au proffit, les autres à la Gloire, & aucuns au bien public. Le plus grand est au commer-

Bemerkung zu den Längenmassen im Text

Im vorrevolutionären Frankreich variierten die Längenmaße je nach Zeit und Region. Für Champlains Text können wohl folgende Maßeinheiten angenommen werden:

Faden (brasse) = 1,62 m
Fuß (pied) = 0,32 m
Klafter (toise) = 1,95 m
Meile (lieue) = 4452 m

Bemerkung zu den Abbildungen

Alle Skizzen im Text erschienen auch im Original Champlains und stammen wohl von seiner Hand.

Erste Reise

des Sieur de Champlain

Erstes Buch

Worin die Entdeckungen der Küste Akadiens und Floridas beschrieben sind.

Kapitel I

Der Nutzen des Handels hat mehrere Fürsten dazu bestimmt, einen leichteren Weg zu finden, um mit den Orientalen Handel zu treiben. Mehrere erfolglose Reisen. Entschluss der Franzosen diesbezüglich. Die Unternehmung des Sieur de Monts: Sein Auftrag, und der Widerruf desselben. Neuer Auftrag an ebendenselben Sieur de Monts, diese Unternehmung fortzuführen.

Entsprechend der Verschiedenheit ihrer Veranlagungen unterscheiden sich die Neigungen der Menschen, und jeder hat in seinem Beruf ein bestimmtes Ziel. Die einen wollen Gewinn machen, andere streben Ruhm an, und wieder andere das Gemeinwohl. Die größte Anzahl betätigt sich im Handel, besonders dem auf dem Meer, welcher für das Volk die wichtigste Quelle von Wohlstand ist und ebenso des Reichtums und Ruhms der Staaten. Er ist es, der dem antiken Rom zur Herrschaft und Macht über die ganze Welt verholfen hat und den Venezianern zu einer Stellung, deren Stärke vergleichbar war mit derjenigen mächtiger Könige. Zu allen Zeiten hat er die Seestädte – Alexandria und Tyros sind berühmt dafür – zu Reichtum geführt und auch eine Unzahl anderer im Landesinneren, nachdem ihnen fremde Nationen zugesandt haben, was sie an Schönem und Einzigartigem besitzen. Deshalb haben mehrere Fürsten sich bemüht, im Norden einen Weg nach China zu finden in der Hoffnung auf eine kürzere und weniger gefährliche Route für den Handel mit den Orientalen.

Im Jahre 1496 beauftragte der König von England John Cabot mit dieser Suche. Einige Jahre später sandte Dom Manuel von Portugal Gaspar Corte-Real dorthin, doch kehrte dieser zurück, ohne das Gesuchte gefunden zu haben. Und im folgenden Jahr, als er die Suche wiederholte, starb er während der Unternehmung, ebenso wie sein Bruder Michael, der sie beharrlich weiterführte. In den Jahren 1534 und 1535 erhielt Jacques Cartier von König Franz I. den gleichen Auftrag, konnte ihn aber nicht zu Ende bringen. Sechs Jahre später sandte der Sieur de Roberval, bei einem erneuten Versuch, Jean Alfonse de Saintonge weiter nach Norden entlang der Labradorküste, doch dieser kehrte ebenso unwissend zurück wie die anderen. In den Jahren 1576, 1577 und 1578 machte Sir Martin Frobisher, ein Engländer, drei Reisen entlang der Nordküsten. Sieben Jahre danach segelte Humphrey Gilbert, ebenfalls ein Engländer, mit fünf Schiffen, doch wurde er auf Sable Island geworfen, wo drei seiner Fahrzeuge untergingen. Im gleichen Jahr und in den zwei folgenden unternahm John Davis, ein Engländer, drei Reisen zum gleichen Zweck und drang bis zum 72. Grad vor, überquerte aber nicht die Meerenge, die heute seinen Namen trägt. Und nach ihm machte auch Kapitän Georges[1] schon eine solche im Jahre 1590, doch zwang ihn Eis umzukehren, ohne etwas entdeckt zu haben. Und die Holländer besaßen ebenfalls keine genauere Kenntnis von Nova Zembla[2].

Die vielen vergeblichen Reisen und Erkundungsexpeditionen, mit viel Anstrengung und Kosten unternommen, haben unsere Franzosen in den letzten Jahren veranlasst, eine dauerhafte Siedlung zu versuchen in jenen Ländern, die wir Neufrankreich nennen. Denn sie hofften, dieses Unternehmen leichter zu einem

---

1 Nicht bestimmbar.

2 Die russische Doppelinsel Nowaja Semlja.

guten Ende zu bringen, wenn die Reise von jenem Land auf der anderen Seite des Ozeans ihren Ausgang nimmt, von dessen Küste aus die Suche nach der begehrten Durchfahrt beginnen muss. Diese Überlegung veranlasste den Marquis de la Roche im Jahre 1598, einen Auftrag des Königs zur Besiedlung des Landes zu erbitten. Zu diesem Zweck brachte er Menschen und Vorräte nach Sable Island; aber da die Bedingungen, die ihm sein König gewährt hatte, widerrufen wurden, sah er sich gezwungen, sein Unternehmen aufzugeben und seine Leute dort zu lassen. Ein Jahr später erhielt der Kapitän Chauvin[3] einen anderen Auftrag, wiederum um Menschen dorthin zu bringen, aber dieser wurde kurz darauf ebenfalls widerrufen, und er verfolgte die Sache nicht weiter.

Hiernach wollte der Sieur de Monts, trotz aller Wechselfälle und Unsicherheiten, etwas sehr Extremes unternehmen und erbat von Seiner Majestät einen entsprechenden Auftrag. Denn er begriff, dass der Misserfolg der früheren Unternehmen verursacht worden war durch Mangel an Unterstützung für die Unternehmer, die weder in einem Jahr noch auch nach zweien in der Lage gewesen waren, mit dem Land und seinen Bewohnern richtig bekannt zu werden oder für eine Ansiedlung geeignete Häfen zu finden. Er schlug Seiner Majestät eine Methode zur Kostenbewältigung vor, welche die königliche Kasse nicht belasten würde, nämlich, dass er ein Monopol erhalten sollte für den dortigen Pelzhandel. Als ihm dies gewährt wurde, gab er eine große Menge Geld aus und nahm eine beträchtliche Anzahl von Menschen unterschiedlicher Eignung mit und ließ dort für seine Leute die nötigen Behausungen bauen. Diese Ausgaben machte er während dreier aufeinanderfolgender Jahre, bis infolge der Missgunst und Bosheit der Basken und Bretonen die ihm gewährten Bedingungen zu seinem großen Schaden durch den königlichen Rat widerrufen wurden; der Sieur de Monts wurde infolgedessen gezwungen, alles aufzugeben, unter Verlust all des

3 Pierre Chauvin de la Pierre, hugenottischer Kaufmann in Honfleur; Lebensdaten unbekannt.

von ihm Erarbeiteten und aller Geräte, die er seiner Siedlung zur Verfügung gestellt hatte.

Aber als er dem König Bericht erstattet hatte über die Fruchtbarkeit des Landes und ich über die Möglichkeit, die Durchfahrt nach China zu finden ohne die Belästigung durch das Eis im Norden oder die Hitze der heißen Zone, welche unsere Seeleute, unter unglaublichen Mühen und Gefahren, zweimal auf dem Hinweg und zweimal auf dem Rückweg durchqueren müssen, trug Seine Majestät dem Sieur de Monts auf, eine neue Expedition vorzubereiten und wiederum Leute zu entsenden, um das Begonnene zu vollenden. De Monts unternahm dies. Wegen der Unbestimmtheit des Auftrags änderte er den Ort, um seinen Rivalen das Misstrauen zu nehmen, das er bei ihnen erweckt hatte. Außerdem beeinflusste ihn die Hoffnung auf größeren Gewinn im Landesinneren, wo die Völker zivilisiert sind und wo es leichter ist, den christlichen Glauben zu begründen und die Art Ordnung zu etablieren, die nötig ist, um die Existenz eines Landes zu garantieren, nämlich mehr als an der Küste, wo die Indianer für gewöhnlich leben. Er hoffte, dass dies dem König zu unermesslichem Gewinn gereichen würde; denn es fällt leicht zu glauben, dass die Völker Europas eher diese Möglichkeit wahrnehmen werden, als die ärgerlichen und rabiaten Launen der Menschen an den Küsten und die barbarischen Stämme dort zu ertragen.

Kapitel II

Beschreibung von Sable Island; von Cape Breton; von La Have; von Port Mouton; vom Hafen von Cape Negro; vom Cape Sable und Sable Bay; von der Isle of Cormorants; von Cape Fourchu; von Long Island; von St. Mary's Bay; von Port St. Margaret; und von allen bemerkenswerten Dingen entlang dieser Küste.

Der Sieur de Monts machte aufgrund seines Auftrags in allen Häfen unseres Königreichs das Pelzhandelsmonopol bekannt, das ihm durch Seine Majestät verliehen worden war, und versammelte ungefähr 120 Handwerker, die er an Bord zweier Schiffe brachte; eines war 120 Tonnen groß und wurde vom Sieur de Pont-Gravé befehligt; das andere, 150 Tonnen groß, bestieg er selbst mit mehreren Edelleuten.

Wir fuhren vom Havre de Grace am 7. April 1604 ab; Pont-Gravé segelte am 10., und wir sollten uns dann bei Canso treffen, 20 Meilen von Cape Breton. Aber als wir auf hoher See waren, änderte der Sieur de Monts seine Meinung und steuerte Port Mouton an, weil dieses weiter südlich liegt und auch bessere Landemöglichkeiten bietet als Canso.

Am 1. Mai sichteten wir Sable Island, wo wir fast untergegangen wären wegen eines Fehlers unserer Steuerleute, die sich in ihrer Berechnung irrten und glaubten, dass wir 40 Meilen weiter wären als wir wirklich waren.

Diese Insel liegt nach Norden und Süden 30 Meilen von der Cape-Breton-Insel entfernt und hat etwa 15 Meilen Umfang. Es gibt dort einen kleinen See. Die Insel ist sehr sandig und hat keine hochgewachsenen Bäume, sondern nur Dickicht und Grünzeug, auf dem Ochsen und Kühe weiden, welche die Portugiesen vor mehr als 60 Jahren dorthin gebracht haben. Diese Rinder waren den Leuten des Marquis de la Roche nützlich, die während mehrerer Jahre, die sie dort verbrachten, auch eine große Menge sehr schöner schwarzer Füchse fingen, deren Pelze sie sehr sorgfältig konservierten. Es gibt viele Seehunde, und in deren Felle kleideten sich die Männer, nachdem ihre eigenen Kleider aufgebraucht waren. Auf Anordnung des *Parlement* von Rouen wurde ein Schiff dorthin gesandt, um sie zurückzubringen. Dessen Mannschaft fischte Kabeljau an einem Ort nahe dieser von Untiefen völlig umgebenen Insel.

Am 8. desselben Monats sichteten wir Cape La Have[4], in dessen Osten sich eine Bucht[5] mit mehreren, von Tannen bedeckten Inseln befindet; und auf dem Festland stehen Eichen, Ulmen und Birken. Dieses Kap liegt neben der Küste Akadiens auf 44° 5' Breite und 16° 15' magnetischer Deklination, auf einer Ost-Nord-Ost-Linie 85 Meilen von Cape Breton entfernt, worüber wir gleich anschließend sprechen werden.

Am 12. Mai fuhren wir in einen anderen Hafen ein, fünf Meilen vom Cape La Have entfernt, wo wir ein Schiff aufbrachten, das Pelzhandel trieb unter Verletzung des königlichen Verbots. Der Name des Kapitäns war Rossignol, welches immer noch der Name des Hafens[6] ist, der auf 44° 15' Breite liegt.

Am 13. Mai kamen wir zu einem sehr schönen Hafen, sieben Meilen vom Hafen Rossignol entfernt, der Port Mouton heißt und wo es zwei kleine Flüsse gibt. Die Erde daselbst ist sehr steinig und voller Dickicht und Heidekraut. Es gibt eine große Anzahl Hasen und viel Wild wegen der dort befindlichen Teiche.

Sobald wir gelandet waren, begannen alle, auf einer Landspitze nahe zweier Süßwasserteiche am Hafeneingang nach Gutdünken Hütten zu bauen. Gleichzeitig sandte der Sieur de Monts eine Schaluppe mit einem unserer Leute und einigen Indianern als Führer die Küste Akadiens entlang, um Pont-Gravé zu suchen und ihm Briefe zu bringen; denn dieser hatte einen Teil unserer für den Winter notwendigen Vorräte. Er fand ihn in der Bay of All Isles[7] in großer Sorge unseretwegen (denn er wusste nichts

4 Heute noch Cape La Have.
5 Die Mündung des La Have River.
6 Heute Liverpool Bay.
7 Zwischen Beaver Harbour und Mary-Joseph Harbour? S. auch Fußnote 123.

von der Änderung unserer Pläne) und übergab ihm die Briefe. Sobald Pont-Gravé diese gelesen hatte, kehrte er zu seinem Schiff bei Canso zurück, wo er einige baskische Schiffe aufbrachte, die Pelzhandel trieben trotz des Verbots Seiner Majestät; er sandte die Kapitäne zum Sieur de Monts; dieser hatte mich in der Zwischenzeit beauftragt mit der Erkundung der Küste und von Häfen, die unsere Schiffe sicher aufnehmen könnten.

Um seinem Wunsch zu entsprechen, fuhr ich am 19. Mai in einem Acht-Tonnen-Boot vom Port Mouton aus los, begleitet von seinem Sekretär, dem Sieur Ralleau, und zehn Mann. Die Küste entlang fahrend gelangten wir zu einem sehr guten Hafen für die Schiffe, in den ein kleiner Fluss mündet, der ein gutes Stück ins Land hinein führt. Ich gab ihm den Namen Cape Negro, wegen eines Felsens, der einem solchen von Ferne gleicht. Dieser steigt aus dem Wasser empor nahe einem Kap, an dem wir gleichen Tags vorüber kamen und das davon vier Meilen entfernt ist und zehn von Port Mouton. Dieses Kap ist sehr gefährlich wegen einiger Felsen, die dort bis ins Meer verstreut sind. Die Küsten, die ich bis dahin sah, sind sehr niedrig und tragen die gleichen Bäume wie Cape La Have, und die Inseln sind voller Wild. Als wir weiter fuhren, verbrachten wir die Nacht in der Sable Bay[8], wo die Schiffe vor Anker gehen können, ohne Gefahr fürchten zu müssen.

Am nächsten Tag fuhren wir zum Cape Sable, das ebenfalls sehr gefährlich ist wegen einiger Felsen und Untiefen, die fast eine Meile ins Meer hineinreichen. Es befindet sich zwei Meilen von der Sable Bay entfernt, wo wir die vorige Nacht verbracht hatten. Von dort fuhren wir zur Isle of Cormorants[9], die eine Meile entfernt liegt und so genannt wird wegen der Unzahl von Vögeln, die es dort gibt. Wir füllten ein Fass mit ihren Eiern. Von dieser Insel aus wandten wir uns nach Westen, etwa sechs Meilen weit, und überquerten eine Bucht, die sich zwei oder drei Meilen nach Norden zieht. Dann trafen wir auf einige Inseln, die

8 Heute Barrington Bay.
9 Wahrscheinlich Green Island.

zwei oder drei Meilen weit ins Meer hinein liegen und von denen die einen zwei, die anderen drei Meilen Umfang haben mögen; andere haben wohl weniger, soweit ich schätzen konnte.[10] Bei den meisten ist die Anfahrt für große Schiffe sehr gefährlich wegen der starken Gezeiten und auch wegen Felsen, die knapp an der Wasseroberfläche liegen. Diese Inseln sind mit Tannen, Fichten, Birken und Espen bewachsen. Ein Stück weiter gibt es noch vier andere. Auf einer von ihnen sahen wir eine solch große Menge Basstölpel genannter Vögel, dass wir sie leicht mit einem Stock töten konnten. Auf einer anderen fanden wir das Ufer vollkommen bedeckt mit Seehunden, von denen wir so viele nahmen wie uns geraten schien. Auf den beiden anderen gibt es einen solchen Überfluss an Vögeln unterschiedlicher Arten, dass man es sich nicht vorstellen kann, wenn man es nicht gesehen hat, wie Kormorane, drei Arten Enten, Gänse, Trottellummen, Trappen, Meerespapageien, Schnepfen, Geier und andere Raubvögel; Möwen, zwei oder drei Arten von Regenpfeifern, Fischreiher, Silbermöwen, Brachvögel, Steinwälzer, Eistaucher, Seetaucher, Eiderenten, Raben, Kraniche sowie andere Arten, die ich nicht kenne und die dort ihre Nester machen. Wir nannten diese Inseln Seal Islands. Sie liegen auf 43° 30' Breite und sind vom Festland oder Cape Sable etwa vier oder fünf Meilen entfernt. Nachdem wir dort einige Zeit mit Jagdamüsement verbracht hatten (und nicht ohne eine Menge Wild mitzunehmen), erreichten wir ein Kap, das wir Port Fourchu[11] nannten, denn es hat eine Spalt-Gestalt; es ist von den Seal Islands fünf bis sechs Meilen entfernt. Dieser Hafen ist an seiner Einfahrt sehr gut für die Schiffe; aber innen trocknet er bei Ebbe fast ganz aus, und es bleibt nur der Lauf eines kleinen, von Wiesen umsäumten Flusses, die diesen Platz freilich ganz gefällig machen. Der Kabeljaufang ist in der Nähe dieses Hafens gut. Als wir von dort wegsegelten, fuhren wir zehn oder zwölf Meilen weit nach Norden, ohne einen Hafen für die Schiffe zu finden außer einer Anzahl kleiner Buchten oder

10 Seal Islands.
11 Heute Yarmouth.

sehr schöner Plätze, wo die Erde sich zur Bearbeitung anbot. Die Wälder sind dort sehr schön, aber es gibt nur wenige Fichten oder Tannen. Diese Küste ist sehr sauber, ohne Inseln, Felsen, oder Sandbänke, sodass unserer Meinung nach Schiffe dort ohne Bedenken fahren können. Eine Viertelmeile von der Küste entfernt besuchten wir eine Insel, die Long Island heißt und nach Nord-Nord-West und Süd-Süd-West liegt und eine Durchfahrt lässt in die große French Bay[12], wie diese vom Sieur de Monts genannt wurde.

Diese Insel ist sechs Meilen lang und an manchen Stellen fast eine Meile breit, hier und da aber auch nur eine Viertelmeile. Auf ihr stehen eine Menge Bäume, etwa Fichten und Birken. Die ganze Küste ist gesäumt von überaus gefährlichen Felsen; für die Schiffe gibt es keinen passenden Platz außer einigen kleinen Zufluchtsorten für Schaluppen und drei oder vier kleinen Felseninseln, wo die Indianer eine große Zahl Robben fangen. Hier herrschen große Gezeitenwechsel, vor allem an der engen Durchfahrtsstelle der Insel; sie sind sehr gefährlich für die Schiffe, falls sie es wagen, hindurchzufahren.

Ab der Durchfahrt bei Long Island segelten wir zwei Meilen weit nach Nordosten und fanden dann eine kleine Bucht[13] mit einem Umfang von ungefähr einer Viertelmeile, wo die Schiffe sicher vor Anker gehen können. Der Seeboden ist dort nur Sumpf, und das Ufer rundherum ist gesäumt von ziemlich hohen Felsen. Dort gibt es eine dem Urteil des mich begleitenden Bergmannes Simon nach sehr gute Silbermine. Einige Meilen weiter befindet sich auch ein kleiner Fluss, Du Boulay genannt, wo die Flut eine halbe Meile ins Land strömt; in seine Mündung[14] können bis zu 100 Tonnen große Schiffe einfahren. Eine Viertelmeile von dieser Stelle entfernt gibt es einen guten Hafen[15] für die Schiffe. Dort fanden wir eine Eisenerzmine, die nach Ansicht unseres Bergmannes 50 Prozent liefern würde. Drei Meilen weiter nach

12 Heute Bay of Fundy.
13 Mink Cove.
14 Little River.
15 Sandy Cove.

Nordosten sahen wir eine andere ziemlich gute Eisenerzmine, nahe welcher ein mit schönen und gefälligen Wiesen umsäumter Fluss strömt. Die Erde in der dortigen Gegend ist rot wie Blut. Einige Meilen weiter gibt es einen weiteren Fluss, der aber bei Ebbe bis auf einen kleinen Kanal trocken ist; dieser Fluss strömt nahe an Port Royal vorbei. Am inneren Ende der Bucht gibt es einen Kanal, der bei Ebbe ebenfalls austrocknet; um ihn herum befinden sich eine Anzahl Wiesen und gutes Land, das bearbeitet werden kann; auf dem letzteren steht eine gute Zahl von schönen Bäumen aller Arten, die ich weiter oben schon genannt habe. Diese Bucht mag von Long Island bis zu ihrem hinteren Ufer etwa sechs Meilen tief sein. Die ganze Minenküste besteht aus hochliegendem Land, das von Kaps unterbrochen wird, die rund aussehen und etwas ins Meer hinein stehen. Auf der anderen Seite der Bucht, nach Südosten hin, ist das Land niedrig und fruchtbar; es gibt dort einen sehr guten Hafen mit einer Bank an der Einfahrt, über die man fahren muss; sie ist bei Ebbe nur eineinhalb Faden hoch mit Wasser bedeckt, doch findet man hinter ihr drei Faden Tiefe und guten Ankergrund. Zwischen den zwei Einfahrtpunkten liegt eine Kiesinsel, die bei Flut unter Wasser steht. Dieser Hafen reicht eine halbe Meile ins Land hinein. Bei Ebbe fällt das Wasser hier drei Faden, und es gibt eine Menge Krustentiere wie Pfahlmuscheln, Sandmuscheln und Seeschnecken. Die Erde dort gehört zur besten, die ich je gesehen habe. Ich habe den Hafen Port St. Margaret[16] genannt. Diese ganze Süd-Ost-Küste ist viel tiefer, als diejenige mit den Minen, die sich nur eineinhalb Meilen vom Hafen St. Margaret auf der anderen Seite der Bucht befinden. Diese ist an ihrer Einfahrt drei Meilen breit. Ich maß die Koordinaten an diesem Ort und fand ihn an etwas über 45° 30' Breite liegend, mit 17° 16' magnetischer Deklination.

Nachdem ich möglichst sorgfältig diese Küsten, Häfen und Buchten erkundet hatte, kehrte ich zu der Durchfahrt bei Long Island zurück, ohne noch weiter zu fahren. Von dort kam ich

16 Heute Weymouth.

außerhalb aller Inseln zurück, um festzustellen, ob es Gefahren auf der zur See liegenden Seite gebe. Aber wir fanden keine, außer einigen Felsen, die sich etwa eine halbe Meile von den Seal Islands entfernt befinden und denen man leicht ausweichen kann, zumal die Wellen sich über ihnen brechen. Als wir unsere Fahrt fortsetzten, wurden wir von einem starken Windstoß getroffen, der uns zwang, unsere Schaluppe an der Küste auf Land zu setzen; hierbei zerschellte sie beinahe, was uns in extreme Not gebracht hätte. Als der Sturm vorüber war, stachen wir wieder in See; und am nächsten Tag kamen wir bei Port Mouton an, wo der Sieur de Monts uns seit Tagen erwartete. Er wusste nicht, was er von unserem Ausbleiben halten sollte, außer eben, dass uns ein Missgeschick passiert sein mochte. Ich berichtete ihm über unsere Reise und wo unsere Schiffe sicher ankern könnten. Inzwischen untersuchte ich jenen Ort besonders gut, der auf 44° Breite liegt.

Am nächsten Tag ließ der Sieur de Monts die Anker lichten, um zur St. Mary's Bay zu fahren, die wir für unser Schiff geeignet erachtet hatten, während wir darauf warteten, einen passenderen Wohnplatz zu finden. Wir fuhren die Küste entlang und kamen nahe am Cape Sable und den Seal Islands vorbei. Dort beschloss der Sieur de Monts, in einer Schaluppe einige Inseln zu besichtigen, von denen und von der Unzahl der dort zu findenden Vögel wir ihm berichtet hatten. So machte er sich auf, begleitet vom Sieur de Poutrincourt und verschiedenen anderen Adligen, um nach Gannet Island zu fahren, wo wir zuvor eine große Zahl jener Vögel mit Stockschlägen getötet hatten. Doch als wir ein Stück weit von unserem Schiff entfernt waren, vermochten wir die Insel nicht zu erreichen und ebenso wenig unser Schiff; denn die Flut war so stark, dass wir uns gezwungen sahen, uns auf eine kleine Insel zu flüchten, um dort die Nacht zu verbringen. Dort gab es eine große Menge Wild. Ich erlegte einige Flussvögel, die uns sehr zugute kamen, denn wir hatten nur einigen Zwieback mitgenommen, da wir ja gleichen Tags zurückkehren wollten. Am nächsten Tag fuhren wir zum eine halbe Meile entfernten Cape Fourchu. Die Küste entlang segelnd, fanden wir unser

Schiff, das sich noch in der St. Mary's Bay befand. Unsere Leute hatten sich unseretwegen zwei Tage lang sehr geängstigt, da sie fürchteten, dass uns ein Missgeschick ereilt haben könnte; als sie uns in gutem Zustand sahen, freuten sie sich daher sehr.

Zwei oder drei Tage nach unserer Ankunft verirrte sich einer unserer Geistlichen namens Hochwürden Aubry, der in Paris zuhause war, in einem Wald; er suchte seinen Degen, den er dort vergessen hatte, und fand nicht mehr zum Schiff zurück; er war 17 Tage lang ohne irgendetwas zum Leben außer einigen sauren und bitteren Kräutern wie Sauerampfer und kleinen Früchten von geringer Substanz, so groß wie Johannisbeeren, die dort auf der Erde wuchern. Am Ende seiner Kräfte und ohne Hoffnung, uns jemals wiederzusehen, schwach und erschöpft, befand er sich am Ufer der French Bay, wie der Sieur de Monts sie genannt hatte, nahe Long Island, und konnte nicht mehr weiter. Da erblickte ihn eine unserer Schaluppen, die sich auf Fischfang befand. Unfähig zu rufen, gab er ihnen mittels einer Stange, auf die er seinen Hut gesteckt hatte, ein Zeichen, dass man ihn holen kommen solle. Dies machten sie und nahmen ihn mit. Der Sieur de Monts hatte ihn suchen lassen, sowohl durch seine Leute, als auch durch die dort wohnenden Indianer, die durch den ganzen Wald liefen, aber keine Nachricht über ihn brachten. Man glaubte, er sei tot, als man ihn zur großen Freude aller in der Schaluppe zurückkommen sah. Aber es brauchte lange, bevor er in seinen ursprünglichen Zustand zurückfand.

Kapitel III

Beschreibung von Port Royal, mit dortigen Einzelheiten; von der Isle Haute; vom Port of Mines; von der großen French Bay; vom Fluss St. John, und was wir beobachtet haben vom Port of Mines bis dorthin; von der Insel, welche die Indianer Manthane heißen; vom Fluss der Etechemins, und von vielen schönen Inseln in jener Gegend; von der Insel Sainte-Croix; und von anderen bemerkenswerten Dingen an jener Küste.

Einige Tage später entschied der Sieur de Monts, die Küsten der French Bay[17] zu erkunden, zu welchem Zweck er am 16. Mai[18] vom Schiff abfuhr. Wir fuhren durch die Meerenge bei Long Island. Da wir in der St. Mary's Bay keinen Ort erblickten, wo wir ohne viel Zeitaufwand einen festen Platz hätten bauen können, beschlossen wir zu untersuchen, ob sich nicht ein geeigneterer Platz in der anderen Bucht fände. Sechs Meilen nach Nordosten fahrend kamen wir zu einer kleinen Bucht, wo Schiffe in vier, fünf, sechs und sieben Faden Tiefe ankern können. Der Seeboden dort ist Sand, und der Ort ist nur eine Art Reede. Wir fuhren daher in der gleichen Richtung zwei Meilen weiter und kamen in einen der schönsten Häfen, die ich an all diesen Küsten gesehen habe; 2000 Schiffe könnten dort sicher liegen. Die Einfahrt ist 100 Schritte breit; dann kommt man in einen Hafen, der zwei Meilen lang und eine Meile breit ist, und dem ich den Namen Port Royal[19] gab. In ihn münden drei Flüsse, von denen einer, der nach Osten fließt, ziemlich breit ist und Equille River[20] heißt; Equille ist ein kleiner Fisch, so groß wie ein Stint, den man dort in großer Menge fangen kann

17 S. Fußnote 12.
18 Richtig: Juni.
19 Heute Annapolis Basin.
20 Heute Annapolis River.

sowie auch Heringe und mehrere andere Fischarten, die dort zu ihrer Jahreszeit in großer Fülle vorkommen. Der Fluss ist etwa eine Viertelmeile breit an seiner Mündung, wo sich eine Insel[21] mit etwa einer halben Meile Umfang befindet und die, wie das andere Land auch, mit Wald bedeckt ist, darunter Fichten, Tannen, Rottannen, Birken, Espen und unter anderem auch eine geringe Anzahl Eichen. Es gibt zwei Einfahrten in den Fluss, eine im Norden und die andere an der Südseite der Insel. Die an der Nordseite ist die bessere, und Schiffe können dort im Schutz der Insel in fünf, sechs, sieben, acht und neun Faden Tiefe ankern. Aber man muss auf der Hut sein wegen einiger Untiefen nahe der Insel und dem Festland, da sie sehr gefährlich sind, wenn man den Kanal nicht erkundet hat.

Wir fuhren etwa 14 oder 15 Meilen mit der Flut hinauf, soweit sie reichte; viel weiter können Boote nicht ins Land hinein fahren. Dort ist der Fluss 60 Schritte breit und etwa eineinhalb Faden tief. An den Ufern des Flusses stehen Eichen, Eschen und andere Bäume. Ab der Mündung des Flusses bis zu der Stelle, wo wir uns befanden, gibt es viele Wiesen; aber sie werden bei Flut überschwemmt, denn es gibt eine Anzahl von kleinen Bächen, die hierhin und dorthin fließen und auf denen Schaluppen und Boote vom Meer aus fahren können. Dieser Ort war für eine Siedlung der geeignetste und angenehmste, den wir gesehen haben. Im Hafen befindet sich eine andere Insel, von der ersten beinahe zwei Meilen entfernt, wo es einen anderen kleinen Fluss gibt, der ein gutes Stück ins Land hinein reicht; diesen nannten wir den River St. Anthony[22]. Seine Mündung ist vom Abschluss der St. Mary's Bay etwa vier durch Wald führende Meilen entfernt. Was den anderen Fluss angeht, so ist er nur ein Bach voller Felsbrocken, den man wegen Wassermangels gar nicht hinauf fahren kann. Man gab ihm den Namen Rocky Brook[23]. Dieser Ort liegt auf 45° Breite und 17° 8' magnetischer Deklination.

21 Goat Island.
22 Heute Bear River.
23 Heute Deep Brook.

Nachdem wir diesen Hafen erkundet hatten, segelten wir weiter, um tiefer in die French Bay einzudringen und zu schauen, ob wir nicht die Kupfermine finden könnten, die im vorigen Jahr entdeckt worden war. Acht oder zehn Meilen entlang der Küste von Port Royal nach Nordosten steuernd, überquerten wir einen Teil der Bucht etwa fünf oder sechs Meilen weit bis zu einem Ort, den wir das Kap der Zwei Buchten[24] hießen. Wir kamen an einer eine Meile entfernten Insel vorbei, deren Umfang ebenso groß ist und deren Höhe zwischen 40 bis 45 Klafter beträgt. Sie ist ganz umringt von großen Felsen; nur an einer Stelle gibt es einen Abhang, an dessen Fuß sich ein Teich mit Salzwasser befindet, das aus einem kiesigen Untergrund in der Form eines Sporns kommt. Die Oberfläche der Insel ist flach, mit Bäumen bedeckt und hat eine sehr schöne Wasserquelle. An diesem Ort gibt es eine Kupfermine. Von dort fuhren wir zu einem eine und eine halbe Meile entfernten Hafen[25], wo sich unserer Meinung nach die Kupfermine befand, die ein gewisser Prévert aus Saint-Malo mit Hilfe der dort wohnenden Indianer entdeckt hatte. Dieser Hafen liegt auf 45° 40' Breite und ist bei Ebbe trocken. Um dort hinein zu fahren, muss man Bojen legen und eine Sandbank bei der Einfahrt markieren. Diese zieht sich entlang eines Kanals, der parallel zur gegenüberliegenden Küste verläuft; dann kommt man in eine Bucht von etwa einer Meile Länge und einer halben Meile Breite. An einigen Stellen ist der Grund sumpfig und sandig, und die Schiffe können dort auflaufen. Die Gezeiten fallen und steigen an diesem Platz zwischen vier und fünf Faden. Wir gingen dort an Land um zu sehen, ob wir die Minen entdecken könnten, von denen Prévert uns erzählt hatte. Doch nachdem wir etwa eine Viertelmeile entlang einiger Berge gegangen waren, fanden wir keine der Minen, noch konnten wir eine Ähnlichkeit mit dem Hafen entdecken, wie er uns von ihm beschrieben worden war. Daher war er wohl nie dort gewesen, sondern zwei oder drei seiner Leute hatten unter Führung von einigen Indianern

24 Heute Cape Chignecto.
25 Advocate Harbour.

teils zu Land und teils auf kleinen Wasserläufen danach gesucht, während er sie in seiner Schaluppe in der Sankt-Lorenz-Bucht an der Mündung eines kleinen Flusses erwartete. Diese Leute brachten ihm, als sie zurückkehrten, einige kleine Kupferstücke, die er uns bei der Rückkunft von seiner Reise zeigte. Gleichwohl fanden wir in diesem Hafen zwei Kupferminen; sie waren nicht mehr in ihrem Ursprungszustand, sahen aber noch so aus, wie unser Bergmann meinte, der sie als sehr gut beurteilte.

Die hintere Küste der French Bay, die wir durchquerten, reicht 15 Meilen ins Land[26]. Das gesamte Land, das wir ab der kleinen Durchfahrt bei Long Island entlang der Küste sahen, besteht aus nichts als Felsen; es gibt keinen Ort, wo die Schiffe sicher liegen könnten, außer bei Port Royal. Das Land ist bewachsen mit einer Menge Fichten und Birken. Der Boden ist meiner Meinung nach nicht sehr gut.

Um keine Zeit zu verlieren, brachen wir am 20. Mai[27] vom Port of Mines auf, um einen für eine permanente Siedlung geeigneten Platz zu finden. Denn wir wollten später zurückkommen, um zu schauen, ob wir die Mine mit reinem Kupfer entdecken könnten, welche die Leute Préverts mithilfe der Indianer gefunden hatten. Wir segelten zwei Meilen nach Westen bis zum Kap der Zwei Buchten[28] und dann fünf oder sechs Meilen nach Norden; dann überquerten wir die andere Bucht[29], in der unserer Ansicht nach die Kupfermine liegen würde, von der wir schon gesprochen haben. Denn es gibt dort zwei Flüsse, von denen der eine aus der Richtung von Cape Breton kommt und der andere von der Gaspé-Küste oder Tracadie nahe dem großen Sankt-Lorenz-Strom her. Einige sechs Meilen nach Westen segelnd kamen wir zu einem kleinen Fluss, an dessen Mündung sich ein ziemlich niedriges Kap befindet, das ins Meer vorspringt. Und weiter ins Land hinein gibt es einen Berg in der Form eines Kardinalshutes.[30]

26 Basin of Minas.
27 Richtig: Juni.
28 S. Fußnote 24.
29 Chignecto Bay.
30 Quaco Head.

Dort fanden wir eine Eisenerzmine. An dieser Stelle können lediglich Schaluppen ankern. Vier Meilen nach West-Süd-West liegt eine Felsspitze, die etwas ins Wasser vorspringt, wo starke, sehr gefährliche Gezeiten herrschen. Nahe dieser Spitze sahen wir eine kleine Bucht von etwa einer halben Meile Umfang, in der wir eine andere, ebenfalls sehr gute Eisenerzmine fanden. Vier Meilen weiter findet sich eine schöne Bucht, die sich ins Land erstreckt und in der es drei Inseln und einen Felsen gibt. Zwei dieser Inseln befinden sich eine Meile entfernt von dem Kap im Westen, und die andere liegt in der Mündung eines der größten und tiefsten Flüsse, die wir je gesehen haben und den wir St.-John-Fluss nannten nach dem Heiligen unseres Ankunftstages[31]. Von den Indianern wird er Ouygoudy genannt. Dieser Fluss ist gefährlich, sofern man gewisse Stellen und Felsen auf beiden Seiten nicht sorgfältig beachtet. An seiner Mündung ist er schmal, wird aber danach schnell breiter. Nachdem er eine Uferspitze umflossen hat, wird er wieder enger und bildet einen Wasserfall zwischen zwei großen Felsen, wo das Wasser mit solcher Geschwindigkeit strömt, dass ein Stück Holz, das man hineinwirft, versinkt und nicht wieder gesehen wird. Aber wenn man auf die Flut wartet, dann kann man diese Stelle sehr leicht passieren; und der Fluss verbreitert sich dann mancherorts bis auf eine Meile und hat drei Inseln. Wir haben ihn nicht weiter erkundet. Jedoch begab sich Ralleau, der Sekretär des Sieur de Monts, einige Zeit später dorthin und fand einen Indianer namens Secondon, der Häuptling ist an jenem Fluss; er berichtete uns, dass der Fluss schön, groß und breit sei und dass es dort eine Menge Wiesen und schöne Bäume gebe, zum Beispiel Eichen, Buchen, Nussbäume und wilde Weinreben. Die Bewohner dieses Landes fahren diesen Fluss hinauf bis Tadoussac, das am großen Strom Sankt-Lorenz liegt; und sie gehen dabei nur wenig über Land, um dorthin zu kommen. Vom Fluss St. John bis Tadoussac sind es 65 Meilen. An seiner Mündung, die auf 45° 40' liegt, gibt es eine Eisenerzmine.

31 24. Juni 1604.

Vom Fluss St. John fuhren wir weiter zu vier Inseln[32] und landeten auf einer von ihnen; dort fanden wir eine große Menge Vögel, die Basstölpel heißen; wir fingen viele der jungen, die ebenso gut sind wie junge Tauben. Der Sieur de Poutrincourt verirrte sich beinahe hier, kehrte aber schließlich zu unserem Beiboot zurück, als wir die vom Festland drei Meilen entfernte Insel absuchten. Weiter im Westen gibt es andere Inseln, unter ihnen eine mit einer Länge von sechs Meilen, die bei den Indianern Manthane[33] heißt und vor deren Südseite sich an den verschiedenen Inseln einige gute Häfen für die Schiffe befinden. Von den Inseln mit den Basstölpeln fuhren wir zu einem Fluss auf dem Festland, der Fluss der Etechemins[34] genannt wird, welches der Name der Indianer in diesem Land ist. Und wir kamen an einer so großen Zahl von recht angenehm anzusehenden Inseln vorüber, dass wir sie nicht zählen konnten; einige hatten einen Umfang von zwei Meilen, andere von drei, wieder andere einen größeren oder kleineren. Alle diese Inseln liegen in einer Bucht[35], die meiner Meinung nach mehr als 15 Meilen Umfang hat; dort gibt es mehrere Stellen, wohin man so viele Schiffe bringen könnte wie man möchte; an diesen Stellen findet man während der entsprechenden Jahreszeit Fische in üppiger Zahl, etwa Kabeljaue, Lachse, Wolfsbarsche, Heringe, Heilbutte und jede Menge andere. Drei Meilen durch die Inseln nach West-Nord-West segelnd, kamen wir in einen Fluss, der an der Mündung fast eine halbe Meile breit ist und in dem wir nach einer Meile oder zweien zwei Inseln fanden, die eine recht klein und nahe dem westlichen Ufer und die andere in der Flussmitte.[36] Die letztere mag acht- oder neunhundert Schritte Umfang haben, und der felsige Rand erhebt sich auf allen Seiten drei bis vier Klafter über das Wasser, mit Ausnahme einer kleinen Stelle, wo es Sand und Lehm gibt, welch letzterer benutzt werden könnte,

32 Die Inselgruppe The Wolves.
33 Grand Manan Island.
34 Heute Sainte-Croix River.
35 Passamaquoddy Bay.
36 Sainte-Croix Island und Little Dochet Island.

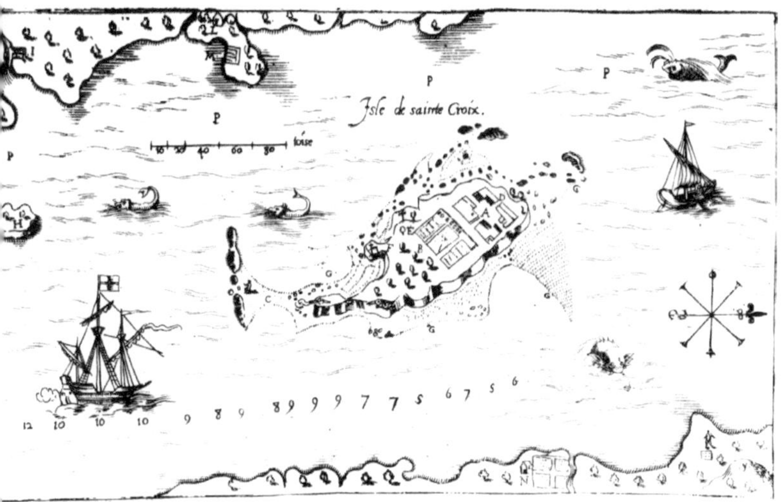

Die Insel Sainte-Croix in der Bay of Fundy mit der Wohnstätte (1604–1605)

um Ziegelsteine und andere notwendige Artikel zu fertigen. Es gibt einen anderen geschützten Ort, wo Schiffe mit 80 oder 100 Tonnen liegen können; aber er trocknet bei Ebbe aus. Die Insel ist bewachsen mit Tannen, Birken, Ahornbäumen und Eichen. Sie ist natürlicherweise in einer sehr guten Lage, und nur an einer etwa 40 Schritte langen Uferstelle ist sie niedrig und kann dort leicht befestigt werden. Die Küsten des Festlandes sind auf beiden Seiten einige 900 bis 1000 Schritte entfernt. Schiffe könnten auf dem Fluss nur vorbeifahren, wenn es die Kanone auf der Insel erlaubt. Diesen Ort betrachteten wir als den besten, sowohl seiner Lage und des guten Landes wegen, als auch wegen der Handelstreffen, die wir mit den Indianern an diesen Küsten und im Inland haben würden, da wir uns in ihrer Mitte befinden würden. Wir hofften sie im Laufe der Zeit zu befrieden und ihren Kriegen, die sie gegeneinander führen, ein Ende zu bereiten, sodass wir in Zukunft hiervon profitieren könnten; auch wollten wir sie zum christlichen Glauben bekehren. Dieser Ort erhielt vom Sieur de Monts den Namen Insel Sainte-Croix. Fährt man weiter, sieht man eine große Bucht[37] mit zwei Inseln, die eine mit hohem Land, die andere flach. Auch gibt es drei Flüsse, zwei davon mittlerer Größe, der eine nach Osten gehend und der andere nach Norden; der dritte[38] ist groß und fließt nach Westen. Letzterer ist der Fluss der Etechemins, von dem wir weiter oben sprachen. Fährt man diesen Fluss zwei Meilen weit hinauf, kommt man zu einem Wasserfall[39], wo die Indianer ihre Kanus einige 500 Schritte über Land tragen; dann gehen sie wieder aufs Wasser, von wo man, nach Überwindung einer kurzen Tragstrecke, auf die Flüsse Norumbega und St. John kommt. Schiffe können diesen Wasserfall nicht passieren, denn dort gibt es nichts als Felsen, mit nur vier bis fünf Fuß Wasser. Im Mai und Juni fängt man dort so viele Heringe und Wolfsbarsche, dass man ganze Schiffe damit beladen könnte. Die Gegend gehört zu den schönsten, und auf 15 oder 20 Morgen gerodetem Land hat der Sieur de Monts Weizen säen lassen, der bestens gedieh. Die Indianer kommen manchmal für fünf oder sechs Wochen während der Fischfangsaison hierher. Das ganze übrige Land ist voller sehr dichter Wälder. Wenn das Land gerodet würde, würde das Korn dort sehr gut wachsen. Dieser Ort liegt auf der Breite von 45° 20' und auf 17° 32' magnetischer Deklination.

37 Oak Bay.
38 S. Fußnote 34.
39 Die Fälle bei Milltown.

Kapitel IV

Keinen geeigneteren Platz für eine dauerhafte Siedlung findend als die Insel Sainte-Croix, befestigt der Sieur de Monts sie und errichtet darauf Wohnstätten. Rückkehr der Schiffe nach Frankreich, mit Ralleau, dem Sekretär des Sieur de Monts, der sich um einige Geschäftsdinge kümmern muss.

Da wir keinen passenderen Platz als diese Insel[40] gefunden hatten, begannen wir, auf einer von der Insel etwas abgetrennten, kleinen Insel eine Barrikade zu errichten als Standfläche für unsere Kanone. Jeder arbeitete so zielstrebig, dass sie in kurzer Zeit verteidigungsklar war, obwohl die Moskitos (das sind kleine Fliegen) uns bei der Arbeit viel Ungemach bereiteten; denn einigen unserer Leute schwoll das Gesicht wegen der Stiche derart an, dass sie kaum mehr sehen konnten. Als die Barrikade fertig war, sandte der Sieur de Monts sein Beiboot, um unseren übrigen Leuten, die sich auf unserem Schiff in der St. Mary's Bay befanden, zu sagen, dass sie nach Sainte-Croix kommen sollten. Dies geschah auch sofort. Und während wir auf sie warteten, verbrachten wir die Zeit recht angenehm.

Einige Tage später, nachdem unsere Schiffe nach ihrer Ankunft geankert hatten, ging jedermann an Land. Dann begann der Sieur de Monts, ohne Zeit zu verlieren, die Arbeiter mit dem Bau unserer Wohnstätte zu beschäftigen und gestattete mir, den Plan für unsere Siedlung zu entwerfen. Nachdem der Sieur de Monts den Platz für das Vorratsmagazin bestimmt hatte, das 54 Fuß lang, 18 breit und 12 hoch war, befasste er sich mit dem Plan seines Wohnhauses, das er rasch von guten Arbeitern bauen ließ. Dann wies er jedem seinen Platz zu, und sofort begannen sie sich in Gruppen von fünf und sechs einzuteilen, so wie es ihnen beliebte. Danach machten sich

40 Sainte-Croix Island.

alle daran, die Insel zu roden, Holz zu holen, Zimmerholz zu sägen sowie Erde und andere für den Hausbau nötigen Dinge herbei zu bringen.

Während wir unsere Gebäude errichteten, entsandte der Sieur de Monts den Kapitän Fouques in Rossignols Schiff, um Pont-Gravé in Canso zu finden und die noch verbliebenen Vorräte für unsere Siedlung herbei zu schaffen.

Einige Zeit nach seiner Abfahrt erschien ein kleines, acht Tonnen großes Boot mit Du Glas aus Honfleur an Bord, dem Steuermann des Schiffs von Pont-Gravé, der die Kapitäne der baskischen Schiffe brachte, die von Pont-Gravé, wie oben berichtet, beim Handel mit Pelzen aufgebracht worden waren. Der Sieur de Monts empfing sie freundlich und sandte sie mit dem erwähnten Du Glas zurück, der beauftragt wurde, Pont-Gravé zu sagen, dass er die aufgebrachten Schiffe nach La Rochelle bringen solle, damit man dort Recht walten lasse. Unterdessen arbeitete man stetig und fleißig an den Wohnhäusern, die Zimmerleute am Vorratshaus und der Wohnung des Sieur de Monts, und alle anderen an den ihren. Ich arbeitete an meiner Wohnung mithilfe einiger Bediensteter des Sieur d'Orville und meiner selbst. Die Wohnung war bald fertig, und der Sieur de Monts wohnte dann darin, bis seine eigene bereit war. Man baute auch einen Ofen und ebenso eine Handmühle, um unseren Weizen zu mahlen, was den meisten von uns viel Mühe und Arbeit bereitete, da es eine anstrengende Angelegenheit war. Danach richtete man einige Gärten ein, sowohl auf dem Festland als auch auf der Insel selbst; man säte dort einige Getreidesorten aus, die sehr gut aufgingen, außer auf der Insel, wo der Boden nur Sand war und wo alles verbrannte, wenn die Sonne schien, obwohl wir uns mit dem Gießen große Mühe gaben.

Einige Tage später beschloss der Sieur de Monts zu erkunden, wo die Mine mit reinem Kupfer läge, nach der wir so angestrengt gesucht hatten. Und zu diesem Zweck entsandte er mich mit einem Indianer namens Messsamouet, der sagte, dass er die Stelle gut kenne. Ich brach in einer kleinen, fünf oder sechs Tonnen großen Pinasse mit neun Seeleuten auf. Einige Meilen

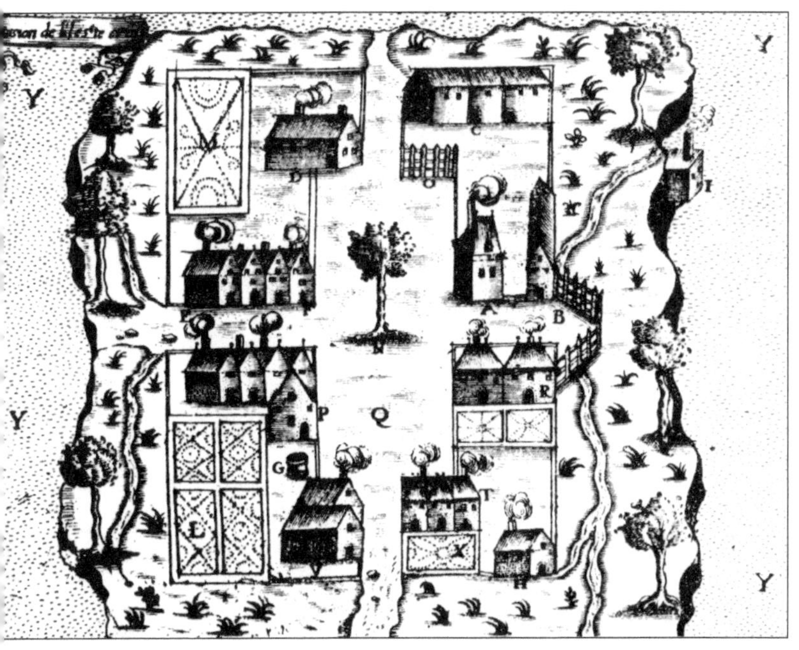

Wohnstätte auf der Insel Sainte-Croix in der Bay of Fundy (1604–1605)

von der Insel entfernt, gegen den Fluss St. John hin, fanden wir eine Mine, deren Kupfer nicht rein war; gleichwohl war es nach Aussage unseres Bergmannes gut; er dachte, dass die Ergiebigkeit 18 Prozent betrage. Weiter weg davon fanden wir anderes Erz von geringerem Gehalt. Als wir zu dem Ort kamen, von dem wir dachten, dass er der gesuchte sei, konnte der Indianer die Mine nicht finden. So mussten wir umkehren und die Suche auf ein anderes Mal verschieben.

Bei meiner Rückkehr von dieser Reise entschied der Sieur de Monts, seine Schiffe nach Frankreich zurück zu schicken und ebenso den Sieur de Poutrincourt, der nur zu seinem Vergnügen gekommen war und um das Land zu erkunden sowie um Plätze für eine Siedlung zu finden, die er unternehmen wollte. Deshalb verlangte er vom Sieur de Monts Port Royal, das ihm dieser gab gemäß der Vollmacht und dem Auftrag des Königs. Er sandte auch seinen Sekretär Ralleau zurück, der einige Dinge bezüglich der Reise in Ordnung bringen sollte. Am letzten Augusttag des Jahres 1604 brachen sie von der Insel Sainte-Croix auf.

Kapitel V

Von der Küste, den Bewohnern und dem Fluss Norumbega, und von allem, was während deren Erkundung geschah.

Nach der Abfahrt der Schiffe beschloss der Sieur de Monts, um keine Zeit zu verlieren, entlang der Küste von Norumbega Erkundungen anzustellen; und er beauftragte mich damit, was ich sehr erfreulich fand.

Zu diesem Zweck brach ich von Sainte-Croix am 2. September in einem kleinen Schiff von 17 oder 18 Tonnen und mit zwölf Seeleuten und zwei Indianern auf; letztere sollten uns als Führer dienen an den Orten, die sie kannten. An diesem Tag trafen wir auf die Schiffe, an deren Bord sich der Sieur de Poutrincourt befand, die wegen des schlechten Wetters an der Mündung des Flusses Sainte-Croix vor Anker lagen. Von dort konnten wir erst am 5. des Monats absegeln; und als wir zwei oder drei Meilen weit auf See waren, stieg so starker Nebel auf, dass wir ihre Schiffe alsbald aus den Augen verloren. Die Küste entlang fahrend, legten wir an diesem Tag einige 25 Meilen zurück und kamen an einer großen Zahl von Inseln, Sandbänken, Untiefen und Felsen vorbei, die an manchen Stellen mehr als vier Meilen in das Meer hinein ragen. Wir nannten diese Inseln die Ordered Islands[41]. Auf der Mehrzahl von ihnen wachsen Fichten, Tannen und andere minderwertige Hölzer. An den Inseln finden sich eine Menge schöner und guter Häfen, die sich aber nicht zur Siedlung eignen. Am gleichen Tag fuhren wir an einer vier oder fünf Meilen langen Insel vorbei, nahe der wir beinahe an einem kleinen Felsen unter der Wasseroberfläche zerschellten; er schlug in unser Boot in der Nähe des Kiels ein Loch. Die Entfernung dieser Insel vom Festland im Norden beträgt keine 100 Schritte. Die Insel ist sehr hoch und an manchen Stellen zerklüftet, was

41 Die Inseln tragen heute keinen speziellen Namen mehr.

vom Meer aus wie sieben oder acht aneinandergereihte Berge aussieht. Die Gipfel der meisten von ihnen tragen keine Bäume, denn es sind lediglich Felsen. Die Wälder bestehen nur aus Fichten, Tannen und Birken. Ich nannte sie Mount Desert Island[42]. Ihre geografische Breite ist 44° 30'.

Am nächsten Tag, dem 6. des Monats, segelten wir zwei Meilen weit, als wir Rauch in einer kleinen Bucht erblickten, die sich am Fuße der oben erwähnten Berge befand; und wir sahen zwei von Indianern gepaddelte Kanus, die bis auf Büchsenschussweite herankamen, um uns zu beobachten. Ich schickte unsere zwei Indianer in einem Kanu zu ihnen, um sie unserer Freundschaft zu versichern. Doch sie fürchteten sich vor uns und kehrten um. Am nächsten Morgen kamen sie zurück an unsere Pinasse und verhandelten mit unseren Indianern. Ich ließ ihnen einige Biskuits, Tabak und andere Kleinigkeiten geben. Diese Indianer waren gekommen, um Biber zu jagen und Fische zu fangen, und sie gaben uns einige davon. Nachdem wir somit Freundschaft mit ihnen geschlossen hatten, führten sie uns in ihren Fluss Peimteguet[43], wie sie ihn nennen, wo, wie sie uns sagten, ihr Häuptling und Chef des Flusses namens Bessabez wohnte. Ich glaube, dass dieser Fluss derjenige ist, den mehrere Kapitäne und Historiker Norumbega[44] nennen, und den die meisten von ihnen als groß und weit und voller Inseln beschrieben haben, mit einer Mündung auf 43° oder 43° 30' Breite, und andere mehr oder weniger auf 44°. Hinsichtlich der magnetischen Deklination habe ich nie etwas gelesen oder gehört. Man schreibt auch, dass es dort eine große, von vielen Indianern bewohnte Stadt gibt, wo man geschickt und gewandt mit Baumwollfäden umgeht. Allerdings bin ich überzeugt, dass die meisten derjenigen, die dies erwähnen, es nie gesehen haben und von etwas sprechen, das sie von Leuten gehört haben, die davon ebenfalls nichts wissen. Ich glaube vielmehr, dass es Leute gibt, welche die Mündung gesehen

42 Mount Desert Island, Maine.
43 Späterer Name: Pentagouet.
44 Nicht näher zu bestimmen.

haben, denn dort gibt es wirklich eine Menge Inseln, und sie liegt auf einer Breite von 44°, wie sie angeben. Aber es gibt keinerlei Anzeichen dafür, dass irgendjemand jemals hineingefahren ist; denn sie hätten es anders beschrieben, um vielen Leuten ihre Zweifel zu nehmen.

So werde ich wahrheitsgemäß erzählen, was ich entdeckt und gesehen habe von der Mündung an flussaufwärts, bis wohin ich kam.

Erstens gibt es an seiner Mündung mehrere Inseln, die vom Festland zehn oder zwölf Meilen entfernt sind und auf 44° Breite mit 18° 40' magnetischer Deklination liegen. Die Insel Mount Desert ist einer der Punkte in seiner Mündung und liegt nach Osten hin, während die andere, im Westen, niedriges Land ist und von den Indianern Bedabedec[45] genannt wird; die Entfernung zwischen beiden beträgt neun oder zehn Meilen. Und fast in der Mitte zwischen ihnen, gegen das Meer hin, gibt es eine andere, sehr hohe und auffallende Insel, die ich deshalb Isle Haute[46] genannt habe. Überall darum herum befinden sich unzählige Inseln verschiedener Länge und Breite, aber die größte von ihnen ist Mount Desert. Der Fang verschiedener Arten von Fischen ist dort sehr ertragreich, wie auch die Jagd auf Wild. Wenn man etwa zwei oder drei Meilen von dem Bedabedec-Punkt die Festlandküste entlang nach Norden zu diesem Fluss fährt, sieht man bei schönem Wetter sehr hohe, zwölf bis 15 Meilen entfernte Hügel[47]. Kommt man zum Süden der Isle Haute und fährt an ihr etwa eine Viertelmeile entlang, erreicht man einige Bänke, die sich über dem Wasser befinden; und dann, wenn man nach Westen fährt und sich allen Bergen im Norden der Insel zuwendet, kann man sicher sein, sobald man die acht oder neun Gipfel des Mount Desert und das Land Bedabedec erblickt, dass man am Norumbega-Flusses ist. Um in ihn einzufahren, muss man sich nach Norden wenden, nämlich den höchsten Bergen

45 Nicht näher zu bestimmen.
46 Heute Isle au Haut, Maine.
47 Die Camden Hills.

des erwähnten Bedabedec zu. Dort wird man keine Inseln vor sich sehen. Man fährt dort sicher mit viel Wasser, obwohl man im Osten wie im Westen viele Riffe, Inseln und Felsklippen sieht. Zur größeren Sicherheit muss man ihnen mit der Sonde in der Hand ausweichen. Und ich glaube aufgrund dessen, was ich gesehen habe, dass man in diesen Fluss nirgends sonst einfahren kann außer mit kleinen Schiffen oder Schaluppen. Denn, wie ich weiter oben schrieb, die zahlreichen Inseln, Felsen, Bänke, Sandbänke und Riffe sind hier so verstreut, dass sie einem schon sehr merkwürdig vorkommen.

Um jetzt zur Fortsetzung unserer Erkundungstour zurückzukehren: Wenn man in den Fluss einfährt, sieht man schöne und gefällige Inseln mit schönen Wiesen. Wir fuhren bis zu einer Stelle, zu der uns die Indianer führten, wo der Fluss nicht über eine Achtelmeile breit ist. Und hier, einige 100 Schritte vom westlichen Ufer entfernt und kaum aus der Wasseroberfläche schauend, befindet sich ein sehr gefährlicher Felsen. Von da bis zur Isle Haute sind es 15 Meilen. Und ab dieser engen Stelle (welche die geringste Breite hat, die wir fanden), trafen wir, nach einigen sieben oder acht Meilen, auf einen kleinen Fluss[48], in dessen Nähe wir ankern mussten, weil wir vor uns eine große Menge Felsen sahen, die bei Ebbe aus dem Wasser ragen; und obendrein hätten wir, selbst wenn wir gewollt hätten, nicht viel mehr als eine halbe Meile weiter fahren können wegen eines Wasserfalls, der einen sieben oder acht Fuß langen Hang hinunterschießt. Dies sah ich, als ich dorthin fuhr in einem Kanu mit den bei uns weilenden Indianern. Wir fanden lediglich genügend Wasser für ein einziges Kanu. Aber unterhalb des Wasserfalls, der einige 200 Schritte breit ist, ist der Fluss schön und fließt ohne Hindernis bis zu der Stelle, wo wir geankert hatten. Ich ging an Land, um die Gegend zu betrachten; auf der Jagd sah ich, dass sie dort, wo ich umherzog, sehr einladend und angenehm ist. Man konnte denken, dass die Eichen dort absichtlich gepflanzt wurden. Ich sah wenige Tannen, aber sehr

48 Der Kenduskeag, der bei Bangor in den Penobscot fließt.

wohl einige Fichten auf einer Seite des Flusses, während auf der anderen lauter Eichen waren, zusammen mit Unterholz, das sich weit ins Land hinein erstreckt. Und ich füge hinzu, dass wir von der Mündung des Flusses bis zu dem Platz, wo wir waren, auf eine Distanz von einigen 25 Meilen weder Stadt noch Dorf sahen, noch irgendwelche Anzeichen, dass es je welche gegeben hat; wir sahen nur eine oder zwei leere Hütten der Indianer, die in der gleichen Weise wie die der Souriquois errichtet waren, das heißt, gedeckt mit Baumrinde. Und soweit wir beurteilen konnten, gibt es nur wenige Indianer an diesem Fluss, und man nennt sie auch Etechemins. Sie kommen dorthin und zu den Inseln nur für einige Monate im Sommer während der Fischfang- und Jagdsaison, wenn die Beute ergiebig ist. Das sind Menschen ohne festen Wohnsitz, wie ich entdeckt habe und was ich auch von ihnen erfuhr. Denn sie verbringen den Winter manchmal an einem Ort und manchmal an einem anderen, wo immer sie die Tierjagd am besten finden. Denn sie leben von der Jagd, wenn sie es nötig haben, und sie legen nichts zur Seite für Zeiten der Not, die manchmal groß ist.

Dieser Fluss muss notwendig der Norumbega-Fluss sein. Denn nach ihm kommt auf den oben erwähnten Breitengraden nichts mehr als der Kennebec bis zum 41. Grad, zu dem wir vordrangen; dieser befindet sich fast auf derselben Breite, ist aber nicht so breit. Außerdem können hier keine Flüsse sein, die weit ins Land hinein reichen, denn der große Strom Sankt-Lorenz fließt parallel zur Küste Akadiens und Norumbegas, und die Landentfernung zwischen ihnen beträgt nicht mehr als 45 Meilen, oder an der breitesten Stelle 60, wie man meiner geografischen Karte entnehmen kann.

Ich werde nun dieses Thema verlassen, um zu den Indianern zurückzukehren, die mich zu den Wasserfällen des Norumbega-Flusses geführt hatten und die losgezogen waren, um ihren Häuptling Bessabez und andere Indianer zu informieren. Diese ihrerseits gingen zu einem anderen kleinen Fluss, um ihren Häuptling namens Cabahis ebenfalls von unserer Ankunft zu benachrichtigen.

Am 16. des Monats kamen einige 30 Indianer zu uns, nachdem diejenigen, die uns als Führer gedient hatten, sie bezüglich ihrer Sicherheit beruhigt hatten. Auch der erwähnte Bessabez besuchte uns mit sechs Kanus. Sobald ihn die Indianer am Ufer ankommen sahen, begannen sie zu singen, zu tanzen und in die Höhe zu springen, bis er an Land ging. Danach setzten sie sich alle in einem Kreis auf den Boden, wie es ihre Weise ist, wenn sie eine Rede halten oder ein Fest feiern wollen. Cabahis, der andere Häuptling, kam ein wenig später ebenfalls mit 20 oder 30 seiner Gefährten, die aber bei sich blieben. Sie waren sehr erfreut, uns zu sehen, zumal es das erste Mal war, dass sie Christen sahen. Einige Zeit später landete ich mit meinen Gefährten und zwei unserer Indianer, die uns als Dolmetscher dienten. Ich wies unsere Bootsmannschaft an, sich den Indianern zu nähern und ihre Waffen bereit zu halten, um ihre Pflicht tun zu können, falls sie eine gegen uns gerichtete Bewegung dieser Leute bemerkten. Als Bessabez sah, dass wir an Land waren, bat er uns niederzusitzen und begann mit seinen Gefährten zu rauchen, wie sie es für gewöhnlich tun, bevor sie ihre Reden halten. Sie schenkten uns Wildbret und Geflügel.

Ich bat unseren Dolmetscher, unseren Indianern zu sagen, dass sie Bessabez, Cabahis und ihren Gefährten erklären sollten, dass der Sieur de Monts mich zu ihnen gesandt habe, um sie zu besuchen und ihr Land zu besichtigen; und dass er mit ihnen Freundschaft halten und sie mit ihren Feinden, den Souriquois und den Kanadiern, versöhnen wolle; und außerdem, dass er sich auf ihrem Land niederlassen und ihnen zeigen wolle, wie man es kultivieren könne, sodass sie nicht mehr ein solch elendes Leben führen müssten wie gegenwärtig; und einiges Andere diesbezüglich. Das brachten unsere Indianer ihnen zur Kenntnis. Letztere gaben uns zu verstehen, dass sie damit sehr zufrieden seien und sagten, dass ihnen nichts Besseres begegnen könne, als mit uns Freundschaft zu pflegen; und dass sie wünschten, dass wir ihr Land besiedelten und sie mit ihren Feinden in Frieden leben könnten, sodass sie in Zukunft mehr auf Biberjagd gehen könnten als sie je vermochten, und diese Biber dann bei uns tauschen könnten gegen für sie notwendige Artikel. Als er seine Rede beendet hatte, schenkte ich ihnen Beile, Perlenketten, Mützen, Messer und andere Kleinigkeiten; daraufhin trennten wir uns. Den Rest des Tages und die Nacht verbrachten sie mit nichts anderem als Tanzen, Singen, Lustbarkeit und Warten auf die Morgendämmerung, während der wir dann eine Anzahl Biberfelle erhandelten. Danach kehrte jeder zu sich zurück, Bessabez seinerseits mit seinen Gefährten in seine Richtung und wir in die unsere, alle sehr zufrieden damit, einander kennengelernt zu haben.[49]

Am 17. des Monats vermaß ich unseren Standort und stellte 45° 25' Minuten Breite fest. Danach brachen wir zu einem anderen Fluss namens Kennebec auf, der von dort 35 Meilen entfernt ist und von Bedabedec etwa 20. Dieses Volk von Indianern am Kennebec nennt sich Etechemins, wie diejenigen am Norumbega.

Am 18. des Monats kamen wir an einem kleinen Fluss[50] vorüber, wo Cabahis wohnte, der uns in unserer Pinasse einige zwölf Meilen begleitete. Als ich ihn fragte, woher der Fluss Norumbega komme, sagte er mir, dass man hinter dem Wasserfall, den ich weiter oben erwähnt habe, nach einer Strecke flussaufwärts zu einem See käme, durch den man zum Fluss Sainte-Croix käme; von wo man nach einer kurzen Distanz auf den Fluss der Etechemins träfe. Außerdem flösse in diesen See ein anderer Fluss, und wenn man den einige Tage weit hinauf ginge, man in einen anderen See[51] käme. Führe man durch dessen Mitte bis zu dessen Ende und ginge dann noch ein Stück weit über Land, so käme man zu einem anderen kleinen Fluss, der eine Meile von Quebec entfernt mündet, das an dem großen Sankt-Lorenz-Strom liegt. Alle diese Norumbega-Völker sind sehr dunkelhäutig und kleiden sich in Biberpelze und andere Felle, wie die Indianer Kanadas und die Souriquois. Und ihre Lebensweise ist ebenfalls die gleiche.

---

49 Der Ort der Konferenz war vermutlich die Landzunge bei der Einmündung des Kenduskeag in den Penobscot.

50 Entweder der Orland River oder der Belfast River.

51 Der Chesuncook Lake.

Am 20. des Monats fuhren wir die Westküste entlang und kamen an den Bedabedec-Bergen vorüber, wo wir ankerten;[52] am gleichen Tag erkundeten wir die Mündung des Flusses, in den große Schiffe einfahren können; aber in derselben gibt es einige Bänke, die mithilfe der Sonde vermieden werden müssen. Unsere Indianer verließen uns hier, denn sie wollten nicht mit nach Kennebec kommen, da die dortigen Indianer große Feinde von ihnen sind. Wir fuhren einige acht Meilen entlang der Küste nach Westen bis zu einer zehn Meilen von Kennebec entfernten Insel[53], wo wir Segel streichen mussten wegen des schlechten Wetters und der Gegenwinde. Auf einem Teil unserer Wegstrecke kamen wir an einer Anzahl gefährlicher Inseln und Riffe vorüber, die mehrere Meilen ins Meer hinaus vorspringen. Und als wir sahen, dass das schlechte Wetter uns sehr behinderte, fuhren wir nicht mehr als drei oder vier Meilen weiter. Alle diese Inseln und Küsten sind mit einer Menge der gleichen Bäume bedeckt, die ich weiter oben für die anderen Küsten schon beschrieben habe. In Anbetracht der Knappheit unserer Vorräte beschlossen wir, zu unserem Wohnplatz zurückzukehren und auf das nächste Jahr zu warten, in dem wir zurückkommen wollten, um ausführlichere Erkundungen einzuziehen. So kehrten wir am 23. September um und kamen an unserem Wohnplatz am folgenden 2. Oktober an.

Dies ist wahrhaft alles, was ich beobachtet habe bezüglich der Küsten und Völker wie auch des Flusses Norumbega; sie sind nicht die Wunder, als welche einige sie beschrieben haben. Ich glaube, dass diese Region im Winter ebenso unerfreulich ist wie die unserer Wohnstätte, von der wir sehr enttäuscht waren.

---

52 Wahrscheinlich im Hafen des heutigen Rockland.

53 Eine der Georges Islands.

Kapitel VI

Vom Skorbut, einer sehr schweren Krankheit. Wie die Männer und Frauen der Indianer während des Winters ihre Zeit verbringen. Und alles, was sich in der Wohnstätte ereignete während des Winters.

Als wir auf der Sainte-Croix-Insel ankamen, waren alle Wohnplätze fertig. Der Winter überraschte uns früher, als wir erwarteten, und wir konnten viele Dinge nicht erledigen, die wir uns vorgenommen hatten. Gleichwohl ließ der Sieur de Monts nicht davon ab, auf der Insel Gärten anlegen zu lassen. Viele begannen, ihren Grund zu roden. Ich tat dies ebenfalls; meiner war recht groß, und ich säte eine Menge Getreide wie die anderen auch, die welches hatten. Es keimte sehr gut. Aber da die Insel nur aus Sand bestand, verbrannte beinahe alles, wenn die Sonne schien; denn wir hatten kein Wasser zum Gießen, und der Regen kam nicht oft.

Der Sieur de Monts ließ auch auf dem Festland roden, um dort Gärten anzulegen; und an den Wasserfällen, drei Meilen von unserer Siedlung entfernt, ließ er graben und Weizen säen; dieser ging sehr gut auf und kam zur Reife. Um unsere Wohnstätte herum gibt es bei Ebbe eine Menge Krustentiere wie Pfahlmuscheln, Sandmuscheln, Seeigel und Seeschnecken, die jedem von uns sehr zugute kamen.

Der erste Schnee fiel am 6. des Monats Oktober. Am 3. Dezember sahen wir Eisschollen vorüberziehen, die aus einem gefrorenen Fluss kamen. Der Frost war strenger und schärfer als in Frankreich und dauerte viel länger; und es regnete kaum während des Winters. Ich glaube, die Ursache hierfür sind die Nord- und Nordwest-Winde, die über hohe, stets mit Schnee bedeckte Berge wehen. Der Schnee war bei uns drei oder vier Fuß hoch bis zum Ende des Monats April; und ich glaube auch, dass er länger liegen bleibt, als es der Fall wäre, wenn der Boden bearbeitet würde.

Während des Winters brach unter mehreren unserer Leute eine Krankheit aus. Sie wird Krankheit des Landes genannt, oder auch Skorbut, wie ich von gelehrten Leuten gehört habe. In den Mündern derer, die davon befallen wurden, wuchsen dicke, nutzlose und schleimige Fleischstücke (was viel Eiterbildung verursachte), die so sehr überhandnahmen, dass die Leute fast nichts zu sich nehmen konnten außer Flüssiges. Ihre Zähne hielten kaum im Kiefer und konnten mit den Fingern schmerzlos herausgezogen werden. Man schnitt ihnen das überflüssige Fleisch oft weg, wodurch sie viel Blut aus dem Mund verloren. Danach hatten sie große Schmerzen in den Armen und Beinen, die dick und hart wurden und Flecken wie von Flohstichen trugen; und sie konnten nicht gehen, weil sich die Nerven zusammenzogen. Deshalb hatten sie fast keine Kraft und litten unerträgliche Schmerzen. Sie hatten auch Schmerzen in den Nieren, im Magen und im Bauch, zusammen mit starkem Husten und kurzem Atem. Kurz, sie waren in einem solchen Zustand, dass die Mehrzahl der Kranken weder aufstehen noch sich bewegen konnte; und man konnte sie auch nicht aufrichten, ohne dass sie ohnmächtig wurden. So starben hieran von den 79, die wir waren, 35, und mehr als 20 waren dem Tod sehr nahe. Die Mehrzahl derer, die gesund blieben, klagte über einige kleinere Schmerzen und kurzen Atem. Wir konnten keine Heilmittel finden für diese Krankheiten. Einige von ihnen wurden aufgeschnitten, um die Ursache ihrer Krankheit festzustellen.

Man fand bei vielen, dass die inneren Organe verfault waren, etwa die Lunge, die so verändert war, dass sich keine natürliche Feuchtigkeit mehr erkennen ließ; die Milz war wässrig und angeschwollen; die Leber war sehr faserig und gefleckt und hatte nicht ihre natürliche Farbe; sowohl die obere als auch die untere Hohlvene waren voller dickem, verklumptem und schwarzem Blut; die Galle war verfault. Gleichwohl fanden sich auch eine Menge Adern, sowohl im mittleren als auch im unteren Bauch, die in ziemlich gutem Zustand waren. Einigen machte man Einschnitte mit dem Rasiermesser oberhalb der Schenkel, wo die roten Flecken waren, wo dann ein schwarzes, klumpiges

Blut heraus floß. Das ist, was man bei den mit dieser Krankheit angesteckten Körpern erfahren konnte.

Unsere Chirurgen konnten sich nicht selbst behandeln, um nicht das gleiche Schicksal wie die anderen zu erleiden. Diejenigen, die krank blieben, genasen im Frühjahr, das in jenen Ländern im Mai beginnt. Das veranlasste uns zu glauben, dass es eher der Jahreszeitenwechsel war, der sie heilte, als die Medikamente, die man ihnen verordnet hatte.

Während jenes Winters gefroren alle unsere Getränke außer dem spanischen Wein. Apfelmost wurde pfundweise ausgegeben. Dieser Verlust wurde verursacht durch den Umstand, dass das Vorratshaus keinen Keller hatte, und dass die Luft, die durch die Spalten herein kam, rauer war als diejenige außen. Wir waren genötigt, sehr schlechtes Wasser zu benutzen und geschmolzenen Schnee zu trinken, da wir weder Quellen noch Bäche hatten. Denn es war unmöglich, ans Festland zu gehen wegen der großen Eisschollen, die von Ebbe und Flut, deren Unterschied drei Faden beträgt, umhergeschoben wurden. Die Arbeit mit der Handmühle war sehr mühsam, besonders da die meisten von uns fast keine Kraft hatten; denn wir waren schlecht gebettet und hatten keine gute Heizung, weil das Eis uns am Holzbeschaffen hinderte; auch aß man nur gesalzenes Fleisch und Gemüse, was schlechtes Blut herbeiführt. Daher kamen meiner Meinung nach diese leidigen Krankheiten auf. All dieses machte den Sieur de Monts und andere in der Habitation recht unzufrieden.

Es war nicht leicht, dieses Land zu beurteilen, ohne hier den Winter verbracht zu haben; denn wenn man im Sommer ankommt, ist alles sehr gefällig wegen der Wälder, der schönen Landschaften und des guten Fangs mehrerer Fischarten, die wir hier fanden. Der Winter in diesem Land dauert sechs Monate.

Die Indianer, die hier wohnen, sind nicht sehr zahlreich. Während des Winters, wenn es den meisten Schnee gibt, jagen sie Elche und anderes Wild; hiervon leben sie die meiste Zeit. Und wenn der Schnee nicht tief ist, haben sie kaum genügend Jagdertrag; denn dann können sie kaum etwas erbeuten ohne große Mühe, wobei sie viel erleiden und erdulden müssen.

Wenn sie nicht auf die Jagd gehen, leben sie von Schalentieren, nämlich Herzmuscheln. Im Winter tragen sie schöne Biber- und Elchpelze. Die Frauen fertigen alle Kleidung an, sind darin aber nicht so gut, dass man nicht die Haut unter den Achselhöhlen sehen würde; denn es fehlt ihnen das Geschick zu besserer Fertigung. Wenn sie auf die Jagd gehen, benutzen sie eine Art Schneeschuhe, die doppelt so groß sind wie die bei uns und die unter den Füßen befestigt werden; so gehen sie über den Schnee, ohne einzusinken, Frauen und Kinder wie auch die Männer, die den Spuren der Wildtiere folgen. Wenn sie letztere gefunden haben, folgen sie diesen, bis sie das Tier erblicken. Dann schießen sie darauf mit ihren Bogen, oder sie töten es durch Stöße mit einer an eine halbgroße Pike festgemachten Klinge. Dies ist nicht schwer, denn die Tiere können auf dem Schnee nicht laufen, ohne einzusinken. Dann kommen die Frauen und Kinder herzu, kampieren und feiern. Danach kehren sie zur Suche nach weiteren Tieren zurück, und so verbringen sie den Winter. Im folgenden Monat März kamen einige Indianer, die mit uns ihre Jagdbeute teilten, wofür wir ihnen im Tausch Brot und andere Dinge gaben. Dies ist die Weise dieser Leute, den Winter zu verbringen; ich fand dieselbe recht miserabel.

Wir erwarteten die Ankunft unserer Schiffe zu Ende April; als sie nicht kamen, begannen alle, schlechte Vorahnungen zu haben und fürchteten, dass ihnen ein Unglück begegnet sein könnte. Deshalb beschloss der Sieur de Monts am 15. Mai, eine 15-Tonnen-Pinasse und eine andere mit sieben Tonnen auszurüsten, mit denen wir Ende Juni nach Gaspé fahren sollten und nach Schiffen suchen für die Rückkehr nach Frankreich, falls die unseren bis dahin nicht kämen. Aber Gott half uns besser, als wir erhofften. Denn am 15. Juni, während ich um etwa elf Uhr abends auf Wache war, kam in einer Schaluppe Pont-Gravé, der Kapitän eines unserer Schiffe, und informierte uns, dass sein Schiff sechs Meilen von unserer Siedlung entfernt vor Anker liege. Alle hießen ihn mit großer Freude willkommen.

Am nächsten Tag kam das Schiff an und ankerte nahe bei unserer Wohnstätte. Pont-Gravé teilte uns mit, dass nach ihm ein anderes Schiff aus Saint-Malo käme namens Saint-Étienne, um uns Lebensmittel und Vorräte zu bringen.

Am 17. des Monats beschloss der Sieur de Monts, einen geeigneteren Ort für eine Siedlung zu suchen, einen mit einem milderen Klima als dem unsrigen. Zu diesem Zweck ließ er die Pinasse ausrüsten, mit der er hatte nach Gaspé segeln wollen.

Kapitel VII

Erkundungen an der Almouchiquois-Küste bis zum 42. Breitengrad. Und die Einzelheiten dieser Reise.

Am 18. des Monats Juni 1605 fuhr der Sieur de Monts mit einigen Adligen, 20 Matrosen und einem Indianer namens Panounias sowie dessen Frau, die er nicht zurücklassen wollte, von der Insel Sainte-Croix ab. Wir nahmen diese Indianer mit, damit sie uns zum Land der Almouchiquois führten; denn wir hofften, mit ihrer Hilfe herauszufinden, was es mit diesem Land auf sich hat, zumal die Indianerfrau dort geboren war.

Die Küste nahe Menane entlang fahrend, einer Insel in drei Meilen Entfernung vom Festland, kamen wir zu den Ordered Islands von der Seeseite her und ankerten bei einer von ihnen. Dort gab es eine große Anzahl von Krähen, von denen unsere Leute eine Menge fingen; und wir nannten die Insel Isle of Crows[54]. Von dort segelten wir zur Insel Mount Desert, die in der Mündung des Norumbega-Flusses liegt, wie ich oben erwähnte. Wir fuhren fünf oder sechs Meilen zwischen mehreren Inseln umher; dort kamen von dem Bedabedec-Platz, wo ihr Häuptling war, drei Indianer in einem Kanu auf uns zu. Nachdem wir ihnen einige Reden gehalten hatten, kehrten sie am selben Tag wieder zurück.

Am Freitag, dem 1. Juli, brachen wir von einer der Inseln auf; sie liegt in der Mündung des Flusses, wo es auch einen recht guten Hafen für Schiffe von 100 und 150 Tonnen gibt. An diesem Tag segelten wir einige 25 Meilen zwischen dem Bedabedec-Platz und einer Menge Inseln und Felsen, die wir bis zum Kennebec-Fluss erkundeten. In der Mündung desselben befindet sich eine ziemlich hohe Insel, die wir Schildkröte[55]

54 Vermutlich Great Wass Island.
55 Heute Seguin Island.

nannten. Zwischen ihr und dem Festland befinden sich einige verstreute Felsen, die bei Flut von Wasser bedeckt sind; gleichwohl kann man nicht aufhören zuzusehen, wie sich die See über ihnen bricht. Die Schildkröteninsel und der Fluss liegen Süd-Süd-Ost und Nord-Nord-West zueinander. Wenn man in den Fluss einfährt, gibt es zwei mittelgroße Inseln, welche den Zugang darstellen, die eine auf der einen Seite und die andere auf der anderen; und einige 300 Schritte weiter innen liegen zwei Felsen, die keine Bäume tragen, sondern nur einiges Grünzeug.[56] Wir ankerten 300 Schritte entfernt von der Zufahrt in fünf bis sechs Faden Wasser. Während wir dort lagen, überraschte uns Nebel, was uns dazu brachte, weiter nach innen zu fahren, um den Oberlauf des Flusses und die dortigen Indianer kennenzulernen. Hierzu brachen wir am 5. des Monats auf. Nach einigen Meilen wäre unsere Pinasse beinahe an einem Felsen zerschellt, den wir im Vorüberfahren streiften. Weiter flussaufwärts trafen wir auf zwei Kanus; sie befanden sich dort zur Jagd auf Vögel, die sich in der Mehrzahl zu dieser Zeit mausern und nicht fliegen können. Mittels unseres Indianers, der mit seiner Frau zu ihnen fuhr, sprachen wir diese Indianer an. Sie legte ihnen den Zweck unseres Kommens dar. Daraufhin schlossen wir Freundschaft mit ihnen und den Indianern dieses Flusses, die uns dann als Führer dienten. Wir fuhren weiter, um ihren Häuptling namens Manthoumermer zu besuchen, und als wir sieben oder acht Meilen zurückgelegt hatten, kamen wir an einigen Inseln, Flussengen und Bächen vorbei, die sich entlang des Flusslaufs befinden, wo wir schöne Wiesen sahen. Als wir an einer etwa vier Meilen langen Insel[57] entlangfuhren, führten sie uns dorthin, wo sich ihr Häuptling mit 25 oder 30 Indianern befand. Sobald wir den Anker geworfen hatten, kam er zu uns in einem Kanu, ein wenig von zehn anderen abgesetzt, die ihn begleiteten. Als er nahe unserer Pinasse war, hielt er eine Rede, in der er seine Freude darüber, uns zu sehen, zum Ausdruck brachte

56 Pond Island und Stage Island.
57 Westport (Insel).

und sagte, dass er mit uns ein Bündnis eingehen und mit seinen Feinden durch unsere Vermittlung Frieden schließen wolle. Er fügte hinzu, dass er dementsprechend nächsten Tags zwei andere Häuptlinge im Land weiter oberhalb benachrichtigen wolle, einen namens Marchin und einen anderen namens Sasinou, der über den Kennebec-Fluss herrschte. Der Sieur de Monts hatte ihnen Biskuits und Erbsen geben lassen, was sie sehr erfreute. Am nächsten Tag führten sie uns den Fluss auf einer anderen Route hinunter als der, auf der wir gekommen waren, und wir kamen zu einem See. Zwischen den Inseln hindurchfahrend legte jeder einen Pfeil bei einem Kap[58] nieder, an dem alle Indianer vorüberkommen. Sie glauben, dass ihnen Missgeschick zustoße, wenn sie dies nicht tun, denn so sagt es ihnen der Teufel. Sie leben mit diesem Aberglauben und auch mit vielen anderen. Jenseits dieses Kaps kamen wir über einen sehr engen Wasserfall, aber nicht ohne große Mühe. Denn obwohl wir einen frischen und guten Wind hatten, den wir unsere Segel füllen ließen so gut wir konnten, waren wir nicht in der Lage, den Wasserfall zu überfahren. Wir sahen uns vielmehr gezwungen, an Bäumen ein starkes Tau zu befestigen und alle daran ziehen zu lassen. Wir zogen so stark mit den Armen, dass wir mithilfe des Windes, der uns beistand, über den Wasserfall hinwegkamen. Die Indianer, die bei uns waren, trugen ihre Kanus über Land, da sie nicht über den Wasserfall hinweg rudern konnten. Nachdem wir ihn überwunden hatten, sahen wir schöne Wiesen. Ich staunte über diesen Wasserfall sehr, denn während wir den Fluss mit der Ebbe hinunterfuhren, fanden wir denselben sehr gut befahrbar, bis wir zum Fall kamen; dann stellten wir das Gegenteil fest; aber als wir über den Fall hinweg waren, lief das Wasser wie zuvor in Richtung des Meeres, was uns dann sehr erfreute. Weiterfahrend kamen wir zu dem drei oder vier Meilen langen See[59]. In ihm sind mehrere Inseln, und in ihn münden zwei Flüsse, der Kennebec, der aus Nord-Nord-Ost kommt sowie ein anderer,

58 Vermutlich Hockomock Point, Maine.
59 Merrymeeting Bay.

der aus Nordwest kommt und auf dem Marchin und Sasinou kommen sollten. Nachdem wir auf sie den ganzen Tag gewartet hatten und sahen, dass sie nicht kommen würden, beschlossen wir, unsere Zeit anders zu nützen. Wir lichteten deshalb unseren Anker, und mit zwei Indianern dieses Sees als Führer fuhren wir zum Ankern an die Mündung des Flusses, wo wir eine Menge guter Fische verschiedener Arten fingen. Währenddessen gingen unsere Indianer auf die Jagd, kamen aber nicht zurück. Der Weg, auf dem wir diesen Fluss heruntergefahren sind, ist viel sicherer und besser als der, auf dem wir bergauf gefahren waren. Die Schildkröteninsel, die an der Mündung dieses Flusses liegt, befindet sich auf 44° Breite und 19° 12' magnetischer Deklination. Man kann auf diesem Fluss einige 50 Meilen weit das Land durchqueren bis Quebec, ohne das Boot mehr als zwei Meilen tragen zu müssen. Dann kommt man zu einem anderen kleinen Fluss, der in den großen Sankt-Lorenz-Strom mündet. Dieser Kennebec-Fluss ist eine halbe Meile weit landeinwärts sehr gefährlich für Schiffe, wegen des seichten Wassers, großer Gezeitenunterschiede, Felsen und Sandbänken, die es dort sowohl außerhalb als auch landeinwärts gibt. Doch es existiert dort auch eine Fahrtrinne, die sehr brauchbar ist, wenn sie gut erkundet wird. Das wenige Land, das ich besichtigt habe entlang den Gewässern, ist sehr schlecht, denn dort gibt es nichts als allenthalben Felsen. Es gibt eine Anzahl kleiner Eichen, aber sehr wenig kultivierbares Land. Allerdings gibt es Fische in üppiger Zahl, wie auch in den anderen weiter oben erwähnten Flüssen. Die Menschen dort leben wie diejenigen bei unserer Siedlung; und sie sagten uns, dass diejenigen Indianer, die Mais anbauten, weit landeinwärts wohnten; an den Küsten bauten sie keinen mehr an wegen des Krieges, den sie mit anderen führten, die kamen, um ihn wegzunehmen. Das ist, was ich über diesen Platz erfahren konnte und von dem ich nicht glaube, dass er besser ist als die anderen.

Am 8. des Monats brachen wir von der Mündung dieses Flusses auf, da wir wegen Nebel nicht früher weg konnten. An diesem Tag fuhren wir einige vier Meilen und kamen an einer

Bucht[60] vorbei, wo es eine Menge Inseln gibt; und von dort aus sieht man nach Westen hin große Berge[61], wo ein Häuptling der Indianer namens Aneda in der Nähe des Kennebec-Flusses wohnt. Wegen seines Namens bin ich überzeugt, dass es ein Mitglied seines Stammes war, das die Pflanze namens Aneda gefunden hat. Von ihr hat Jacques Cartier gesagt, dass sie große Heilkraft gegen die Krankheit Skorbut besitzt, von der wir bereits gesprochen haben. Sie hat seine Leute ebenso geplagt, als sie in Kanada überwinterten, wie die unseren. Die Indianer kennen diese Pflanze nicht, und sie wissen auch nichts über sie, obwohl der erwähnte Indianer deren Namen trägt. Am nächsten Tag fuhren wir acht Meilen. An der Küste entlang segelnd, erblickten wir zwei Rauchsäulen, die Indianer für uns machten; auf sie zufahrend ankerten wir schließlich hinter einer kleinen Insel[62] nahe dem Festland. Hier sahen wir mehr als 80 Indianer, die an der Küste entlangliefen, um uns zu sehen, und dabei tanzten und Zeichen gaben, um ihre Freude auszudrücken. Der Sieur de Monts schickte zwei Mann mit unserem Indianer, um sie anzusprechen; und nachdem diese eine Zeit lang mit ihnen gesprochen und sie unserer Freundschaft versichert hatten, ließen wir einen unserer Leute bei ihnen, und sie übergaben einen ihrer Gefährten als Geisel. Indessen besuchte der Sieur de Monts eine Insel, die sehr schön ist wegen ihrer Pflanzenwelt, denn es gibt dort schöne Eichen und Nussbäume und gerodetes Land mit einer Unmenge von Reben, die zu ihrer Jahreszeit schöne Trauben tragen. Dies waren die ersten auf all diesen Küsten, die wir seit dem Cape La Have sahen. Wir nannten die Insel Island of Bacchus[63]. Da gerade Flut herrschte, lichteten wir den Anker und fuhren in einen kleinen Fluss[64] ein, was wir zuvor nicht vermochten, denn der Hafen hat eine Sandbank, auf der

60 Casco Bay.
61 Die White Mountains in New Hampshire.
62 Ram Island.
63 Heute Richmond Island.
64 Es handelt sich um den weiter unten (Fußnote 66) Chouacoet-Fluss genannten Saco River.

bei Ebbe nicht mehr als ein halber Faden Wasser steht; doch bei Flut ist das Wasser dort eineinhalb Faden hoch, und im Frühjahr sogar zwei Faden. Weiter im Land sind es drei, vier, fünf und sechs Faden. Nachdem wir geankert hatten, kam eine Menge Indianer auf dem Ufer auf uns zu, und sie begannen zu tanzen. Ihr Häuptling, den sie Honemechin nannten, war nicht dabei. Er kam ungefähr zwei oder drei Stunden später mit zwei Kanus und fuhr dann immerzu um unsere Pinasse herum. Unser Indianer verstand nur einige Worte, so sehr unterscheidet sich die Sprache der Almouchiquois, wie dieses Volk heißt, von derjenigen der Souriquois und Etechemins. Diese Leute zeigten große Freude. Ihr Häuptling sah gut aus, war jung und gut gelaunt. Wir schickten einige Waren an Land, um mit ihnen zu handeln, aber sie besaßen nur ihre Kleidung, welche sie aber eintauschten; denn sie fertigen keine anderen Pelzwaren an als nur für ihre eigene Kleidung. Der Sieur de Monts ließ ihrem Häuptling einige Artikel geben, über die dieser sich sehr freute, und er kam mehrmals an Bord unseres Schiffes zu Besuch. Diese Indianer rasieren ihr Haar ziemlich hoch am Kopf empor und tragen den Rest sehr lang, wobei sie diesen kämmen und hinten auf mehrere schicke Weisen zwirbeln und dazu Federn auf ihrem Kopf befestigen. Ihr Gesicht bemalen sie schwarz und rot wie die anderen Indianer, die wir gesehen haben. Dies sind Menschen mit wohlgeformten Körpern. Ihre Waffen sind Piken, Keulen sowie Bogen und Pfeile, an deren Ende sie den Schwanz eines Fisches namens Signoc[65] binden; andere benutzen dafür Knochen, und wieder andere machen sie ganz aus Holz. Sie pflügen und kultivieren den Boden, was wir zuvor noch nicht gesehen hatten. Anstelle eines Pfluges haben sie ein sehr hartes Werkzeug aus Holz in der Form eines Spatens. Dieser Fluss wird von den Landesbewohnern Chouacoet[66] genannt.

Am folgenden Tag ging der Sieur de Monts an Land, um ihre Bodenbearbeitung am Flussufer zu besichtigen, und ich ging

65 Signoc (siguenoc) ist der Pfeilschwanzkrebs (engl. horseshoe crab).
66 S. Fußnote 64. Das Wort ist unbekannten indianischen Ursprungs.

mit ihm. Wir sahen ihr Getreide, nämlich Mais. Sie bauen ihn in Gärten an, wobei sie drei oder vier Saatkörner auf einen Fleck säen, auf den sie dann mit den Schalen des erwähnten Signoc vermischte Erde häufeln; in drei Fuß Entfernung davon säen sie wieder so viel, und so weiter. Zwischen diesen Mais pflanzen sie bei jedem Häufchen drei oder vier brasilianische Bohnen, die in verschiedenen Farben keimen. Wenn sie groß sind, winden diese sich um die Maispflanzen, die fünf oder sechs Fuß hoch werden, und halten den Boden frei von Unkraut. Wir sahen dort auch viele Kürbisse, viel Squash und auch Tabak, den sie ebenfalls anpflanzen. Der Mais, den wir damals sahen, war zwei Fuß hoch, und manche Pflanzen auch drei. Die Bohnen ihrerseits begannen zu blühen, wie auch die Squashpflanzen und die Kürbisse. Sie säen ihren Mais im Mai und ernten ihn im September. Wir sahen dort große Mengen Nüsse; diese sind klein und haben mehrere Fächer. Auf den Bäumen waren keine mehr, aber unter ihnen fanden wir noch viele aus dem Vorjahr. Wir sahen auch eine Menge Weinreben, an denen sehr schöne Beeren hingen, aus welchen wir sehr guten Saft machten; solche hatten wir noch nicht gesehen außer auf dem Island of Bacchus, das von diesem Fluss fast zwei Meilen entfernt ist. Ihre feste Wohnstätte, die kultivierten Felder und die schönen Bäume veranlassten uns zu dem Urteil, dass das Klima dort gemäßigter ist und besser als an dem Ort, wo wir den Winter verbrachten oder als an den anderen Plätzen an dieser Küste. Aber ich glaube nicht, dass es dort nicht kalt wird, obwohl der Platz auf einer Breite von 43° 45' liegt. Die Wälder im Inneren sind sehr licht, aber trotzdem voller Eichen, Buchen, Eschen und Ulmen. Und an den feuchten Orten gibt es viele Weiden. Die Indianer bleiben immer an diesem Ort und haben eine große, von Palisaden umgebene Wohnhütte; die Palisaden bestehen aus ziemlich großen, aneinandergeschobenen Bäumen, hinter die sie sich zurückziehen, wenn ihre Feinde kommen, um Krieg gegen sie zu führen. Sie bedecken ihre Wohnhütte mit Eichenrinde. Dieser Platz ist sehr angenehm und ein so attraktiver Ort, wie man nur je einen antreffen könnte. Der von Wiesen gesäumte Fluss hat Fische im Überfluss. An seiner Mündung liegt eine kleine Insel, auf der man eine gute Festung bauen könnte, wodurch man in Sicherheit wäre.

Am Sonntag, dem 12. des Monats fuhren wir von dem Chouacoet [Saco] genannten Fluss ab. Die Küste entlang segelnd fuhren wir einige sechs oder sieben Meilen, als aufkommender Gegenwind uns veranlasste, vor Anker zu gehen. Wir gingen an Land, wo wir zwei Wiesen sahen, jede davon ungefähr eine Meile lang und eine halbe breit. Dort erblickten wir zwei Indianer, die wir zuerst für jene großen Vögel hielten, die in diesem Land »Outardes« [Trappen][67] genannt werden. Sobald sie uns gesehen hatten, entflohen sie in die Wälder und tauchten nicht wieder auf. Zwischen dem Chouacoet [Saco] und diesem Ort sahen wir kleine Vögel, die wie Amseln singen und schwarz sind außer an den Flügelspitzen, wo sie orangefarben sind. Es gibt dort auch eine Menge Weinreben und Nussbäume. Meistenorts ist diese Küste von Kennebec an sandig. An diesem Tag kehrten wir zwei oder drei Meilen in Richtung auf den Chouacoet [Saco] zurück bis zu einem Kap, welches wir Island Harbour[68] nannten; dieser Hafen liegt zwischen drei Inseln und kann Schiffe von 100 Tonnen aufnehmen. Nach Nordost-Viertel-Nord fahrend, kommt man nahe diesem Ort in einen anderen Hafen[69], der keine andere Einfahrt hat (obwohl er zwischen Inseln liegt), als die, durch die wir hineinfuhren. Dort befinden sich einige gefährliche Riffe. Auf diesen Inseln gibt es so viele rote Johannisbeeren, dass man meistens nichts anderes sieht, und eine Unzahl von Tauben, von denen wir eine gute Menge fingen. Dieser Island Harbour liegt auf einer Breite von 43° 25'.

Am 15. dieses Monats segelten wir zwölf Meilen. An der Küste entlangfahrend, bemerkten wir Rauch auf dem Ufer. Wir fuhren so nahe wir konnten heran, doch sahen wir keinen Indianer, was uns glauben ließ, dass sie geflohen waren. Die Sonne ging unter, und wir fanden keine Stelle, wo wir die Nacht verbringen

67 Vermutlich Kanadagans (Branta canadensis).
68 Cape Porpoise Harbor.
69 Goose Fair Bay.

konnten, denn die Küste war flach und sandig. Nach Süden steuernd, um von da wegzukommen und ankern zu können, bemerkten wir nach ungefähr zwei Meilen ein Kap auf dem Festland nach Süd-Viertel-Südost hin, in einer Entfernung von vielleicht sechs Meilen. Zwei Meilen nach Osten sahen wir drei oder vier ziemlich hohe Inseln, und nach Westen eine breite Bucht. Die Küste dieser Bucht, die bis zu dem Kap reicht, erstreckt sich von der Stelle an, wo wir waren, etwa vier Meilen ins Inland. Sie ist zwei Meilen breit von Norden nach Süden und drei dort, wo man in sie hineinfährt. Und da wir keine Stelle fanden zum Ankern, beschlossen wir, einen Teil der Nacht unter kleinem Segel zu dem oben erwähnten Kap fahrend zu verbringen; und dann ankerten wir in 16 Faden Wasser und erwarteten den Tag.

Am folgenden Tag segelten wir zu dem erwähnten Kap. Dort liegen drei Inseln nahe am Festland; sie sind mit Wäldern verschiedener Sorten bedeckt wie diejenigen beim Chouacoet [Saco] und an der ganzen Küste. Dort befindet sich eine andere flache Insel, an der sich die See bricht; sie reicht etwas weiter in das Meer hinein als die anderen; auf ihr gibt es keinen Wald. Wir nannten diesen Ort Island Cape[70]. Nahebei bemerkten wir ein Kanu mit fünf oder sechs Indianern, die auf uns zukamen; aber nachdem sie unserer Pinasse nahegekommen waren, zogen sie sich wieder zurück und tanzten auf dem Ufer. Der Sieur de Monts schickte mich an Land, um sie zu besuchen, und um jedem von ihnen ein Messer und Biskuits zu geben. Daraufhin tanzten sie noch besser als zuvor. Hiernach gab ich ihnen zu verstehen, so gut ich konnte, dass sie mir zeigen sollten, wie die Küste verläuft. Nachdem ich ihnen mit einem Kohlestift die Bucht und das Island Cape[71], wo wir waren, gezeichnet hatte, skizzierten sie mir mit der gleichen Kohle eine andere Bucht[72], die sie sehr groß darstellten. Sie legten sechs Kieselsteine in gleichen Abständen darauf, mir damit zu verstehen gebend, dass

70 Heute Cape Ann, Massachusetts.
71 Isles of Shoals.
72 Massachusetts Bay.

diese Markierungen für jeweils einen Häuptling und Stamm stünden. Dann skizzierten sie in die erwähnte Bucht einen Fluss, an dem wir vorbei gekommen waren, der sehr lang ist und voller Sandbänke.[73] Wir fanden dort viele Weinreben, deren unreife Beeren etwas größer als Erbsen waren, und viele Nussbäume, deren Nüsse nicht größer als Büchsenkugeln waren. Diese Indianer sagten uns, dass alle Bewohner dieses Landes den Boden kultivierten und Samen aussäten wie diejenigen, die wir zuvor gesehen hatten. Dieser Ort liegt auf einer Breite von 43° und einigen Minuten. Nachdem wir eine halbe Meile weitergefahren waren, bemerkten wir auf der Spitze eines Felsens einige Indianer, welche tanzend die Küste entlang auf ihre Gefährten zuliefen, um diese von unserem Kommen zu unterrichten. Nachdem sie uns die Richtung zu ihrer Wohnstätte gezeigt hatten, machten sie Rauchzeichen, um uns deren Ort zu zeigen. Wir ankerten nahe einer kleinen Insel, zu der wir unser Kanu schickten, um den Indianern einige Messer und Biskuits zu bringen. Und wir bemerkten an ihrer Zahl, dass die Bevölkerung dieser Orte größer ist als diejenige der anderen, die wir gesehen hatten.[74] Nachdem wir etwa zwei Stunden dort zugebracht hatten, um diese Menschen zu betrachten, deren Kanus aus Birkenrinde gemacht sind wie diejenigen der Kanadier, der Souriquois und der Etechemins, lichteten wir unseren Anker, und da das Wetter gut zu werden versprach, setzten wir die Segel. Unserem Weg nach West-Süd-West folgend, sahen wir mehrere Inseln auf der einen und der anderen Seite. Nach sieben oder acht Meilen ankerten wir nahe einer Insel[75], wo wir viele Rauchsäulen entlang der Küste sahen und viele Indianer, die herbei eilten, um uns zu sehen. Der Sieur de Monts sandte zwei oder drei Männer in einem Kanu zu ihnen und gab ihnen Messer und Perlenketten mit zur Verteilung an die Indianer, worüber diese sehr erfreut waren und als Entgelt mehrmals tanzten. Wir erfuhren den Namen

73 Merrimac River.
74 Die Orte sind nicht eindeutig zu bestimmen.
75 Möglicherweise Nahant, Massachusetts (allerdings eine Halbinsel).

ihres Häuptlings nicht, da wir ihre Sprache nicht verstanden. Die ganze Küste entlang gibt es dort viel gerodetes Land, auf dem Mais eingesät ist. Das Land ist sehr ansprechend und gefällig und hat auch viele schöne Bäume. Die Bewohner haben Kanus, die aus einem einzigen Stamm gefertigt sind und leicht kentern, wenn man beim Fahren nicht sehr geschickt ist. Wir hatten zuvor noch keine solchen gesehen. Folgendermaßen machen sie diese: Nachdem sie mit viel Mühe und Zeitaufwand den dicksten und höchsten Baum, den sie finden konnten, mit Steinäxten gefällt haben (denn sie haben keine anderen, es sei denn, dass einige wenige von ihnen solche bekommen haben durch Tausch mit den Indianern der akadischen Küste, denen man solche bringt beim Pelzhandel), hauen sie die Rinde weg und runden den Stamm außer an einer Seite, wo sie schrittweise die ganze Länge entlang mit Feuer vorgehen. Manchmal platzieren sie auch rotglühende Steine darauf, und wenn das Feuer zu stark wird, löschen sie es mit etwas Wasser, aber nicht vollständig, sondern nur um den Rand des Bootes vor dem Verbrennen zu bewahren. Wenn es ihrer Ansicht nach hohl genug ist, kratzen sie es überall mit Steinen ab, die sie anstelle von Messern benutzen. Die Steine, aus denen sie ihre Schneidewerkzeuge machen, ähneln unseren Feuersteinen.

Am folgenden Tag, dem 17. dieses Monats, lichteten wir den Anker, um zu einem Kap[76] zu segeln, das wir am vorigen Tag gesehen hatten und das in Richtung Süd-Süd-West zu liegen schien. An diesem Tag konnten wir lediglich 5 Meilen fahren und kamen dabei an einigen bewaldeten Inseln vorbei. Ich erkannte in dieser Bucht alles, was mir die Indianer bei Island Cape skizziert hatten. Als wir weiterfuhren, kam zu uns eine große Zahl von Kanus, sowohl von den Inseln als auch vom Festland her. Wir ankerten eine Meile von dem Kap entfernt, das wir Saint-Louis[77] nannten. Dort bemerkten wir mehrere Rauchsäulen, doch als wir dorthin fahren wollten, fuhr unsere

76 Vermutlich die Landspitze bei Scituate, Massachusetts.
77 Brant Point nördl. Plymouth.

Pinasse auf einen Felsen auf, was uns in große Gefahr brachte. Wenn wir die Sache nicht prompt behoben hätten, wären wir im Meer gekentert, denn wegen der Ebbe lief das Wasser hinaus und die Wassertiefe war zwischen fünf und sechs Faden. Aber Gott rettete uns, und wir konnten nahe dem erwähnten Kap ankern, wo etwa 15 oder 16 Kanus mit Indianern zu uns kamen. In einigen waren 15 oder 16 von ihnen, und sie machten große Freudenzeichen und hielten verschiedene Reden, die wir freilich gar nicht verstanden. Der Sieur de Monts sandte drei oder vier Mann in unserem Kanu an Land, sowohl um Wasser zu holen als auch um ihren Häuptling namens Honabetha zu besuchen, der einige Messer und andere Kleinigkeiten erhielt, die der Sieur de Monts ihm zukommen ließ. Dieser Häuptling kam an Bord, um uns zu besuchen mit einer Anzahl seiner Gefährten, die sich sowohl am Ufer entlang als auch in ihren Kanus befanden. Wir empfingen den Häuptling sehr freundlich und beköstigten ihn gut; und nachdem er einige Zeit bei uns geblieben war, kehrte er zurück. Die Leute, die wir zu ihnen gesandt hatten, brachten uns kleine Kürbisse von der Größe einer Faust, die wir als Salat aßen wie Gurken, und sie waren sehr gut. Sie brachten uns auch etwas Portulak, der üppig zwischen dem Mais wächst, und den sie nicht für wertvoller halten als Unkraut. Wir sahen an diesem Ort eine große Menge kleiner Häuser, die sich in den Feldern befinden, wo sie ihren Mais anbauen.

Auch gibt es in dieser Bucht einen sehr breiten Fluss, den wir den Fluss Du Gas[78] nannten. Er fließt meiner Meinung nach in Richtung auf die Irokesen hin, ein Volk, das in offenem Krieg mit den Montaignais liegt, die am großen Sankt-Lorenz-Strom wohnen.

---

78 Heute Charles River.

Kapitel VIII

Fortsetzung der Erkundung der Küste der Almouchiquois, und was Besonderes wir dort beobachtet haben.

Am nächsten Tag umfuhren wird das Kap Saint-Louis[79], das der Sieur de Monts so benannt hat, eine mittelniedrige Küste auf der Breite 42° 45'. An diesem Tag segelten wir zwei Meilen an einer sandigen Küste entlang und sahen im Vorüberfahren eine Anzahl Hütten und Gärten. Da wir Gegenwind hatten, fuhren wir in eine kleine Bucht[80] ein, um auf passendes Wetter zur Fortsetzung unseres Weges zu warten. Zwei oder drei Kanus näherten sich uns, die Kabeljaue und andere Fische gefangen hatten, welche dort in großer Zahl vorkommen. Diese fangen sie mit Angelhaken aus einem Holzstück, an dem sie einen wie eine Harpune geformten Knochen anbringen und ihn aus Sorge, dass er wegbricht, solide festmachen. Das Ganze hat insgesamt die Form eines kleinen Hakens; die daran befestigte Angelschnur ist aus Baumrinde gefertigt. Sie gaben mir einen davon, den ich aus Neugierde annahm. Bei diesem war der Knochen mit Hanf befestigt, der meiner Meinung nach dem französischen gleicht. Sie sagten mir, dass sie diese Pflanze bei sich sammeln, ohne sie anzubauen, und deuteten eine Höhe derselben von vier bis fünf Fuß an. Das erwähnte Kanu kehrte ans Land zurück, um die Leute in seiner Siedlung zu benachrichtigen, die uns Rauchsignale machten. Und wir erblickten 18 oder 20 Indianer, die an den Rand des Wassers kamen und zu tanzen begannen. Unser Kanu fuhr an Land, um ihnen einige Kleinigkeiten zu geben, was sie sehr erfreute. Einige kamen auch heraus zu uns, um uns zu bitten, in ihren Fluss einzufahren. Wir holten den Anker ein, um dies zu tun, aber wir waren hierzu nicht in der Lage, weil

79 S. Fußnote 77.
80 Die Bucht vor Plymouth Harbor.

wir nicht genügend Wasser fanden, denn es herrschte Ebbe, und so waren wir gezwungen, an der Mündung zu ankern.[81] Ich ging an Land, wo ich eine Menge andere sah, die uns sehr liebenswürdig empfingen. Ich machte mich auf, den Fluss[82] zu erkunden, aber ich sah nichts anderes als einen Arm des Meeres, das ein kurzes Stück in das teilweise wüstenhafte Land hinein reicht. Im Inneren desselben gibt es nur einen Bach, der keine Boote tragen kann außer bei Flut. Die Bucht hat vielleicht eine Meile Umfang. Auf der einen Seite der Einfahrt findet sich eine Art mit Bäumen, vor allem Fichten, bedeckter Insel[83], und sie ist auf einer Seite in Nachbarschaft von recht langen Sanddünen; das andere Ufer ist sehr hoch. Es gibt zwei kleine Inseln in dieser Bucht, die man von außen nicht sieht und um die herum das Meer fast trocken wird bei Ebbe. Vom Meer aus ist dieser Ort sehr auffällig, da die Küste sehr niedrig ist außer bei dem Kap am Eingang der Bucht, die wir den Hafen Cape Saint-Louis[84] genannt haben. Er ist vom Kap zwei Meilen entfernt sowie zehn von Island Cape und liegt fast auf der gleichen Breite wie das Cape Saint-Louis.

Am 19. des Monats segelten wir von diesem Ort ab. Die Küste entlang fuhren wir vier oder fünf Meilen nach Süden und kamen nahe an einem Felsen vorbei, der an der Wasseroberfläche liegt. Unsere Fahrt fortsetzend, erblickten wir Land, das wir für Inseln hielten, aber als wir näher kamen, sahen wir, dass es Festland war. Es setzte sich von uns aus nach Nord-Nord-West fort und war das Kap einer Bucht von mehr als 18 oder 19 Meilen Umfang. Wir waren so weit in diese Bucht hineingezwängt, dass wir das Ruder herumreißen mussten, damit wir um das Kap, das wir gesehen hatten, herumkamen. Wir nannten es White Cape[85], denn es gab dort Sand und Dünen, welche diese Farbe hatten. Der günstige Wind an diesem Ort kam uns sehr zustatten, denn sonst wären

81 An der Long Beach in Plymouth Bay.
82 Eel River.
83 Gurnet Point.
84 Plymouth Harbor.
85 Heute Cape Cod.

wir Gefahr gelaufen, an die Küste geworfen zu werden. Diese Bucht ist sehr sauber, vorausgesetzt, man nähert sich dem Ufer nicht weiter als eine Meile, denn es gibt dort keine Inseln oder Felsen als denjenigen, den ich erwähnt habe. Dieser befindet sich bei einem Fluss, der sich ein Stück weit ins Land erstreckt und den wir Sainte-Suzanne des White Cape genannt haben. Von dort bis zum Cape Saint-Louis[86] sind es zehn Meilen. Das White Cape ist eine Landspitze aus Sand, die sich einige sechs Meilen nach Süden biegt. Diese Küste hat ziemlich hohe Sandbänke, die stark auffallen, wenn man vom Meer her kommt, wo man Sondierungen von 30, 40 oder 50 Faden in 15 oder 18 Meilen Entfernung vom Festland findet, bis man auf zehn Faden trifft, wenn man der Küste näher kommt. Diese ist ganz sauber. Es gibt eine große Strecke offenes Land entlang der Küste, bevor man in den Wald kommt. Dieser ist sehr erfreulich und angenehm anzusehen. Wir warfen Anker an der Küste und sahen einige Indianer, denen sich vier unserer Leute näherten. Diese liefen auf einer Sanddüne und dachten, es handele sich um eine Bucht, mit Hütten ringsherum. Als sie ungefähr eineinhalb Meilen von uns entfernt waren, kam ein Indianer tanzend (wie sie uns berichteten) auf sie zu, der von der hohen Küste herabgestiegen war. Aber er kehrte kurz darauf um, um die Leute in seiner Siedlung von unserem Kommen zu unterrichten.

Am nächsten Tag, dem 20. des Monats, fuhren wir zu dem Ort, den unsere Leute entdeckt hatten, und fanden, dass es wegen Untiefen und Sandbänken sowie Riffen allerorten ein sehr gefährlicher Hafen war. Es herrschte fast Ebbe, als wir hineinfuhren, und es gab nur vier Fuß Wasser in der Nordeinfahrt. Bei Flut sind es nur zwei Faden. Als wir drin waren, sahen wir, dass sie mit ihren drei bis vier Meilen Umfang ganz geräumig war. Entlang des Ufers standen kleine Häuschen mit jeweils so viel Land dabei, wie der darin Wohnende braucht, um sich zu ernähren. Dort mündet ein kleiner, sehr hübscher Fluss, der bei Ebbe dreieinhalb Fuß Wasser führt. Es gibt dort auch zwei oder

86 S. Fußnote 77.

drei von Wiesen gesäumte Bäche. Dieser Ort wäre sehr schön, wenn nur der Hafen gut wäre. Ich habe gemessen und fand, dass die Breite 42° war und die magnetische Deklination 18° 40'. Von allen Seiten kamen eine Menge tanzender Indianer, Männer wie Frauen, zu uns. Wir hießen diesen Ort Mallebarre Harbour[87].

Am folgenden Tag, dem 21. des Monats, beschloss der Sieur de Monts, ihre Siedlung zu besuchen, und neun oder zehn von uns begleiteten ihn mit unseren Waffen; der Rest blieb bei der Pinasse, um sie zu bewachen. Wir gingen etwa eine Meile die Küste entlang. Bevor wir ihre Hütten erreichten, kamen wir in ein Feld, das in der weiter oben schon beschriebenen Weise mit Mais bepflanzt war. Der Mais stand in Blüte und war fünfeinhalb Fuß hoch. Es gab auch welchen, der noch nicht so weit war, weil sie ihn später säten. Wir sahen eine Menge brasilianische Bohnen und viele essbare Kürbisse verschiedener Größen und Tabak; sie bauen auch Wurzeln an, die wie Artischocken schmecken. Die Wälder sind voller Eichen, Nussbäume und sehr schöner Zypressen, die rötlicher Farbe sind und sehr gut riechen. Es gab auch einige unbebaute Felder, welche die Indianer brach liegen lassen. Wenn sie sie besäen wollen, zünden sie das Gestrüpp an und bearbeiten dann den Boden mit ihren Holzspaten. Ihre Hütten sind rund und mit dicken, aus Binsen gefertigten Matten bedeckt. Oben gibt es in der Mitte eine eineinhalb Fuß große Öffnung, durch die der Rauch des Feuers entweicht, das sie unten machen. Wir fragten sie, ob sie ihre Wohnung ständig hier hätten und ob es hier viel Schnee gäbe. Aber wir erfuhren es nicht richtig, da wir ihre Sprache nicht verstanden, obwohl sie sich Mühe gaben, mit Zeichen zu antworten; sie nahmen Sand in die Hand und verteilten diesen dann auf der Erde und zeigten, dass dieser die Farbe unserer Kragen hätte und einen Fuß Höhe erreiche. Andere zeigten, dass es weniger war und gaben uns zu verstehen, dass der Hafen nie zufriere. Aber wir konnten nicht erfahren, ob der Schnee lange liegt. Ich glaube gleichwohl, dass das Land ein gemäßigtes Klima hat und der Winter nicht

87 Heute Nauset Harbor.

streng ist. Während wir dort waren, kam ein stürmischer Wind aus Nordosten, der vier Tage lang anhielt, wobei es sehr dunkel blieb und sich die Sonne fast gar nicht zeigte. Es war sehr kalt, weshalb wir unsere Mäntel anzogen, welche wir ganz zur Seite gelegt hatten. Gleichwohl glaube ich, dass dies ein Zufall war, wie man ihn öfters auch sonstwo außerjahreszeitlich erleben kann.

Am 23. jenes Monats Juli, als vier oder fünf Matrosen mit einigen Gefäßen an Land gegangen waren, um Wasser in den Dünen etwas entfernt von unserer Pinasse zu holen, lauerten ihnen einige Indianer auf, die Gefäße haben wollten; sie entwendeten einem der Matrosen eines mit Gewalt, der seines als erster gefüllt hatte und keine Waffen hatte. Einer seiner Gefährten wollte dem Indianer nachrennen, kehrte aber gleich wieder um, da er ihn nicht einzuholen vermochte, denn dieser konnte viel schneller laufen. Als die anderen Indianer sahen, dass unsere Matrosen zu unserer Pinasse liefen und riefen, dass wir einige Musketenschüsse auf die recht zahlreichen Indianer abgeben sollten, machten sie sich davon. Zu diesem Zeitpunkt waren einige Indianer auf unserer Pinasse; sie warfen sich ins Meer, und wir konnten nur einen von ihnen fassen. Als diejenigen auf dem Land, die geflohen waren, die anderen schwimmen sahen, wandten sie sich wieder dem Matrosen zu, dem sie das Gefäß weggenommen hatten, und schossen von hinten einige Pfeile auf ihn. Er fiel zu Boden; als sie dies sahen, liefen sie sofort zu ihm hin und töteten ihn mit Messerstichen. Währenddessen beeilten wir uns, an Land zu gehen und feuerten auch von unserer Pinasse mit Musketen. Meine explodierte in meinen Händen und brachte mich beinahe um. Als die Indianer diese Knallerei hörten, wandten sie sich wieder zur Flucht. Als sie sahen, dass wir an Land waren, rannten sie doppelt so schnell, da sie fürchteten, dass wir ihnen nachlaufen würden. Es sah freilich nicht so aus, als würden wir sie fassen können, denn sie sind schnell wie Pferde. Man brachte den Toten herbei, und er wurde einige Stunden später begraben. Unterdessen hielten wir unseren immer noch an Füßen und Händen gefesselten Gefangenen, damit er nicht entfliehen konnte, an Bord unserer Pinasse. Der Sieur de Monts entschied, ihn freizulassen, weil er der Ansicht war, dass dieser sich nichts hatte zu Schulden kommen lassen und nicht wusste, was geschehen war, so wenig wie diejenigen, die auf unserer Pinasse und um sie herum gewesen waren. Einige Stunden später kamen Indianer auf uns zu und machten durch Zeichen und Gesten deutlich, dass nicht sie diese Ruchlosigkeit begangen hätten, sondern andere, die weiter im Inneren wohnten. Wir wollten ihnen nichts Übles antun, obwohl es in unserer Macht gelegen hätte, uns zu rächen.

Alle diese Indianer, vom Island Cape an, tragen nur sehr selten Felle oder Pelze; vielmehr besteht ihre Kleidung aus Gräsern und Hanf, die kaum ihre Körper bedecken und bis auf die Gelenke reichen. Die Männer verstecken ihr Geschlecht unter einem kleinen Fell und die Frauen ebenso, doch tragen Letztere dasselbe hinten ein wenig länger als die Männer. Der Rest des Körpers ist nackt. Als die Frauen uns besuchen kamen, trugen sie Felle, die vorn offen waren. Die Männer schneiden sich die Kopfhaare wie jene am Fluss Chouacoet [Saco]. Ich sah unter anderem ein Mädchen mit recht ordentlich arrangiertem Haar, dessen Haut rot gefärbt und das am Oberkörper mit Muschelperlchen geschmückt war. Ein Teil ihres Haares hing nach hinten, während der Rest auf verschiedene Art geflochten war. Diese Menschen bemalen ihre Gesichter rot, schwarz oder gelb. Sie haben fast keinen Bart und reißen dessen Haare heraus, sobald sie sich zeigen. Ihr Körper ist wohlproportioniert. Ich weiß nicht, was für ein Rechtssystem sie haben und glaube, dass sie diesbezüglich ihren Nachbarn gleichen, die gar keines haben. Sie wissen nicht, was Gottesverehrung oder Beten ist. Sie haben freilich einigen Aberglauben, wie auch die anderen Indianer, den ich gegebenenorts beschreiben werde. An Waffen haben sie nur Piken, Keulen, Bogen und Pfeile. Dem Anschein nach sind sie gutmütig und besser als diejenigen im Norden. Aber sie alle, um es klar zu sagen, taugen nicht viel. Schon geringe Begegnung mit ihnen lässt ihren Charakter sofort erkennen. Sie sind große Diebe; und wenn sie etwas nicht mit den Händen greifen können, versuchen sie es mit den Füßen, wie wir es oft erlebt haben. Ich denke mir, hätten sie irgendetwas zum Tauschen mit uns, so würden sie sich nicht den Diebereien hingeben. Sie tauschten ihre Bogen, Pfeile und Köcher gegen Nadeln und Knöpfe, und wenn sie etwas Besseres besessen hätten, hätten sie das ebenso eingetauscht. So aber muss man diesen Leuten gegenüber auf der Hut sein und ihnen misstrauen, dies ihnen jedoch nicht zeigen. Sie gaben uns eine Menge Tabak, den sie trocknen und pulverisieren. Wenn sie Mais essen, kochen sie ihn erst in irdenen Töpfen, die sie anders fertigen als wir. Sie häufen ihn auch in hölzerne Mörser und zerstoßen ihn dann zu Mehl, woraus sie Kuchen und Kekse machen wie die Indianer in Peru.

An diesem Ort und die ganze Küste entlang von Kennebec an gibt es eine Menge *siguenocs*[88]; das ist ein Fisch, der eine Schale auf dem Rücken hat wie eine Schildkröte, aber doch anders; denn er hat entlang der Mittellinie eine Reihe kleiner Stacheln in der Farbe eines toten Baumblattes, was auch die Farbe des ganzen Fisches ist. Am Ende der Schale befindet sich eine kleinere andere, deren Ränder mit sehr scharfen Spitzen besetzt sind. Die Länge des Schwanzes richtet sich danach, ob der Fisch groß oder klein ist. Sein Ende dient diesen Leuten als Pfeilspitze; es hat auch eine Reihe von Spitzen wie die große Schale, auf der die Augen sind. Er hat acht kleine, krabbenähnliche Beine, und hinten sind zwei längere und flachere, mit denen er schwimmt. Außerdem hat er zwei andere vorn, mit denen er frisst. Wenn er läuft, sind diese alle versteckt außer den beiden hinten, die ein bisschen zu sehen sind. Unter der kleineren Schale sind Membranen, die anschwellen und pulsieren wie Froschkehlen; sie liegen übereinander wie Wamsfalten. Der größte, den ich sah, war einen Fuß breit und einen und einen halben Fuß lang.

Wir sahen auch einen Seevogel mit schwarzem Schnabel, der oben ein bisschen adlergleich war und vier Zoll lang, in der Form einer Lanzette, will sagen, der untere Teil sah aus wie der Griff und der obere wie die Klinge; der letztere ist dünn, scharf auf

88 Bei den Krebsen handelt es sich um Pfeilschwanzkrebse. Der Vogel ist der Scherenschnabel.

beiden Seiten und um ein Drittel kürzer als der andere; diese Anordnung erstaunt viele Leute, die nicht verstehen können, dass dieser Vogel mit solch einem Schnabel fressen kann. Er ist so groß wie eine Taube; die Flügel sind sehr lang im Vergleich zum Körper, der Schwanz ist kurz ebenso wie die Beine, welche rot sind; die Füße sind klein und flach. Die Federn sind oben graubraun und unten sehr weiß. Sie bewegen sich immer in großer Zahl auf dem Meeresufer, so wie bei uns die Tauben.

An allen Küsten, wo wir waren, sagen die Indianer, dass andere sehr große Vögel kommen, sobald ihr Korn reif ist; und sie ahmten für uns deren Rufe nach, die jenen der Truthähne gleichen. An mehreren Orten zeigten sie Federn, mit denen sie ihre Pfeile bestücken und die sie sich als Schmuck auf den Kopf stecken; sie zeigten uns auch eine Art Haar, das diese Vögel unter dem Hals haben wie jene, die wir in Frankreich kennen, und sie sagten, dass ihnen ein roter Kamm auf den Schnabel falle. Sie beschrieben sie als ebenso groß wie eine Trappe, die eine Art Gans ist, mit einem längeren und zweimal so dicken Hals als diejenigen bei uns. All diese Hinweise deuteten für uns darauf hin, dass es sich um Truthähne handelte. Wir hätten diese Vögel gern gesehen und auch ihre Federn, um sicherer zu sein. Bevor ich die Federn und das kleine Büschel Haar gesehen hatte, das sie unter dem Hals haben, und bevor ich ihren nachgeahmten Ruf gehört hatte, glaubte ich, dass dies gewisse Vögel seien, die sich an manchen Orten in Peru finden und wie Truthähne sind; dort leben sie entlang dem Meer und fressen Aas und andere tote Dinge, so wie die Raben. Aber diese sind nicht so groß und haben kein so langes Barthaar, noch rufen sie so wie die Truthähne; und sie schmecken nicht gut wie andererseits diejenigen, welche nach Aussage der Indianer in Scharen im Sommer kommen und bei Winterbeginn in wärmere Länder abfliegen, wo ihre natürliche Wohnstätte ist.

Kapitel IX

Rückkehr von den Erkundungen entlang der Küste der Almouchiquois.

Da wir mehr als fünf Wochen gebraucht hatten, um drei Grad Breite zu erkunden, konnten wir nur noch sechs weitere Wochen auf unserer Reise verbringen, weil wir nur Vorräte für diese Zeit mitgenommen hatten. Wir waren wegen Nebel und Stürmen nicht in der Lage, über Mallebarre[89] hinauszufahren, wo wir mehrere Tage verbrachten und auf besseres Wetter für die Weiterfahrt warteten. Und da wir außerdem wegen Lebensmittelmangels unter Druck waren, entschied der Sieur de Monts, zur Insel Sainte-Croix zurückzukehren, um einen passenderen Platz für unsere Siedlung zu finden. Denn wir hatten an all den Küsten, die wir auf dieser Reise erkundeten, keinen solchen finden können.

So segelten wir am 25. des Monats Juli aus diesem Hafen ab, um anderwärts zu suchen. Bei der Ausfahrt zerschellten wir beinahe auf der dort befindlichen Sandbank. Schuld hieran waren unsere Steuerleute namens Cramolet und Champdoré, Kapitäne unserer Pinasse, welche die Zufahrt zum Südkanal, durch den wir fahren mussten, schlecht mit Bojen markiert hatten. Nachdem wir dieser Gefahr entronnen waren, steuerten wir sechs Meilen weit nach Nordosten bis zum White Cape[90], und von dort weitere 15 Meilen unter dem gleichen Wind bis zum Island Cape[91]. Dann sahen wir den Häuptling der Indianer Marchin, den wir am See Kennebec hatten besuchen wollen. Er genoß den Ruf, einer der mächtigsten Männer seines Landes zu sein. Er hatte wirklich ein eindrucksvolles Äußeres, und alle seine Gesten waren würdevoll, auch für einen Indianer. Der Sieur de

89 S. Fußnote 87.
90 S. Fußnote 85.
91 S. Fußnote 70.

Monts machte ihm viele Geschenke, was ihn sehr erfreute, und im Gegenzug gab er uns einen Etechemin-Jungen, den er im Krieg gefangengenommen hatte. Wir nahmen diesen mit uns und verließen den Ort als gute Freunde. Daraufhin segelten wir 15 Meilen weit nach Nordost-Viertel-Ost, bis nach Kennebec, wo wir am 29. des Monats ankamen. Hier wollten wir einen Indianer namens Sasinou treffen, von dem ich oben schon gesprochen habe. In der Annahme, dass er käme, warteten wir einige Zeit, denn wir wollten von ihm einen jungen Mann und eine junge Frau der Etechemin erhalten, die er gefangen hielt. Während wir warteten, kam uns ein Häuptling namens Anassou besuchen, der ein wenig Pelzhandel betrieb. Wir schlossen mit ihm Freundschaft. Er sagte uns, dass es zehn Meilen von diesem Hafen entfernt ein Schiff gebe, das Fischfang betreibe, und dass dessen Besatzung unter dem Vorwand der Freundschaft fünf an diesem Fluss wohnende Indianer getötet habe. Aus seiner Beschreibung der Leute auf dem Schiff schlossen wir, dass es sich um Engländer handelte. Wir nannten die Insel, wo sie waren, das Schiff[92], denn von fern her hatte sie diese Form. Als der erwähnte Sasinou nicht kam, segelten wir 20 Meilen nach Ost-Süd-Ost bis zur Isle Haute, wo wir ankerten, um auf Tagesanbruch zu warten.

Am folgenden Tag, dem 1. August, fuhren wir einige 20 Meilen nach Osten bis zum Crow Cape[93], wo wir die Nacht verbrachten. Am 2. des Monats segelten wir sieben Meilen nach Nordost und kamen zur westlichen Mündung des Flusses Sainte-Croix. Nachdem wir zwischen den zwei ersten Inseln vor Anker gegangen waren, bestieg der Sieur de Monts ein Kanu, um sechs Meilen weit zur Siedlung Sainte-Croix zu fahren, wo wir am nächsten Tag mit unserer Pinasse ankamen. Wir fanden dort den Sieur des Antons aus Saint-Malo, der in einem der Schiffe des Sieur de Monts gekommen war, um für die Leute, die in diesem Land überwintern würden, Lebensmittel und andere Vorräte zu bringen.

---

92 Heute Monhegan Island, Maine.
93 Das vorspringende Kap von Great Wass Island, Maine.

Kapitel X

Die Siedlung, die sich auf der Sainte-Croix-Insel befand, wird nach Port Royal verlegt, und warum.

Der Sieur de Monts entschied sich für einen Ortswechsel und dafür, eine neue Wohnstätte zu bauen, um dem Frost und dem harten Winter zu entgehen, den wir auf der Insel Sainte-Croix erlebt hatten. Da wir bis dahin noch keinen Hafen gefunden hatten, der uns geeignet erschien, und die Zeit knapp war für den Hausbau und um sich einzurichten, ließ er uns zwei Pinassen ausrüsten, die wir mit den Zimmerbalken der Häuser in Sainte-Croix beluden, um sie nach Port Royal zu transportieren; dieses war 25 Meilen entfernt, und wir dachten, dass eine Wohnstätte sich dort in milderem und mäßigerem Klima befinden würde. Pont-Gravé und ich begaben uns dorthin; als wir ankamen, suchten wir einen Platz, der geeignet wäre für unsere Wohnung und geschützt vor dem Nordwestwind, den wir fürchteten, denn er hatte uns sehr zugesetzt.

Nachdem wir intensiv nach allen Seiten hin gesucht hatten, fanden wir keinen geeigneteren und besser gelegeneren Platz als eine Stelle an einem etwas erhöhten Ort, um den herum es einige Sümpfe und gute Wasserquellen gibt. Dieser Ort liegt vor der Insel, die sich in der Mündung des Equille-Flusses befindet. Im Norden von uns, etwa eine Meile entfernt, gibt es einen Bergzug, der sich fast zehn Meilen weit von Nordosten nach Südwesten erstreckt. Das ganze Land ist mit sehr dichten Wäldern bedeckt, wie ich schon weiter oben erwähnt habe, außer einer Landspitze, die eineinhalb Meilen flussaufwärts liegt,[94] wo einige vereinzelte Eichen stehen und es eine Menge wilder Weinreben gibt. Letztere könnte man leicht beseitigen und das Land kultivieren, wenn es auch mager und sandig ist. Wir hatten fast beschlossen, dort zu bauen;

94 Die Stelle des späteren Annapolis Royal.

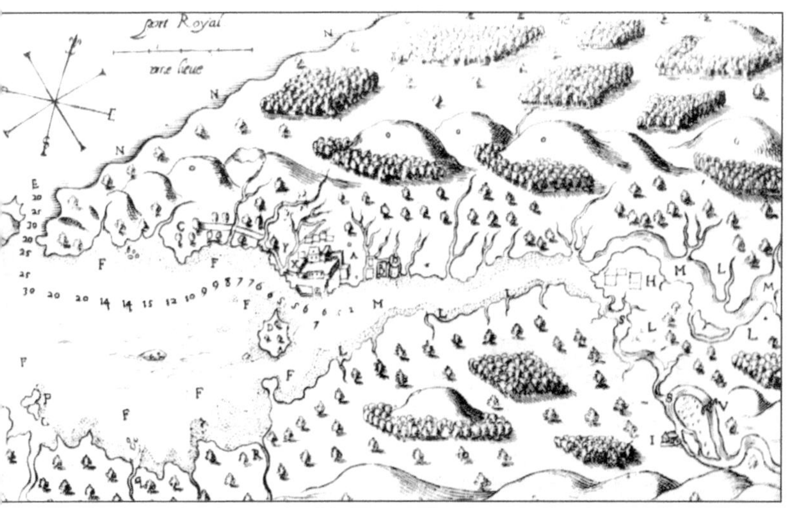

Port Royal. Am Nordufer die Wohnstätte (1605–1606)

aber dann dachten wir, dass wir dann zu sehr im Hafen und im Fluss eingezwängt wären; und dies ließ uns die Meinung ändern.

Als wir somit gesehen hatten, dass der Platz für unsere Wohnstätte gut wäre, begannen wir ihn zu roden, da er voller Bäume war, und die Häuser so schnell wie möglich zu errichten. Jedermann legte Hand an. Nachdem alles in Ordnung gebracht war und die meisten Wohnungen fertiggestellt waren, beschloss der Sieur de Monts, nach Frankreich zurückzukehren, um von Seiner Majestät das für sein Unternehmen nötig Werdende zu erbitten. Als Kommandeur an unserem Ort während seiner Abwesenheit wollte er den Sieur d'Orville bestellen; aber dieser litt an Skorbut, und dies erlaubte ihm nicht, dem Wunsch des Sieur de Monts zu entsprechen. Aus diesem Grund sprach er mit Pont-Gravé und bot ihm die Stellung an. Dieser übernahm sie gern und ließ noch zu erledigende Arbeiten an der Wohnstätte vollends ausführen. Zur selben Zeit entschied ich selbst, ebenfalls dort zu bleiben in der Hoffnung, neue Entdeckungen in Richtung Florida zu machen; der Sieur de Monts fand dies eine ausgezeichnete Idee.

Kapitel XI

Was sich ereignete nach der Abfahrt des Sieur de Monts bis zu dem Zeitpunkt, an dem wir von Port Royal nach Frankreich abreisten, da wir ohne Nachricht waren bezüglich dessen, was er versprochen hatte.

Sofort nach der Abreise des Sieur de Monts begann ein Teil der 40 oder 45, die zurückgeblieben waren, Gärten anzulegen. Auch ich machte einen, um nicht müßigzugehen; ich umgab ihn mit Gräben voller Wasser, in denen sehr schöne Forellen schwammen, die ich dort eingebracht hatte. In die Gräben flossen drei Bäche mit schönem klarem Wasser, von dem sich auch der größte Teil unserer Wohnstätte bediente. Ich machte dort eine kleine Schleuse zum Meer hin, um das Wasser nach Bedarf ablassen zu können. An dem ganz von Wiesen umgebenen Platz errichtete ich eine kleine Hütte mit schönen Bäumen, um mich dort an der frischen Luft erholen zu können. Ich machte auch ein kleines Reservoir für Salzwasserfische, die wir bei Bedarf fingen. Weiterhin säte ich etwas Korn, das gut gedieh und mir große Freude bereitete, obwohl es zuvor viel Arbeit erfordert hatte. Wir gingen dort oft hin zum Verweilen. Und es schien, dass sich auch die kleinen Vögel darüber freuten, denn eine große Menge von ihnen versammelte sich dort und veranstaltete so viel Gesang und Gezwitscher, dass ich nicht glaube, Entsprechendes je gehört zu haben.

Unsere Wohnstätte maß zehn Klafter in der Länge und acht Klafter in der Breite, hatte also 36 Klafter Umfang. Auf der Ostseite befindet sich ein Lagerhaus in der vollen Breite und ein sehr schöner Keller von fünf bis sechs Fuß Höhe. Auf der Nordseite liegt die Wohnung des Sieur de Monts, die sehr gut gezimmert ist. Um den Hof herum befinden sich die Wohnungen der Arbeiter. In einem Winkel an der Westseite steht eine Plattform, auf die wir vier Kanonen gestellt haben, und im anderen Winkel, nach Osten hin, befindet sich eine wie eine Plattform gestaltete Palisade, wie man aus der folgenden Tafel ersehen kann.

Ein paar Tage, nachdem die Bauten fertiggestellt waren, ging ich zum Fluss Saint-John, um den Indianer namens Secondon zu suchen; er hatte Préverts Leute zu der Kupfermine geführt, die ich bereits zusammen mit dem Sieur de Monts vergeblich gesucht hatte, als wir bei Port of Mines waren. Als ich ihn aufgespürt hatte, bat ich ihn, uns zu begleiten. Dies tat er sehr gern und ging mit, um sie uns zu zeigen. Wir fanden dort einige kleine Stückchen Kupfer von der Dicke eines Sous sowie auch andere, in gräuliches und rotes Felsgestein eingebettete. Der uns begleitende Bergmann namens Maître Jacques aus Slawonien verstand sich auf Mineraliensuche; er fuhr alle Küsten ab, ob er Ganggestein finden würde. Aber er sah keines. Allerdings fand er ein paar Schritte von dort, wo wir die oben erwähnten Kupferstücke aufgehoben hatten, eine Art Mine, die solchem etwas ähnlich sah. Er sagte, dass der Boden den Eindruck erwecke, dass man vielleicht etwas fände, wenn man genau nachschürfte. Aber er hielt es für unwahrscheinlich, dass es über der Erde reines Kupfer gebe, wenn nicht unter derselben eine Menge davon sei. Die Wahrheit ist, dass man sich etwas erhoffen könnte, wenn das Meer diese Minen nicht zweimal am Tag überfluten würde und sie nicht in solch hartem Felsen eingeschlossen wären.

Nachdem wir das erkundet hatten, kehrten wir zu unserer Wohnstätte zurück, wo wir einige unserer Leute an Skorbut erkrankt fanden, doch nicht so stark wie auf der Insel Sainte-Croix. Aber von den 45, die wir ursprünglich waren, starben immerhin 12. Unter ihnen war unser Bergmann; fünf erkrankten, genasen aber wieder, als der Frühling kam. Unser Chirurg namens Des Champs, ein Experte in seinem Beruf, öffnete einige Leichen, ob er der Ursache der Krankheit besser auf die Spur käme als diejenigen, die dies voriges Jahr versucht hatten. Er fand die gleichen Körperteile angegriffen wie bei denen, die auf der Insel Sainte-Croix geöffnet worden waren; und somit konnte man so wenig ein Heilmittel gegen die Krankheit finden wie die anderen eines gefunden hatten.

Am 20. Dezember begann es zu schneien, und einige Eisschollen trieben an unserer Wohnstätte vorüber. Weder war der Winter so streng wie im Vorjahr, noch war der Schnee so hoch oder dauerte so lang. Unter anderem stürmte es am 20. Februar 1605 so stark, dass eine große Menge Bäume umgeworfen und entwurzelt und auch viele abgebrochen wurden. Dies sah sehr eigenartig aus. Regen kam recht regelmäßig, was der Grund war für den im Vergleich zum vorigen recht milden Winter, obwohl die Entfernung von Port Royal bis zum Sainte-Croix nur 25 Meilen beträgt.

Am ersten Märztag ließ Pont-Gravé eine 17 bis 18 Tonnen große Pinasse ausrüsten, die am 15. bereit war für eine Erkundungstour entlang der Florida-Küste.

Mit diesem Ziel setzten wir am folgenden 16. Segel, mussten aber bei einer Insel südlich von Manan beidrehen, nachdem wir an diesem Tag 18 Meilen gefahren waren. Wir ankerten in einer sandigen, kleinen, zum Meer hin offenen Bucht, in die hinein Südwind wehte. Dieser gewann während der Nacht so sehr an Gewalt, dass der Anker nicht hielt, und wir trieben gezwungenermaßen auf die Küste zu. Wir waren der Gnade Gottes und den wilden und gefährlichen Wellen überlassen. Als wir noch vor Anker das Gaffelsegel hochzogen, um danach das Ankertau an der Klüse abhacken zu können, kamen wir überhaupt nicht hierzu, sondern es riss von allein. In der Brandung warfen uns der Wind und die See auf einen kleinen Felsen, und wir bereiteten uns nur noch darauf vor, uns auf einige Trümmer unserer Pinasse zu retten, sollte sie zerschellen. In dieser verzweifelten Situation kam plötzlich eine Welle, nachdem wir mehrere andere überstanden hatten, die so groß und hilfreich war, dass sie uns über den Felsen hinwegtrug und auf einen kleinen Sandstrand warf, der uns für diesmal vor dem Schiffbruch bewahrte.[95]

Da die Pinasse auf Grund aufgelaufen war, begannen wir sofort alles auszuladen, was sie trug, um die Beschädigungen zu begutachten; doch waren diese nicht so groß wie wir

95 Möglicherweise auf White Head Island, New Brunswick.

befürchteten. Sie wurde durch die Bemühung Champdorés, ihres Kapitäns, rasch repariert. Als sie wieder in brauchbarem Zustand war, beluden wir sie wieder in Erwartung guten Wetters und der Beruhigung der See. Letztere trat erst nach vier Tagen ein, nämlich am 21. März. Wir verließen dann den Unglücksort und fuhren zum Shell Harbour[96], sieben oder acht Meilen weit. Dieser liegt in der Mündung des Sainte-Croix-Flusses, wo eine große Menge Schnee lag. Wir blieben bis zum 29. des Monats wegen des Nebels und ungünstiger Winde, die dort zu dieser Jahreszeit üblich sind. Dann beschloss Pont-Gravé, nach Port Royal zurückzusegeln, um zu sehen, in welchem Zustand sich unsere Gefährten befänden, die wir dort krank zurückgelassen hatten. Als wir dort ankamen, erkrankte Pont-Gravé an einem Herzleiden, was uns bis zum 8. April aufhielt.

Am 9. des gleichen Monats fuhr er wieder ab, obwohl er sich immer noch indisponiert fühlte, da er die Küste Floridas so sehr sehen wollte und außerdem glaubte, dass die Luftveränderung ihm die Gesundheit zurückbringen könnte. An diesem Tag gingen wir an der Hafeneinfahrt vor Anker und verbrachten dort die Nacht, zwei Meilen von unserer Wohnstätte entfernt.

Am nächsten Morgen, noch vor Sonnenaufgang, kam Champdoré und fragte Pont-Gravé, ob der Anker gelichtet werden solle. Letzterer antwortete, dass Champdoré, falls er das Wetter für günstig halte, abfahren solle. Daraufhin ließ Champdoré sofort den Anker einholen und das Gaffelsegel in den Wind bringen, der, wie er meldete, in Richtung Nord-Nord-Ost blies. Das Wetter war sehr dunkel, regnerisch und voller Nebel, mit mehr Aussicht auf weiteres schlechtes denn auf schönes Wetter. Als wir aus der Hafenöffnung hinausfahren wollten, wurden wir plötzlich von der Ebbe aus der Einfahrt hinausgetragen auf die Felsen an der Ost-Nord-Ost-Seite, die wir nicht bemerkt hatten. Pont-Gravé und ich lagen noch im Bett, als wir die Matrosen schreien hörten, ›Wir sind verloren‹, was mich alsbald auf die Beine brachte, um nachzusehen, was los war. Pont-Gravé war

96 Auf Head Harbour Island, New Brunswick.

immer noch krank, weshalb er nicht so schnell aufstehen konnte, wie er gerne wollte. Ich war gerade auf das Oberdeck gekommen, als die Pinasse an die Küste geworfen wurde und der Nordwind uns auf eine Landspitze schob. Wir entfalteten das große Segel, brachten es in den Wind und zogen es so hoch wie möglich, um uns noch weiter auf die Felsen zutreiben zu lassen aus Furcht, dass die Brandung – es herrschte glücklicherweise Ebbe – uns dorthin zöge, wo es unmöglich gewesen wäre, uns zu retten. Beim ersten Zusammenprall unserer Pinasse mit den Felsen brach das Ruder; ein Teil des Kiels und drei oder vier Planken waren eingedrückt und einige Rippen gebrochen. Dies beunruhigte uns, denn unsere Pinasse schien undicht. Alles was wir tun konnten, war zu warten, bis das Meer sich darunter zurückzog und wir auf den Meeresboden gehen konnten; denn sonst hätten wir unser Leben riskiert wegen der sehr großen und wilden Dünung um uns herum. Als das Meer dann infolge der Ebbe genügend ausgelaufen war, stiegen wir während des herrschenden Sturms aus und entluden sofort alles, was in der Pinasse war. Einen guten Teil der geladenen Sachen konnten wir mithilfe des Häuptlings der Indianer Secondon und seiner Gefährten retten, die in ihren Kanus zu uns kamen. Zusammen brachten wir, was wir aus unserer Pinasse gerettet hatten, zu unserer Wohnstätte zurück. Die vollkommen zertrümmerte Pinasse zerfiel bei der Rückkehr der Flut in mehrere Stücke. Wir waren sehr glücklich, unsere Leben gerettet zu haben und kehrten zu unserer Wohnstätte zurück mit unseren armen Indianern, die dort einen guten Teil des Winters verblieben. Wir priesen Gott dafür, dass er uns bei diesem Schiffbruch gerettet hat, dem so billig zu entkommen wir nicht gehofft hatten.

Der Verlust unserer Pinasse schmerzte uns sehr; denn da wir kein Schiff hatten und ein anderes nicht zu bauen vermochten, konnten wir nicht mehr hoffen, die Reise zu vollenden, die wir unternommen hatten. Denn die Zeit drängte, und obwohl eine andere Pinasse auf Kiel lag, hätte es zu lange gedauert, sie fertigzustellen, und wir hätten sie nicht mehr benutzen können vor der Rückkehr der Schiffe aus Frankreich, auf die wir täglich warteten.

Dies war ein großes Ärgernis, verursacht durch den Mangel an Voraussicht des Chefs, der starrsinnig war, von Seedingen nur wenig verstand und immer nur seine eigene Meinung durchsetzen wollte. Er war ein guter Zimmermann, geschickt im Bau der Schiffe und verlässlich hinsichtlich deren Ausstattung mit dem Nötigen. Aber es mangelte ihm an der Fähigkeit, sie zu führen.

Sobald Pont-Gravé in der Wohnstätte war, veranlasste er eine Untersuchung bezüglich Champdorés, dem man vorwarf, dass er unsere Pinasse in bösartiger Weise auf die Küste gesetzt habe; und nach dem Verhör wurde er in Handschellen gefangengesetzt mit der Absicht, ihn nach Frankreich zu transportieren und dort dem Sieur de Monts zu übergeben, der Recht walten lassen sollte.

Als Pont-Gravé allerdings sah, dass die Schiffe aus Frankreich nicht kamen, ließ er am 15. Juni Champdoré die Handschellen abnehmen, damit er die auf Kiel liegende Pinasse fertigstellen konnte; und diese Aufgabe erledigte jener in guter Manier.

Am 16. Juli sollten wir absegeln, falls die Schiffe nicht zurückgekommen waren. So war es festgelegt in dem Auftrag, den der Sieur de Monts Pont-Gravé erteilt hatte. Dementsprechend fuhren wir von unserer Wohnstätte ab, um nach Cape Breton oder zur Gaspé zu segeln und dort Möglichkeiten zu suchen, nach Frankreich zurückzukehren, da wir keinerlei Nachricht in dieser Hinsicht hatten.

Zwei unserer Leute blieben freiwillig zurück, um die noch übrigen Vorräte in unserer Wohnstätte zu bewachen; jedem von ihnen versprach Pont-Gravé 50 Silbertaler, sowie 50 weitere, die er ihren Vertretern zahlen würde, wenn er im folgenden Jahr zurückkäme, um sie zu holen.

Es gab einen Häuptling der Indianer namens Membertou, der versprach, für sie zu sorgen und sicherzustellen, dass es ihnen nicht schlechter gehe als seinen eigenen Kindern. Wir hatten ihn zu jeder Zeit, solange wir dort waren, als guten Indianer erlebt, obwohl er den Ruf hatte, der bösartigste Verräter in seinem Volk zu sein.

Kapitel XII

Abfahrt von Port Royal, um nach Frankreich zurückzukehren. Begegnung mit Ralleau bei Cape Sable, die uns zur Umkehr veranlasste.

Am 17. des Monats verließen wir, gemäß unserem Beschluss, die Einfahrt von Port Royal mit zwei Pinassen, einer 18 Tonnen großen und einer anderen sieben oder acht großen, um nach Cape Breton oder Canso zu segeln. Wir ankerten an der Long-Island-Enge, wo während der Nacht unser Ankertau riss; wir liefen Gefahr, wegen der großen Gezeitenströmungen zu zerschellen, die sich an mehreren Felsen brechen, welche sich in der Enge und an der Ausfahrt von dort befinden. Aber mithilfe der Bemühung aller zogen wir uns aus der Affäre, und für dieses Mal gelang uns das Davonkommen.

Am 21. des Monats erhob sich zwischen Long Island und Cape Fourchu ein starker Sturm, der die Eisenhalterungen unseres Ruders zerschlug und uns in solche Schwierigkeit brachte, dass wir vollkommen ratlos waren. Die zornige See erlaubte uns nicht, an Land zu gehen, da die Wellen berghoch gegen die ganze Küste brandeten. So beschlossen wir, lieber im Meer zu sterben, als an Land. Wir hofften freilich, dass der Wind und der Sturm sich allmählich legen würden, sodass wir dann mit dem Wind von hinten auf irgendeinen Strand auflaufen könnten. Als jeder für sich überlegte, was zu unserer Sicherheit getan werden könnte, sagte ein Matrose, dass ein Berg Taue, die wir an unserer Pinasse festgemacht im Wasser hinter uns herzogen, wenigstens teilweise dazu dienen könnte, unsere Pinasse zu steuern; aber das hatte praktisch keinen Effekt, und wir sahen klar, wenn Gott uns nicht auf andere Weise helfen würde, dass dies uns nicht vor Schiffbruch bewahren würde. Als wir darüber nachdachten, was zu unserer Sicherheit getan werden könnte, sagte Champdoré, dem man wieder die Handschellen angelegt hatte, zu einigen von uns, dass er ein Mittel fände, um unsere Pinasse zu steuern, wenn Pont-Gravé wolle. Wir berichteten dies Pont-Gravé, der das Anerbieten nicht ablehnte, und die anderen taten dies noch weniger. Champdoré wurden also erneut die Handschellen abgenommen; eifrig nahm er ein Tau, das er durchtrennte und damit dann sehr geschickt das Ruder fixierte, sodass man damit genauso gut das Schiff führen konnte wie zuvor. Auf diese Weise machte er die Fehler wieder gut, die er in der ersten Pinasse begangen hatte, welche zerschellt war. Daraufhin wurden auf unsere an Pont-Gravé gerichteten Bitten hin die ihm zur Last gelegten Anschuldigungen zurückgenommen. Pont-Gravé allerdings hatte diesbezüglich einige Schwierigkeit.

Am gleichen Tag ankerten wir nahe der Bay of Currents, zwei Meilen vom Cape Fourchu entfernt, und dort wurde unsere Pinasse repariert.

Am 23. des Monats Juli befanden wir uns nahe am Cape Sable.

Am 24. dieses Monats bemerkten wir um zwei Uhr nachmittags nahe der Isle of Cormorants[97] eine Schaluppe, die vom Cape Sable kam. Einige von uns glaubten, dass es Indianer seien, die Cape Breton oder die Insel Canso verließen; andere sagten, dass es sich möglicherweise um eine der Schaluppen handelte, die man von Canso aussandte, um von uns etwas zu erfahren. Als wir näher kamen, sahen wir schließlich, dass es Franzosen waren, was uns sehr erfreute. Als das Boot uns fast erreicht hatte, erkannten wir Ralleau, den Sekretär des Sieur de Monts, was unsere Freude verdoppelte. Er teilte uns mit, dass der Sieur de Monts ein Schiff von 120 Tonnen unter dem Befehl des Sieur de Poutrincourt schickte; dieser sei als Generalgouverneur gekommen und würde mit 50 Mann im Land bleiben; und dass er in Canso gelandet sei, von wo sein Schiff wieder auf die hohe See hinausgefahren sei, um zu schauen, ob sie uns nicht erspähen könnten; dass er aber unterdessen in einer Schaluppe die Küste entlang gefahren sei, um uns zu treffen, falls wir dort unterwegs wären; denn er

97 S. Fußnote 9.

dachte, dass wir von Port Royal abgefahren seien, was ja in der Tat auch der Fall war. Hierin handelten sie sehr weise. Alle diese Nachrichten veranlassten uns umzukehren, und wir kamen am 25. des Monats in Port Royal an. Dort fanden wir das erwähnte Schiff und den Sieur de Poutrincourt, was uns höchlich erfreute, sahen wir doch den Wiederanfang dessen, was wir nicht mehr erhofft hatten. Er sagte uns, dass der Grund seiner Verspätung ein Missgeschick sei, das dem Schiff bei der Ausfahrt nahe der Kette von La Rochelle widerfahren sei; und dass schlechtes Wetter sie bei der Überfahrt behindert habe.

Am nächsten Morgen begann der Sieur de Poutrincourt darüber zu sprechen, was für ihn zu tun sei, und mit jedermanns Zustimmung entschied er, dieses Jahr noch in Port Royal zu bleiben. Denn man hatte noch nichts entdeckt seit der Reise des Sieur de Monts, und die vier Monate, die noch vor dem Winter verblieben, reichten nicht aus, um einen Platz für eine neue Wohnstätte zu finden und diese zu bauen. Dazu kam, dass er ein großes Schiff hatte, was nicht das Gleiche ist wie eine Pinasse, die wenig Tiefgang hat, überall hineinfahren und Wohnplätze nach Belieben finden kann. Vielmehr würden wir während dieser Zeit nur einen geeigneteren Wohnort suchen.

Auf diesen Entscheid hin entsandte der Sieur de Poutrincourt sofort einige Kräfte zur Bearbeitung des Bodens an einer Stelle, die er für geeignet hielt. Sie liegt eineinhalb Meilen von der Wohnstätte Port Royal entfernt flussaufwärts, wo wir beabsichtigt hatten, unsere Wohnstätte zu errichten. Dort ließ er Weizen, Roggen, Hanf und einige andere Samen säen, um zu sehen, was davon gedeihen würde.

Am 22. August erschien eine kleine Pinasse vor unserer Ansiedlung. Es war Des Antons von Saint-Malo, der von Canso kam, wo sein Schiff auf Fischfang war. Er informierte uns, dass bei Cape Breton mehrere Schiffe Pelzhandel trieben, und wenn wir unser Schiff hinsenden wollten, um sie festzunehmen, würde er sie bei seiner Rückkehr nach Frankreich dorthin transportieren. Man beschloss, so zu verfahren, sobald er die in seinem Schiff befindlichen Vorräte ausgeladen haben würde.

Nachdem dies erledigt war, ging Pont-Gravé mit den übrigen seiner Gefährten an Bord, die während des Winters mit ihm in Port Royal geblieben waren, außer einigen, nämlich Champdoré und Foulgeré[98] de Vitré. Ich blieb ebenfalls zurück, zusammen mit dem Sieur de Poutrincourt, da ich mit Gottes Hilfe die von mir begonnene Karte der Küsten und Ländereien fertigstellen wollte. Nachdem alles in der Wohnstätte in Ordnung gebracht worden war, ließ der Sieur de Poutrincourt Lebensmittel laden für unsere Reise zur Küste Floridas.

Am 29. August segelten wir zusammen mit Pont-Gravé und Des Antons von Port Royal ab. Beide wollten nach Cape Breton und Canso, um die Schiffe aufzubringen, die dort Pelzhandel betrieben, wie ich oben erwähnt habe. Als wir auf hoher See waren, mussten wir allerdings wegen des vorherrschenden ungünstigen Windes zum Hafen zurückfahren. Das große Schiff jedoch blieb auf seinem Kurs, und bald verloren wir es aus den Augen.

98 Wohl Fougeray.

Kapitel XIII

Der Sieur de Poutrincourt segelt von Port Royal ab, um Entdeckungen zu machen. Alles, was wir sahen und was sich bis Mallebarre ereignete.

Am 5. September fuhren wir wiederum von Port Royal ab.

Am 7. waren wir vor der Einfahrt des Flusses Sainte-Croix, wo wir eine Menge Indianer fanden, darunter Secondon und Messamouet. Wir zerschellten beinahe an einer kleinen Felsinsel durch Champdorés Dickköpfigkeit, von der er sich stark leiten ließ.

Am nächsten Tag fuhren wir in einer Schaluppe zur Sainte-Croix-Insel, wo der Sieur de Monts den Winter verbracht hatte, um nachzusehen, ob wir einige Weizenähren und andere Samenkörner finden würden von Pflanzen, die er dort hatte säen lassen. Wir fanden einigen Weizen, der auf die Erde gefallen war und dort so schön aufgegangen war, wie man sich nur hatte wünschen können, und eine Menge Gartengemüse, das sich schön und stark entwickelt hatte. Es freute uns unendlich zu sehen, dass der Boden gut und fruchtbar war.

Nachdem wir die Insel besucht hatten, kehrten wir zu unserer 18 Tonnen großen Pinasse zurück. Unterwegs fingen wir eine gute Anzahl Makrelen, die es dort zu dieser Jahreszeit in reichem Maße gibt. Es wurde beschlossen, die Fahrt entlang der Küste fortzusetzen, was insofern keine zu gute Idee war, als wir viel Zeit verloren, indem wir nochmals die Orte besichtigten, die der Sieur de Monts bereits bis hin zum Port Mallebarre[99] erkundet hatte. Es wäre meiner Ansicht nach vorteilhafter gewesen, von dort, wo wir uns befanden, auf dem uns bekannten Weg quer hinüber zu dem erwähnten Mallebarre zu segeln; die gewonnene Zeit hätten wir dann darauf verwenden können, bis zum 40. Breitengrad

99 S. Fußnote 87.

oder noch weiter nach Süden zu erkunden und auf dem Rückweg die ganze Küste in Muße nochmals zu betrachten.

Nachdem jedoch so entschieden worden war, nahmen wir Secondon und Messamouet mit uns, die in einer Schaluppe bis Chouacoet [Saco] mitfuhren, wo sie mit den dort Wohnenden mithilfe einiger Geschenke ein Bündnis schließen wollten.

Am 12. September fuhren wir vom Fluss Sainte-Croix ab.

Am 21. kamen wir bei Chouacouet [Saco] an, wo wir Onemechin, Häuptling an jenem Fluss, und Marchin sahen, die fertig waren mit der Ernte ihres Weizens. Wir sahen Trauben auf der Bacchus-Insel[100], die reif und ziemlich gut waren, und andere, von denen man das nicht sagen konnte; ihre Früchte waren aber so schön wie diejenigen in Frankreich, und ich bin überzeugt, würde man sie kultivieren, könnte man guten Wein daraus machen.

An diesem Ort rettete der Sieur de Poutrincourt einen Gefangenen Onemechins, welch letzterem Messamouet dann Kessel, Hacken, Messer und andere Dinge zum Geschenk machte. Onemechin schenkte ihm daraufhin im Gegenzug Mais, Kürbisse und brasilianische Bohnen. Dies stellte Messamouet aber nicht zufrieden, und er ging sehr ungnädig weg, da er sich nicht richtig entlohnt fühlte für das, was er ihnen gegeben hatte; und er plante, in absehbarer Zeit Krieg gegen sie zu führen. Denn diese Völker geben nur etwas mit der Idee, auch etwas zu erhalten, sofern es sich nicht um Personen handelt, denen sie sich sehr verpflichtet fühlen, etwa wenn ihnen im Krieg geholfen worden war.

Unseren Weg weiterverfolgend, fuhren wir zum Island Cape[101], wo wir von schlechtem Wetter und Nebel ein wenig aufgehalten wurden; dort fanden wir nicht viel Möglichkeit, die Nacht zu verbringen, da der Ort nicht geeignet aussah. Während wir uns mit diesem Problem konfrontiert sahen, erinnerte ich mich, dass ich, als ich mit dem Sieur de Monts die Küste entlangfuhr, auf meiner Karte eine für Schiffe geeignete Stelle in

100 S. Fußnote 63.
101 S. Fußnote 70.

einer Meile Entfernung von hier notiert hatte. Wir waren nicht hineingefahren, weil uns damals der Wind für die Weiterfahrt günstig blies. Diese Stelle lag hinter uns, weshalb ich zu dem Sieur de Poutrincourt sagte, dass wir auf einen Punkt zusegeln müssten, den man gerade sah und wo sich die günstige Stelle befand, die mir passend für die Nacht erschien. Wir warfen den Anker in der Einfahrt aus und fuhren am nächsten Tag hinein.[102]

Der Sieur de Poutrincourt ging dort mit acht oder zehn unserer Leute an Land. Wir sahen sehr schöne, reife Trauben, brasilianische Erbsen, Squash, Kürbisse und gute Wurzeln, die wie der Mangold schmecken, den die Indianer anbauen. Sie gaben uns etwas davon im Gegenzug zu anderen Kleinigkeiten, die wir ihnen gaben. Sie hatten ihre Ernte schon abgeschlossen. Wir sahen 200 Indianer an diesem recht gefälligen Ort; es gibt da auch eine Menge Nussbäume, Zypressen, Sassafrasbäume, Eichen, Eschen und Buchen, die sämtlich sehr schön dastehen. Der Häuptling dort heißt Quiouhamenec. Er kam uns besuchen mit einem anderen Nachbarn namens Cohouepech, den wir gut bewirteten. Onemechin, der Häuptling in Chouacoet [Saco], kam uns ebenfalls besuchen, und wir gaben ihm einen Mantel, den er aber nicht lange behielt, sondern einem anderen schenkte, weil er sich darin nicht wohl fühlte und sich nicht an ihn gewöhnen konnte. Wir sahen auch einen Indianer dort, der sich so sehr am Fuß verletzte und so viel Blut verlor, dass er ohnmächtig wurde. Eine Anzahl anderer versammelte sich singend um ihn, und nach einer Weile berührten sie ihn. Daraufhin machten sie einige Gesten mit den Füßen und den Händen und schüttelten seinen Kopf. Als sie dann auf ihn einbliesen, kam er wieder zu sich. Unser Chirurg verband ihn, und hinterher vermochte er guter Dinge wegzugehen.

Am nächsten Morgen, als man unsere Schaluppe abdichtete, bemerkte der Sieur de Poutrincourt im Wald eine Menge Indianer, die sich in der Absicht, uns etwas Unschönes anzutun, zu einem kleinen Bach begaben, der in der Enge nahe dem Damm

102 Gloucester Harbor, Massachusetts.

zum Festland fließt, wo ein paar unserer Leute Wäsche wuschen. Ich spazierte auf diesem Damm entlang, und die Indianer bemerkten mich. Um unschuldig auszusehen, da sie sehr wohl sahen, dass ich sie zu gleicher Zeit bemerkt hatte, begannen sie zu rufen und zu tanzen; dann kamen sie zu mir mit ihren Bogen, Pfeilen, Köchern und anderen Waffen. Da es eine Wiese gab zwischen ihnen und mir, machte ich ihnen Zeichen, dass sie weitertanzen sollten, was sie im Kreis taten, wobei sie alle ihre Waffen in ihre Mitte legten. Sie hatten kaum damit begonnen, als sie im Wald den Sieur de Poutrincourt mit acht Musketieren bemerkten, worüber sie in Erstaunen gerieten. Sie ließen sich aber nicht davon abbringen, zu Ende zu tanzen; dann zogen sie sich in verschiedene Richtungen zurück, auf der Hut, dass man ihnen keinen schlechten Streich spiele. Wir sagten jedoch nichts zu ihnen und gaben ihnen vielmehr nur unsere Freude zu verstehen; dann kehrten wir zu unserer Schaluppe zurück, um diese ins Wasser zu lassen und abzufahren. Sie baten uns, einen Tag länger zu bleiben und sagten, dass mehr als 2000 Menschen kämen, um uns zu besuchen. Aber da wir keine Zeit übrig hatten, wollten wir nicht länger verweilen. Ich glaube, dass sie beabsichtigten, uns zu überraschen. Es gibt dort etwas gerodetes Land, und sie rodeten jeden Tag mehr, und zwar auf folgende Weise. Sie hacken die Bäume drei Fuß vom Boden hoch ab und verbrennen dann die Äste am Stamm und säen ihren Weizen zwischen das abgehackte Holz. Und im Laufe der Zeit reißen sie die Wurzeln heraus. Es gibt dort auch schöne Wiesen, die eine Menge Vieh ernähren könnten. Dieser Hafen ist sehr schön und gut; er hat genügend Wasser für die Schiffe, und man findet Schutz hinter den Inseln. Er befindet sich auf 43° Breite. Wir haben ihn Beautiful Port genannt.

Am letzten Tag des Septembers segelten wir ab vom Beautiful Port und fuhren am Cape Saint-Louis[103] vorüber; wir segelten die ganze Nacht hindurch, um das White Cape zu erreichen. Am nächsten Morgen, eine Stunde vor Tagesanbruch, befanden wir

---

103 S. Fußnote 77.

uns in der White Bay leewärts vom White Cape[104], in acht Fuß Wasser, eine Meile vom Land entfernt. Um vor Tageslicht nicht noch näher heranzukommen, gingen wir hier vor Anker; auch wollten wir sehen, wie es mit den Gezeiten stand. Mittlerweile sandten wir unsere Schaluppe zum Sondieren aus; man fand nicht mehr als acht Fuß Tiefe. So galt es zu überlegen, während wir auf den Tag warteten, was wir tun könnten. Das Wasser sank bis auf fünf Fuß, und unsere Pinasse schrammte manchmal über den Sand, allerdings ohne Schaden zu nehmen oder solchen zu verursachen. Denn das Meer war ruhig; wir hatten nicht weniger als drei Fuß Wasser unter uns, als die See wieder anstieg, was uns sehr ermutigte.

Als es Tag geworden war, erblickten wir ein sehr niedriges, sandiges Ufer, von dem wir leewärts lagen. Wir entsandten die Schaluppe zum Sondieren in Richtung auf ein einigermaßen hoch gelegenes Stück Land, wo wir dachten, dass es tiefes Wasser geben könnte. Sie fanden in der Tat sieben Faden. Wir fuhren dorthin und ankerten. Alsbald bestiegen neun oder zehn Leute die Schaluppe, um an Land zu gehen und einen Platz zu suchen, den man als schönen und guten Hafen erkennen würde, in den wir uns retten konnten, wenn der Wind noch stärker würde als er jetzt schon war. Nach der Erkundung fuhren wir hinein über zwei, drei und vier Faden Tiefe. Als wir drin waren, fanden wir fünf und sechs. Es gab da eine Menge Austern, die sehr gut waren, was wir bis jetzt noch nicht erlebt hatten, und wir nannten den Hafen Oyster Harbour[105]. Er liegt auf 42° Breite. Hier kamen drei Kanus mit Indianern auf uns zu. An diesem Tag war der Wind uns günstig, weshalb wir den Anker lichteten, um zum White Cape zu segeln, das von diesem Platz fünf Meilen entfernt nach Nord-Viertel-Nordost liegt, und wir fuhren dann daran vorüber.

Am folgenden Tag, dem 2. Oktober, kamen wir vor Mallebarre[106] an, wo wir einige Zeit wegen des vorherrschenden

104 S. Fußnote 85.
105 Entweder heute Barnstable oder Wellfleet, Massachusetts.
106 S. Fußnote 87.

schlechten Wetters verweilten. Währenddessen besuchte der Sieur de Poutrincourt in der Schaluppe den Hafen, begleitet von zwölf bis 15 Mann. Dort kamen ihm etwa 150 Indianer entgegen, die ihrer Sitte gemäß sangen und tanzten. Nachdem wir den Ort besichtigt hatten, fuhren wir in unserem Schiff zurück; der Wind wehte richtig, und so segelten wir die Küste entlang nach Süden.

Kapitel XIV

Fortsetzung der oben erwähnten Erkundungen; und was dabei Besonderes bemerkt wurde.

Als wir noch einige sechs Meilen von Mallebarre entfernt waren, ankerten wir nahe der Küste, da der Wind nicht günstig blies. Wir beobachteten die Küste entlang Rauch, den die Indianer verursachten. Dies gab uns Grund, sie zu besuchen. Zu diesem Zweck machten wir die Schaluppe bereit. Aber als wir nahe an die sandige Küste kamen, konnten wir wegen der zu starken Dünung nicht landen. Als die Indianer dies sahen, brachten sie ein Kanu aufs Wasser. Acht oder neun kamen auf uns zu; sie sangen und machten uns Zeichen, dass sie sich freuten, uns zu sehen; und sie zeigten uns, dass es weiter unten einen Hafen gab, wo unsere Pinasse sicher wäre.

Da wir nicht landen konnten, kam die Schaluppe zur Pinasse zurück, und die Indianer, die wir anständig behandelt hatten, kehrten ans Ufer zurück.

Als am nächsten Tag der Wind günstig war, setzten wir unsere Fahrt fünf Meilen weit nach Norden fort. Kaum waren wir so weit gesegelt, fanden wir in eineinhalb Meilen Entfernung von der Küste drei und vier Faden Tiefe. Noch weiter fahrend, verringerte sich die Tiefe plötzlich auf eineinhalb bis zwei Faden, was uns beunruhigte. Die See brach sich allenthalben, und wir sahen keinerlei Passage, durch die wir hätten auf dem gleichen Weg zurückfahren können; denn es herrschte ausgesprochener Gegenwind.

So geschah es, da wir eingeklemmt waren zwischen Riffen und Sandbänken, dass wir auf gut Glück fahren und schätzen mussten, wo es mehr Wasser gab als unsere Pinasse brauchte, die allerdings nur vier Fuß Tiefgang hatte. Wir fuhren zwischen diesen Riffen, immer nach viereinhalb Fuß suchend. Endlich gelang es uns, mit Gottes Hilfe, über eine sehr gefährliche

Sandbank zu fahren, die fast drei Meilen weit in südsüdwestlicher Richtung ins Meer hinausragt. Um das Kap herumsegelnd, das wir Reef Cape[107] nannten und das zwölf oder 13 Meilen von Mallebarre entfernt liegt, ankerten wir in zweieinhalb Faden Wasser; wir befanden uns an allen Seiten umgeben von Riffen und Sandbänken, mit Ausnahme nur weniger Stellen, wo sich die See nicht so stark brach. Wir schickten die Schaluppe aus, um einen Fahrweg zu dem Platz zu finden, den wir für denjenigen hielten, den die Indianer uns angedeutet hatten. Auch glaubten wir, dass es dort einen Fluss gibt, in dem wir sicher wären.

Als unsere Schaluppe dort ankam, gingen unsere Leute an Land und inspizierten den Ort. Sie kamen mit einem Indianer zurück, den sie herbeibrachten. Sie sagten uns, dass wir bei Flut hereinfahren könnten, und wir beschlossen, dies zu tun. Wir lichteten sofort den Anker und fuhren unter der Führung des Indianers, der uns als Lotse diente, auf eine Reede vor dem Hafen, wo sechs Faden Tiefe und guter Grund sind. Aber wir konnten nicht hineinfahren, weil uns die Nacht überraschte.

Am folgenden Tag sandten wir Leute aus, um mit Bojen das äußere Ende einer Sandbank zu markieren, die an der Hafeneinfahrt liegt; als dann die Flut kam, fuhren wir über zwei Faden Tiefe hinein.[108] Sobald wir drin waren, priesen wir Gott dafür, dass wir nun an einem sicheren Ort waren. Unser Ruder war gebrochen, und man hatte es mit Tauen wieder verwendungsfähig gemacht, und wir fürchteten, dass es in dem starken Gezeitenwechsel erneut brechen würde, was unser Verderben gewesen wäre. In diesem Hafen ist das Wasser nur einen Faden tief und bei Flut zwei Faden; gegen Osten ist da eine Bucht, die sich nach Norden einige drei Meilen weit dehnt; in ihr gibt es eine Insel und zwei weitere kleine Buchten, welche die Landschaft hübsch machen. Hier gibt es viel gerodetes Land und eine Menge kleine Hügel, wo sie Weizen und anderes Getreide anbauen. Hiervon leben sie. Auch findet man hier sehr schöne Weinreben, eine

107 Heute Pollock Rip Shoals, Massachusetts.

108 Stage Harbor, Massachusetts.

Menge Nussbäume, Eichen, Zypressen und ein paar Fichten. Alle Bewohner dieses Ortes lieben den Landbau und legen sich Maisvorräte für den Winter an, den sie folgendermaßen haltbar machen.

An den Abhängen der Hügel machen sie in den Sand Gräben von fünf oder sechs Fuß Tiefe; dann bringen sie ihren Weizen und andere Getreidekörner in große Säcke aus Krautgeflecht und werfen diese in die erwähnten Gräben und bedecken sie dann mit Sand drei oder vier Fuß höher als die Bodenoberfläche. Sobald sie es brauchen, nehmen sie das Korn entsprechend ihrem Bedarf heraus, und es ist dann so gut konserviert, als käme es aus den Getreidespeichern bei uns.

An jenem Ort sahen wir etwa fünf- oder sechshundert Indianer, die völlig nackt waren mit Ausnahme ihrer Geschlechtsteile, welche sie mit einem kleinen Kitz- oder Seehundfell bedecken. Auch die Frauen sind nackt und bedecken wie die Männer ihr Geschlecht mit Fellen oder Blätterwerk. Ihre Haare sind wohlgekämmt und auf verschiedene Weise geflochten, sowohl bei den Männern als auch den Frauen, in der bei Chouacoet [Saco] üblichen Weise; ihre Körper sind wohlgeformt, und ihre Haut ist olivfarben. Sie schmücken sich mit Federn, Porzellanperlenketten und anderem Schnickschnack und arrangieren das alles sehr adrett, wie man es auch bei Stickwaren sieht. An Waffen haben sie Bogen, Pfeile und Keulen. Sie sind weniger gute Jäger als vielmehr gute Fischer und Landwirte.

Was ihr Gemeinwesen, ihre Regierung und ihren Glauben angeht, so vermochten wir uns kein Urteil zu bilden, und ich glaube, dass sie sich diesbezüglich nicht unterscheiden von unseren Indianern, den Souriquois und den Kanadiern, die weder den Mond noch die Sonne anbeten und auch nichts anderes, und vielmehr so wenig beten wie die Tiere. Allerdings gibt es bei ihnen einige Leute, von denen es heißt, sie verkehrten mit dem Teufel, und dies glauben sie mit viel Überzeugung. Diese Leute sagen ihnen, was zukünftig kommen wird, doch lügen sie dabei allermeist. Manchmal gelingt es ihnen, recht zu haben und solches vorauszusagen, was dann so ähnlich auch eintrifft. Deshalb schenkt man ihnen Glauben, als seien sie Propheten, aber sie sind nichts als Scharlatane, welche die anderen hinters Licht führen, wie die Ägypter und Zigeuner es mit den guten Dorfmenschen bei uns tun. Sie haben Häuptlinge, denen sie in Kriegsdingen gehorchen, sonst aber nicht. Diese Häuptlinge arbeiten wie ihre Gefährten und haben auch keinen höheren Rang als diese. Jeder hat nur so viel Land, wie er für seine Ernährung braucht.

Ihre Wohnungen sind voneinander getrennt entsprechend der Größe des Landes, das jeder von ihnen beanspruchen kann. Sie sind groß, rund und mit Matten aus Gras oder Maisblättern bedeckt. Das Mobiliar besteht nur aus einem oder zwei Betten, die einen Fuß höher sind als der Boden und aus einer Anzahl von Holzstücken gemacht sind, die man gegeneinander gedrückt hat. Auf ihnen liegt eine Binsenmatte, wie man sie in Spanien hat (das heißt, eine Art zwei oder drei Finger dicke Matratze), auf der sie schlafen. Sie haben viele Flöhe im Sommer, sogar auf den Feldern. Als wir einmal spazieren gingen, fingen wir uns so viele ein, dass wir die Kleidung wechseln mussten.

Alle Häfen, Buchten und Küsten von Chouacoet [Saco] an sind voller Fische aller Art, ähnlich wie diejenigen, die wir nahe unserer Wohnstätten haben; sie finden sich dort in solcher Fülle, dass ich versichern kann, dass es weder Tag noch Nacht gab, wenn wir nicht sahen und hörten, wie an unserer Pinasse mehr als 1000 Schweinswale vorüberschwammen, die kleinere Fische jagten. Es gibt hier auch eine Menge Muscheln verschiedener Arten, aber vor allem Austern. Die Vogeljagd ist höchst ertragreich.

Dies wäre ein sehr geeigneter Platz, die Fundamente einer Republik zu legen und darauf aufzubauen, wenn der Hafen etwas tiefer und die Einfahrt sicherer wären, als sie es sind.

Bevor wir den Hafen verließen, wurde unser Ruder repariert. Und wir buken Brot aus dem Mehl, das wir als Proviant mitgenommen hatten für den Fall, dass uns Zwieback fehlen würde. Unterdessen sandte man die Schaluppe mit fünf oder sechs Mann und einem Indianer aus, damit sie herausfänden, ob man für die Ausfahrt eine geeignetere Passage finden könnte als diejenige, durch die wir hereingekommen waren.

Nachdem sie fünf oder sechs Meilen gefahren waren und sich dem Land näherten, flüchtete der Indianer. Denen in der Schaluppe hatte er zu verstehen gegeben, dass er fürchtete, zu anderen Indianern weiter südlich gebracht zu werden, die Feinde seines Stammes sind. Bei ihrer Rückkunft berichteten sie, dass das Wasser bis dort, wohin sie gefahren waren, mindestens drei Faden tief sei und es darüber hinaus weder Untiefen noch Riffe gebe.

So beeilten wir uns, unsere Pinasse zu reparieren und Brot für 15 Tage zu backen. In der Zwischenzeit erkundete der Sieur de Poutrincourt in Begleitung von zehn oder zwölf Musketieren das ganze umliegende Land, das sehr schön ist, wie ich oben schon erwähnt habe. Hier und da sahen wir dabei eine Menge kleinerer Häuser.

Ungefähr acht oder neun Tage später, nachdem der Sieur de Poutrincourt auf Erkundungstour gegangen war, wie er es auch schon früher getan hatte, bemerkten wir, dass die Indianer ihre Hütten abbrachen und ihre Frauen, Kinder, Vorräte und anderen Sachen, die sie für ihr Leben brauchten, in den Wald brachten. Dies gab uns Anlass, eine böse Absicht dahinter zu vermuten, nämlich, dass sie einen Anschlag auf unsere Leute planten, die an Land arbeiteten und dort jede Nacht blieben, um jene Dinge zu bewachen, die abends nur mit großer Mühe hätten an Bord gebracht werden können. Und dies war auch so. Denn sie hatten unter sich beschlossen, dass sie, sobald ihre Sachen in Sicherheit wären, unsere Leute an Land überraschen würden, so gut sie vermochten, und ihnen alles wegnehmen würden, was sie hatten. Aber falls sie diese zufälligerweise wachsam fänden, vielmehr mit Zeichen der Freundschaft herankämen, wie sie es für gewöhnlich taten, und ihre Bogen und Pfeile beiseite legen würden.

Nun, in Anbetracht dessen, was der Sieur de Poutrincourt gesehen hatte und der Vorgehensweise, die sie angeblich befolgen würden, wenn sie einen schlechten Streich spielen wollten, zogen wir durch die Hütten, wo eine Menge Frauen waren; ihnen gaben wir Armreifen und Ringe, um sie zufriedenzustellen und ihre Furcht zu nehmen; und der Mehrzahl der prominenten und älteren Männer gaben wir Beile, Messer und andere Dinge, die sie benötigten. Das erfreute sie sehr, und sie bezahlten dafür mit Tänzen und Luftsprüngen sowie Ansprachen, von denen wir nichts verstanden. Wir gingen überall herum, ohne dass sie es wagten, uns etwas zu verraten. Es amüsierte uns mächtig, sie so offensichtlich unschuldig zu sehen, wie sie sich darstellten.

Wir kehrten in Begleitung einiger Indianer ganz gemächlich zu unserer Pinasse zurück. Unterwegs begegneten wir mehreren kleinen Trupps mit ihren Waffen, die sich nach und nach zusammenschlossen. Sie staunten sehr, uns so weit im Inland zu sehen und dachten nicht, dass wir gerade vier bis fünf Meilen rund um ihr Gebiet gewandert waren. Als sie an uns vorbei kamen, zitterten sie vor Furcht, dass wir ihnen etwas antun würden, was ja in unserer Macht stand. Aber wir taten nichts, obwohl wir ihre üblen Pläne kannten. Als wir dort ankamen, wo unsere Arbeiter werkten, fragte der Sieur de Poutrincourt, ob alles bereit wäre, den Absichten dieser Halunken entgegenzutreten.

Er befahl, alles, was sich an Land befand, an Bord zu bringen. Dies geschah, außer dass der Mann, der das Brot buk, und zwei weitere noch blieben, um eine Ofenladung noch fertigzumachen. Man sagte ihnen, dass die Indianer etwas Schlechtes beabsichtigten und dass sie sich beeilen und am Abend an Bord kommen sollten, da wir wussten, dass die Indianer ihre Pläne nur nachts oder bei Tagesanbruch durchführen. Denn das ist ihre Überraschungsstunde bei den meisten ihrer Unternehmungen.

Als der Abend gekommen war, befahl der Sieur de Poutrincourt, die Schaluppe zum Land zu senden, um die dort verbliebenen Männer zu holen. Dies geschah, sobald die Gezeiten es erlaubten, und man sagte denen am Ufer, dass sie sich aus dem ihnen dargelegten Grund an Bord begeben sollten. Sie weigerten sich jedoch, trotz aller Vorhaltungen, des Verweises auf die Gefahren, die sie liefen und des Hinweises, dass sie dadurch ihrem Chef gegenüber ungehorsam wären. Sie gingen hierauf nicht ein mit Ausnahme eines persönlichen Dieners des Sieur de Poutrincourt, der auf die Schaluppe ging. Aber zwei andere gingen von der Schaluppe herunter und zu den dreien, die schon an Land waren und blieben dort, um Biskuits zu essen, die man nach dem Brot machte, das man gebacken hatte. Da sie nicht tun wollten, was man ihnen sagte, fuhr die Schaluppe zum Schiff zurück. Man erstattete dem Sieur de Poutrincourt nicht Bericht, denn dieser ruhte sich aus. Er war vielmehr der Meinung, dass nun alle an Bord des Schiffes seien.

Am folgenden Morgen, dem 15. Oktober, verfehlten die Indianer nicht zu kommen, um zu sehen, in welchem Zustand sich unsere Leute befanden. Sie fanden sie schlafend außer einem, der am Feuer saß. Als die Indianer sie so sahen, kamen sie, es waren 400, leise über einen kleinen Hügel und schossen von dort eine solche Pfeilsalve ab, dass unsere Leute sich nicht erheben konnten, ohne totgeschossen zu werden. Sie rannten so schnell, wie sie konnten, auf unsere Pinasse zu und schrien ›Hilfe, sie bringen uns um‹; ein Teil fiel tot ins Wasser; die anderen waren alle gespickt mit Pfeilen, und einer von ihnen starb etwas später. Die Indianer veranstalteten einen fürchterlichen Lärm, mit einem Geheule, das sich ganz schrecklich anhörte.

Diesen Lärm und die Schreie unserer Leute hörend, rief die Wache auf unserem Schiff, ›Zu den Waffen‹, ›Man bringt unsere Leute um‹. Daraufhin ergriff jeder von uns sofort seine Waffen, und umgehend stiegen 15 oder 16 von uns in die Schaluppe, um an Land zu fahren. Aber da wir das Ufer wegen einer Sandbank, die sich zwischen ihm und uns befand, nicht erreichen konnten, sprangen wir ins Wasser und wateten von dieser Bank aus hinüber ans Ufer, etwa einen Musketenschuss weit. Sobald wir dort ankamen und die Indianer uns in Bogenschussweite sahen, flohen sie ins Land hinein. Sie zu verfolgen, hätte nichts gebracht, denn sie sind unheimlich schnell. Alles, was wir tun konnten, war, die Toten wegzutragen und sie bei einem Kreuz zu begraben, das wir am Vortag errichtet hatten. Dann suchten wir in der Gegend umher, ob wir noch welche von ihnen sehen würden, aber dies war nur Zeitverlust. Als wir das verstanden, kehrten wir um. Drei Stunden später erschienen sie wieder am Ufer. Wir gaben mehrere Schüsse aus unserer kleinen Messingkanone auf sie ab. Sobald sie den Knall hörten, warfen sie sich auf die Erde, um nicht getroffen zu werden. Dann warfen sie das Kreuz um, um uns zu verhöhnen, und gruben die Leichen wieder aus. Dies missfiel uns sehr und ließ uns ein zweites Mal auf sie zustürmen. Aber sie entflohen wieder wie das erste Mal. Wir richteten das Kreuz erneut auf und begruben die Leichen nochmals, die sie zwischen das Heidekraut hierhin und dorthin geworfen hatten. Dieses zündeten sie dann an, um die Leichen zu verbrennen. Wir kehrten zurück, ohne mehr als zuvor gegen sie ausgerichtet zu haben. Wir sahen, dass wir uns offensichtlich für diesen Hieb nicht rächen konnten und dass wir die Angelegenheit zurückstellen mussten, bis Gott es anders wollte.

Am 16. dieses Monats fuhren wir von Misfortune Harbour ab, den wir so nannten wegen des Desasters, das wir dort erlitten. Dieser Ort liegt auf 41° 20' und einige zwölf oder 13 Meilen von Mallebarre entfernt.

Kapitel XV

Da das raue Wetter uns gegenwärtig nicht erlaubte, weitere Erkundungen anzustellen, fanden wir es richtig, zu unserer Wohnstätte zurückzukehren. Und was uns begegnete, bis wir dort ankamen.

Nachdem wir ungefähr sechs oder sieben Meilen gefahren waren, erblickten wir eine Insel, die wir die Zweifelhafte nannten, weil wir aus der Ferne mehrmals glaubten, dass sie etwas anderes als eine Insel[109] sei. Dann blies der Wind gegen uns, was uns zurückfahren ließ zu dem Ort, von dem wir abgefahren waren; dort verblieben wir zwei oder drei Tage, ohne dass während dieser Zeit auch nur ein Indianer kam, um uns zu besuchen.

Am 20. brachen wir erneut auf, und etwa zwölf Meilen weit die Küste nach Südwesten hin entlangfahrend kamen wir an einem kleinen Fluss vorbei, der wegen der Bänke und Felsen an seiner Mündung schwierig anzufahren ist. Ich gab ihm meinen eigenen Namen. Was wir sahen von diesen Küsten, war niedriges und sandiges Land. Der Wind blies wiederum gegen uns, und zwar sehr stürmisch, weshalb wir aufs Meer hinaussteuerten, da wir weder in der einen noch der anderen Richtung vorankamen. Aber schließlich legte der Wind sich ein wenig und wurde für uns brauchbar, aber nur, um wieder in den Misfortune Harbour hineinzufahren. Die Küste ist dort zwar niedrig, aber doch schön und gut, wenn man sich ihr auch nur schwierig nähern kann. Denn dort gibt es keinen Unterschlupf, sondern überall Riffe und sogar fast zwei Meilen vom Land entfernt nur wenig Wasser. Das höchste, das wir fanden, war in einige Gräben sieben oder acht Faden, und dies dauerte nur die Länge eines Kabels, und man kam alsbald wieder in Tiefen von zwei oder drei Faden.

109 Vermutlich Martha's Vineyard.

Niemand sollte sich dorthin trauen, es sei denn, er hätte den Ort mit der Sonde in der Hand gut erkundet.

Einige Stunden, nachdem wir im Hafen angekommen waren, verlor Pont-Gravés Sohn namens Robert eine Hand, als er eine Muskete abschoß, die in seiner Hand in mehrere Teile zerbarst, aber ohne dabei einen der Umstehenden zu verletzen.

Als wir nun sahen, dass der Wind uns immerzu entgegen blies und wir nicht auf die See hinausfahren konnten, beschlossen wir, inzwischen einige Indianer von hier zu ergreifen und sie zu unserer Wohnstätte zu bringen. Dort sollten sie Weizen mit einer Handmühle mahlen, zur Strafe für die fünf oder sechs Morde, die sie an unseren Leuten begangen hatten. Doch dies war sehr schwer zu verwirklichen. Denn wenn wir bewaffnet auf sie zugingen in der Absicht, mit ihnen zu kämpfen, würden sie in die Wälder fliehen, wo wir sie nicht fangen konnten. Man musste also zu trickreichen Maßnahmen greifen. Dies ist, was wir beschlossen: Wenn sie zu uns kommen würden, um wieder Freund mit uns zu sein, würden wir sie umschmeicheln, indem wir ihnen Perlenketten und andere Kleinigkeiten zeigten und mehrmals beteuerten, dass sie sicher seien. Dann würden wir auf der schwer bewaffneten Schaluppe die muskulösesten und kräftigsten Männer, die wir hatten, jeder mit einer Perlenkette und einer Lunte an seinem Arm, aufs Ufer setzen, wo sich die Indianer befanden; unsere Männer sollten vorgeben, mit ihnen zu rauchen (jeder mit einem Ende glühender Lunte, um bei ihnen keinen Verdacht aufkommen zu lassen, da es üblich war, Feuer am Ende einer Schnur mit sich zu tragen, um den Tabak anzünden zu können). Wir würden sie dann mit sanften Worten umschmeicheln, damit sie die Schaluppe bestiegen. Sollten sie nicht einsteigen wollen, würde jeder unserer Leute, wenn sie näher kämen, seinen Mann auswählen und, die Perlenkette um dessen Hals werfend ihm gleichzeitig auch ein Seil umwerfen, um ihn mit Gewalt an Bord zu ziehen. Falls sie einen zu großen Tumult verursachen würden und man sie nicht würde überwältigen können, würde man das Seil gut zuziehen und sie erstechen. Und wenn zufälligerweise einige entkämen, dann würde es an Land

Leute geben, die sie mit dem Säbel angriffen. Unterdessen würde man in unserer Pinasse die kleinen Kanonen bereithalten, um auf ihre Stammesbrüder zu schießen, sollten solche ihnen zu Hilfe kommen. Unter dem Schutz der Kanonen würde die Schaluppe sich sicher zurückziehen können. Das Ganze wurde dann bestens durchgeführt, wie es geplant war.

Einige Tage nach diesen Ereignissen kamen einige Indianer jeweils zu dritt oder zu viert an das Meeresufer und machten uns Zeichen, zu ihnen zu kommen. Aber wir sahen deutlich ihre Hauptmasse in einem Hinterhalt hinter Büschen am Fuß eines kleinen Hügels liegen; und ich glaube, dass sie uns lediglich in der Schaluppe abfangen wollten, um eine Anzahl von Pfeilen auf uns zu schießen und dann die Flucht zu ergreifen. Gleichwohl ließ sich der Sieur de Poutrincourt nicht davon abbringen, mit zehn von uns ans Ufer zu gehen, gut bewaffnet und entschlossen, sie anzugreifen, wenn sich Gelegenheit dazu böte. Um auszusteigen, fuhren wir zu einer Stelle, die unserer Meinung nach außerhalb ihres Hinterhalts lag, sodass sie uns nicht überraschen konnten. Wir setzten dort drei oder vier Mann mit dem Sieur de Poutrincourt an Land. Die Übrigen verließen die Schaluppe nicht, um sie in Reserve und für einen Notfall bereitzuhalten. Wir stiegen auf einen Erdhügel und gingen um den Wald herum, um zu sehen, ob wir den erwähnten Hinterhalt deutlicher entdecken könnten. Als sie sahen, wie frei wir auf sie zugingen, hoben sie die Belagerung auf und begaben sich an andere Plätze, die wir nicht entdecken konnten. Von den vier Indianern sahen wir dann nur noch zwei; diese entfernten sich ganz ruhig. Beim Weggehen machten sie uns Zeichen, dass wir unsere Schaluppe anderswohin bringen sollten, offenbar weil deren jetziger Platz nicht ihren Plänen entsprach. Und da wir sahen, dass sie nicht beabsichtigten, zu uns zu kommen, stiegen wir wieder ein und fuhren zu dem Platz, den sie uns wiesen; dort war der zweite Hinterhalt, den sie in dem Versuch angelegt hatten, uns ohne Waffen unter Bezeugungen der Freundschaft heranzubringen. Für diesmal sollte dies aber nicht geschehen. Gleichwohl waren wir ihnen sehr nahe, ohne den Hinterhalt zu erkennen, der unserer Meinung nach nicht weit weg war. Als unsere Schaluppe sich dem Ufer näherte, flüchteten sie, wie auch die im Hinterhalt; auf diese gaben wir einige Musketenschüsse ab, da wir sahen, dass sie lediglich die Absicht gehabt hatten, uns durch Liebenswürdigkeit zu umgarnen. Doch sie täuschten sich; denn wir erkannten deutlich, dass sie nur Böses im Sinn hatten. Wir zogen uns auf unsere Pinasse zurück, nachdem wir das uns Mögliche getan hatten.

Am selben Tag beschloss der Sieur de Poutrincourt, zu unserer Wohnstätte zurückzukehren, da wir vier oder fünf Kranke und Verletzte hatten, deren Wunden mangels Wundsalben schlimmer wurden. Denn unser Chirurg hatte von letzteren nur wenig mitgenommen, was ein großer Fehler von ihm war und den Kranken ebenso wie auch uns große Pein bereitete. Denn der Wundgeruch war so stark, dass man ihn in einem kleinen Schiff wie dem unsrigen kaum ertragen konnte. Und wir fürchteten, dass sich die Krankheiten ausbreiten könnten. Außerdem hatten wir nur noch Lebensmittelvorräte für acht oder zehn weitere Tage, wie sparsam wir auch damit umgingen; und wir wussten nicht, ob die Rückfahrt so lange benötigen würde wie die Hinfahrt, welche fast zwei Monate gedauert hatte.

Nachdem wir unsere Entscheidung getroffen hatten, segelten wir zumindest mit der Befriedigung ab, dass Gott die Missetaten dieser Barbaren nicht unbestraft gelassen hatte. Wir waren nur bis 41° 30' Breite gekommen, also lediglich einen halben Grad weiter, als wohin der Sieur de Monts auf seiner Entdeckungsreise gefahren war. Somit segelten wir nun von diesem Hafen ab.

Am nächsten Tag ankerten wir nahe bei Mallebarre[110], wo wir bis zum 28. des Monats blieben, bis wir wieder die Segel setzten. An diesem Tag war es ziemlich kalt, und es schneite ein wenig. Wir steuerten direkt auf Norumbega, oder Isle Haute[111], zu. Kurs nehmend in Richtung Ost-Nord-Ost, waren wir wegen schlechten Wetters zwei Tage auf See, ohne Land zu sehen. In

110 S. Fußnote 87.
111 S. Fußnote 46.

der folgenden Nacht erblickten wir zwischen Kennebec und Norumbega liegende Inseln. Der Wind blies so stark, dass wir uns gezwungen sahen, auf das Meer hinauszufahren, um den Tag zu erwarten. Dabei entfernten wir uns so weit vom Land, obwohl wir nur wenig Segel setzten, dass wir es erst am nächsten Tag wieder erblickten, als wir uns vor der Isle Haute befanden.

An diesem letzten Oktobertag brach zwischen Mount Desert Island und Crow Cape[112] unser Steuerruder in mehrere Teile, ohne dass wir wussten, warum. Jeder sagte seine Ansicht hierzu. Die Nacht kam mit einer frischen Brise, und wir befanden uns zwischen einer Menge Inseln und Felsen, wohin der Wind uns getrieben hatte; so beschlossen wir, uns nach Möglichkeit auf das erste Land zu retten, dem wir begegneten.

Eine Zeitlang waren wir dem Wind und dem Meer ausgeliefert und hatten lediglich das Focksegel gesetzt; aber das Schlimmste war, dass die Nacht schwarz war und wir nicht wussten, wohin wir fuhren. Denn unsere Pinasse war nicht zu steuern, obwohl wir das Mögliche unternahmen. Wir ergriffen manchmal das Tuch unseres Focksegels mit den Händen, was ein wenig zu steuern half. Wir sondierten ständig, um zu versuchen, Grund zu finden, wo wir ankern und uns vorbereiten könnten auf das, was noch kommen mochte. Wir fanden jedoch keinen. Endlich, als wir schneller fuhren als wir wollten, wurde entschieden, hinten ein Ruder ins Wasser zu bringen, sodass einige Männer gemeinsam uns zu einer Insel steuern konnten, die wir bemerkt hatten und wo wir uns vor dem Wind schützen konnten. Wir brachten hinten auch zwei weitere Ruder auf den Seiten der Pinasse ins Wasser, um denen zu helfen, die das erste Ruder hielten, um das Schiff nach der einen oder der anderen Seite hin ans Ziel zu bringen. Diese Erfindung war so dienlich, dass wir in die gewünschte Richtung fuhren und hinter die Spitze der Insel kamen, die wir erblickt hatten. Dort warfen wir unseren Anker aus in 21 Faden Tiefe. Dann erwarteten wir den Tag, um herauszufinden, wo wir waren und um einen Ort zu suchen,

112 S. Fußnote 93.

wo wir ein anderes Steuerruder machen konnten. Der Wind legte sich. Bei Tag fanden wir heraus, dass wir uns nahe der von Riffen eingesäumten Ordered Islands[113] befanden. Da lobten wir Gott, weil er uns so wundersam behütet hatte inmitten so vieler Gefahren.

Am 1. November fuhren wir zu einem Platz, den wir für geeignet hielten, unser Schiff auf Land zu setzen und unsere Ruderpinne zu reparieren. An diesem Tag ging ich an Land und sah dort Eis von zwei Zoll Dicke, das wohl schon acht oder zehn Tage alt war. Ich sah deutlich, dass sich die Temperatur dieses Ortes stark von derjenigen in Mallebarre und Misfortune Harbour unterschied. Denn dort war das Laub der Bäume noch nicht abgestorben, noch war es abgefallen als wir abfuhren; und hier waren alle Blätter bereits abgefallen, und es war viel kälter als bei Misfortune Harbour.

Am nächsten Tag, als wir gerade die Pinasse aufs Land setzen wollten, kam ein Kanu mit Etechemin-Indianern an, die dem Indianer, den wir in unserer Pinasse hatten, nämlich Secondon, sagten, dass Iouaniscou und seine Kameraden einige andere Indianer umgebracht und Frauen als Gefangene fortgebracht hätten, und dass sie dieselben nahe Mount Desert Island hingerichtet hätten.

Am 9. des Monats fuhren wir von nahe dem Crow Cape[114] ab und warfen gleichen Tags Anker an der Petit Passage des Flusses Sainte-Croix.

Am nächsten Morgen setzten wir unseren Indianer an Land und gaben ihm einige Vorräte. Er war sehr zufrieden damit und glücklich, dass er diese Reise mit uns gemacht hatte, und nahm einige Skalpe von Indianern mit, die bei Misfortune Harbour getötet worden waren. Am gleichen Tag ankerten wir in einer sehr schönen kleinen Bucht auf der Südseite der Menane-Insel.

Am 12. des Monats hissten wir die Segel. Doch unterwegs versetzte die Schaluppe, die wir hinter unserer Pinasse zogen,

113 S. Fußnote 41.
114 S. Fußnote 93.

dieser einen so starken und schweren Stoß, dass sie der Pinasse ein Leck schlug und das ganze Oberteil verwüstete; und beim Rückprall zerbrach sie die Eisenhalterungen unseres Steuerruders. Wir dachten zuerst, dass ihr erster Stoß einige unserer unteren Planken eingeschlagen hätte, wodurch wir dann untergegangen wären. Denn der Wind war so stark, dass wir nur unser Focksegel hatten setzen können. Aber nachdem wir den Schaden betrachtet hatten, der nur gering war und es keine weitere Gefahr gab, gelang es uns, mit Tauen das Steuerruder notdürftig wieder herzurichten, sodass wir damit vorerst weiterfahren konnten. Dies ging allerdings nur bis zum 14. November, als wir bei der Einfahrt nach Port Royal dachten, dass wir an einer Felsspitze zerschellen würden. Aber Gott rettete uns auch aus dieser Gefahr, so wie aus vielen anderen, in denen wir uns befunden hatten.

Kapitel XVI

Rückkunft von den oben erwähnten Erkundungen, und was sich während des Winters ereignete.

Bei unserer Rückkunft grüßte uns Lescarbot, der in der Wohnstätte geblieben war mit einigen Späßen zu unserer Unterhaltung, zusammen mit anderen, die ebenfalls dort geblieben waren.

Nachdem wir gelandet waren und Atem geholt hatten, begannen alle, kleine Gärten anzulegen. Ich kümmerte mich um meinen in Erwartung des Frühjahrs, um dann verschiedene Arten von Getreide zu säen, die wir aus Frankreich mitgebracht hatten und die in allen Gärten gut wachsen würden.

Der Sieur de Poutrincourt andererseits ließ eineinhalb Meilen von unserer Wohnstätte eine Wassermühle bauen, nahe an dem Punkt, wo man schon Weizen gesät hatte. Die Mühle wurde nahe einem Wasserfall errichtet, der aus einem kleinen Flüsschen kommt. Dieses ist wegen der großen Zahl von Felsen darin nicht schiffbar und mündet in einen kleinen See. An diesem Ort gibt es zur gegebenen Jahreszeit eine solche Überfülle von Heringen, dass man Schaluppen damit füllen könnte, wenn man sich die Mühe machen und die notwendigen Geräte mitbringen wollte. Daher kommen die Indianer des Landes manchmal dorthin um zu fischen. Wir machten auch eine gute Menge Holzkohle für die Schmiede. Und während des Winters begann ich, um nicht müßig zu bleiben, einen Weg am Wald entlang herzurichten, um zu einem kleinen Fluss gelangen zu können, der eine Art Bach ist; wir nannten ihn den Forellenbach, wegen der vielen Forellen darin. Ich bat den Sieur de Poutrincourt um zwei oder drei Leute, die er mir gab, um mir beim Bau dieses Wegs zu helfen. Ich kam so gut voran, dass ich ihn in kurzer Zeit freigelegt hatte. Er geht bis zum Forellenbach und ist fast 2000 Schritt lang; er diente uns gut, um uns unter dem Schatten der Bäume zu ergehen, die ich auf beiden Seiten hatte stehen lassen. Dies veranlasste den

Sieur de Poutrincoourt, einen anderen machen zu lassen durch den Wald, um direkt quer durch den Wald zur Einfahrt von Port Royal zu kommen, über eine Entfernung von dreieinhalb Meilen zu Land von unserer Wohnstätte aus. Er ließ die Arbeit beginnen, und sie kam von dem Forellenbach an etwa eine Meile weit; aber er ließ sie nicht fertigstellen, weil sie zu aufwendig war, und er wandte sich anderen Dingen zu, die damals nötiger waren. Einige Zeit nach unserer Ankunft erblickten wir eine Schaluppe mit einigen Indianern, die uns sagten, dass man an dem Ort, von dem sie kamen, nämlich Norumbega, einen Indianer getötet habe, der einer unserer Freunde gewesen sei; dies sei aus Rache geschehen, weil der Indianer Iouaniscou und seine Leute einige Leute von Norumbega und Kennebec umgebracht hätten, wie ich schon erwähnt habe; und dass Etechemin dies dem Indianer Secondon gesagt hätten, der damals bei uns war.

Der Indianer, der in der Schaluppe das Kommando führte, hieß Ouagimou und war vertraut mit Bessabes, dem Häuptling am Norumbega-Fluss, von dem er den Leichnam Panonias' forderte, der getötet worden war. Bessabes gewährte ihm dies und bat ihn, seinen Freunden zu sagen, dass er dessen Tod sehr bedauere; er versicherte ihm, dass Panonias ohne sein Wissen getötet worden sei; da es nicht sein Fehler gewesen sei, bitte er ihn, ihnen zu sagen, dass er wünsche, dass sie Freunde blieben wie zuvor. Ouagimou versprach ihm, dies zu tun, sobald er zurück sei. Er sagte uns, dass er, solange er in ihrer Gesellschaft gewesen sei, sich sehr unwohl gefühlt habe, wie freundlich sie ihm auch begegneten; denn sie konnten ihr Verhalten rasch ändern, und er fürchtete, dass sie ihm das Gleiche antun würden, was sie dem Verstorbenen angetan hatten. Daher verweilte er nicht lange nach seinem Abschied. Er brachte den Leichnam in seiner Schaluppe von Norumbega bis zu unserer Wohnstätte, über eine Entfernung von 50 Meilen.

Sobald der Leichnam an Land war, begannen seine Verwandten und Freunde neben ihm Schreie auszustoßen; sie hatten ihre Gesichter schwarz angemalt, was ihre Weise zu trauern ist. Nach einer guten Weile Weinen nahmen sie eine Menge Tabak und zwei oder drei Hunde und andere Dinge, die dem Verstorbenen gehört hatten, und verbrannten sie am Meeresufer einige 1000 Schritte von unserer Wohnstätte. Ihre Schreie setzten sich fort, bis sie in ihre Hütte zurückgekehrt waren.

Am folgenden Tag nahmen sie den Leichnam des Verstorbenen und wickelten ihn in eine dünne Wolldecke ein, welche ihm zu geben Membertou, der Häuptling in dieser Gegend, mich stark bedrängt hatte, da sie schön und groß war. Er gab sie den Verwandten des erwähnten Verstorbenen, die sich bei mir dafür sehr bedankten. Nachdem also der Leichnam eingewickelt war, verzierten sie ihn mit verschiedenen Arten von Ornamenten, nämlich Perlenketten und Armbändern unterschiedlicher Farbe, malten sein Gesicht an und steckten ihm mehrere Federn und andere schöne Dinge, die sie hatten, an den Kopf. Dann setzten sie den Leichnam auf seine Knie zwischen zwei Stöcke und stützten ihn unter den Armen mit einem anderen. Und bei seinem Körper waren seine Mutter, seine Frau und andere Verwandte und Freunde, sowohl Frauen als auch Mädchen, und heulten wie Hunde.

Während die Frauen und Mädchen lamentierten, hielt der Indianer namens Membertou eine Ansprache an seine Kameraden über den Tod des Verstorbenen und forderte jeden auf, Rache zu nehmen für die Bosheit und den Verrat der Untertanen des Bessabez und sobald wie möglich Krieg gegen sie zu führen. Alle versprachen, dies im Frühjahr zu tun.

Nachdem die Ansprache gehalten war und die Schreie aufgehört hatten, trugen sie den Leichnam des Verstorbenen in eine andere Hütte. Nachdem sie geraucht hatten, wickelten sie ihn wieder ein, nun in eine Elchhaut, banden diese gut zu und bewahrten ihn auf, bis eine größere Anzahl von Indianern sich versammelt hätte. Von jedem von diesen hoffte der Bruder des Verstorbenen, Geschenke zu erhalten, denn es ist bei ihnen Sitte, solche denen zu geben, die Vater, Mutter, Frau, Brüder oder Schwestern verloren haben.

In der Nacht des 26. Dezember wehte ein starker Wind aus Südost, der mehrere Bäume umwarf.

Am letzten Dezembertag begann es zu schneien, und das setzte sich bis zum nächsten Morgen fort.

Am folgenden 16. Januar 1607 fand der Sieur de Poutrincourt, der zum Ursprung des Equille-Flusses gehen wollte, denselben etwa zwei Meilen von unserer Wohnstätte mit Eis zugefroren, und er musste umkehren, da er nicht weiter gehen konnte.

Am 8. Februar begannen einige Eisschollen den Fluss herunterzutreiben und in den Hafen hinein, der nur entlang der Küste zufriert.

Am folgenden 10. Mai schneite es die ganze Nacht hindurch, und gegen Ende des Monats kam mehrmals starker weißer Frost, der bis zum 10. und 12. Juni dauerte, obwohl alle Bäume schon Blätter trugen außer den Eichen, die ihre erst um den 15. herum austreiben.

Der Winter war nicht so lang wie in den vorhergehenden Jahren, noch war der Schnee so lange auf dem Boden. Es regnete ziemlich oft, und die Indianer litten große Hungersnot, weil es so wenig Schnee gab. Der Sieur de Poutrincourt gab einem Teil von ihnen, die bei uns waren, zu essen, nämlich Membertou, seiner Frau und seinen Kindern sowie einigen anderen.

Wir verbrachten diesen Winter ziemlich wohlgemut und bei gutem Essen mithilfe des Ordens der guten Laune, den ich gründete und den jedermann wohltuend fand für die Gesundheit, und nützlicher als alle Arten von Arzneien, die wir sonst vielleicht benutzt hätten. Dieser Orden bestand darin, dass wir einem unserer Leute mit ein paar kleinen Zeremonien eine Kette um den Hals legten und ihm auftrugen, diesen Tag lang auf die Jagd zu gehen. Am folgenden Tag wurde sie dem nächsten verliehen, und so nacheinander. Alle wetteiferten miteinander, wer das Beste tun konnte und die schönste Beute brächte. Wir kamen dabei nicht schlecht weg und die Indianer auch nicht, die bei uns waren.

Es gab Skorbut bei unseren Leuten, aber nicht so heftig wie in den Vorjahren. Gleichwohl starben sieben daran, und ein anderer an einer Pfeilwunde, die er von den Indianern bei Misfortune Harbour erhalten hatte.

Unser Chirurg namens Meister Etienne öffnete einige Leichen und fand darin fast alle inneren Organe angegriffen, wie man es auch in den Vorjahren vorgefunden hatte. Es gab acht oder zehn Kranke, die im Frühjahr genasen.

Als der März und der April begannen, ging jeder daran, die Gärten vorzubereiten für die Aussaat der Samen im Mai, was die richtige Zeit dafür ist. Das Gesäte ging so gut auf, wie es dies in Frankreich getan hätte, aber ein wenig später. Ich glaube, dass in Frankreich die Saison höchstens eineinhalb Monate früher beginnt. Und wie ich gesagt habe, die Zeit für die Aussaat ist im Mai, obwohl man manchmal auch im April säen kann, aber dieser Samen geht nicht früher auf als der, der im Mai gesät wird, wenn es keinen Frost mehr gibt, der den Pflanzen schaden könnte außer solchem, der den sehr zarten auch später noch zusetzt; denn es gibt viele, die dem harten Frost nicht widerstehen können, es sei denn, man widmet ihnen große Fürsorge und Arbeit.

Am 24. Mai erblickten wir eine kleine Pinasse von sechs oder sieben Tonnen Größe und sandten Leute aus, um sie zu inspizieren. Sie fanden, dass es ein junger Mann aus Saint-Malo war namens Chevalier, der Briefe vom Sieur de Monts für den Sieur de Poutrincourt brachte, in denen er diesen anwies, seine Partner nach Frankreich zurückzubringen. Er berichtete uns von der Geburt Monseigneurs, des Herzogs von Orleans, was uns erfreute, und wir zündeten Freudenfeuer an und sangen das *Te Deum*.

Zwischen Anfang Juni und dem 20. des Monats versammelten sich an diesem Ort einige 30 oder 40 Indianer, um auf den Kriegspfad zu gehen gegen die Almouchiquois; sie wollten den Tod des Panonias rächen, der von den Indianern gemäß ihrer Sitte begraben worden war, wonach sie seinem Bruder eine Anzahl Pelze gegeben hatten. Nachdem sie diese Geschenke gemacht hatten, verließen sie alle diesen Ort am 29. Juni und begaben sich auf den Kriegspfad nach Chouacoet [Saco], dem Land der Almouchiquois.

Einige Tage nach der Ankunft des erwähnten Chevalier sandte ihn der Sieur de Poutrincourt zu den Flüssen St. John und

Sainte-Croix für einen Pelzhandel. Aber er gestattete ihm nicht, dorthin ohne Leute zu gehen, welche die Pinasse zurückbringen sollten. Denn einige Personen hatten berichtet, dass er auf dem Schiff, auf dem er gekommen war, nach Frankreich zurückkehren und uns in unserer Wohnstätte zurücklassen wollte. Lescarbot, der Port Royal noch nicht verlassen hatte, war unter denen, die ihn begleiteten. Dies ist das Weiteste, wohin er kam, nur 14 oder 15 Meilen über das erwähnte Port Royal hinaus.

Während er auf die Rückkunft des erwähnten Chevalier wartete, begab sich der Sieur de Poutrincourt in einer Schaluppe mit sieben oder acht Mann zum Ende der French Bay[115]. Nachdem wir den Hafen verlassen hatten, segelten wir in Richtung Nordost-Viertel-Ost einige 25 Meilen weit entlang der Küste und kamen zu einem Kap, wo der Sieur de Poutrincourt auf einen Felsen klettern wollte, der mehr als 30 Klafter hoch ist. Hier riskierte er sein Leben. Denn als er auf dem Gipfel des sehr schmalen Felsens ankam, den er nur mit ziemlicher Mühe erreicht hatte, erzitterte dieser unter ihm. Der Grund war, dass sich dort im Laufe der Zeit Moos zu einer Dicke von vier bis fünf Fuß angehäuft hatte, und da es nicht fest war, zitterte es, wenn man darauf trat. Und sehr oft fielen, sobald man den Fuß auf einen Stein stellte, drei oder vier andere nach unten. So kam es, dass er mit Mühe nach oben gestiegen war, aber nur mit noch größerer Schwierigkeit herunter kam, obwohl einige Matrosen – diese sind ziemlich gute Kletterer – ihm eine Trosse (nämlich ein Tau von mäßiger Dicke) brachten, mithilfe dessen er herunterstieg. Dieser Ort erhielt den Namen Cape Poutrincourt[116] und liegt auf 45° 40' Breite.

Wir fuhren bis ans Ende dieser Bucht[117], sahen aber nichts außer einigen weißen Steinen, aus denen man Kalk machen kann. Aber es gab davon nur wenige, und außerdem eine Menge Seemöwen, also Vögel, auf einigen Inseln. Wir fingen so viele

115 S. Fußnote 12.

116 Vermutlich Cape Split, Nova Scotia.

117 Minas Basin, Nova Scotia.

von ihnen, wie uns beliebte, und fuhren die Ufer der Bucht entlang, um zum Port of Mines zu kommen, wo ich zuvor schon gewesen war. Ich führte den Sieur de Poutrincourt dorthin, und er fand mit großer Mühe ein paar kleine Stückchen Kupfer. Diese ganze Bucht mag etwa 20 Meilen Umfang haben, und an ihrem Ende befindet sich ein kleiner, sehr seichter Fluss, der nur wenig Wasser führt. Es gibt noch eine Anzahl anderer kleiner Bäche und einige Plätze mit Häfen, aber diese sind nur gut bei Flut, wenn das Wasser auf fünf Faden steigt. In einem dieser Häfen, drei oder vier Meilen nördlich des Cape Poutrincourt, fanden wir ein sehr altes Kreuz. Es war ganz von Moos bedeckt und fast ganz verrottet, ein untrügliches Zeichen dafür, dass Christen schon hier gewesen waren. Dieses ganze Land ist mit dichten Wäldern bedeckt und nicht sehr einladend, außer an einigen Stellen.

Vom Port of Mines kehrten wir zu unserer Wohnstätte zurück. In dieser Bucht gibt es große Gezeitenströmungen nach Südwesten hin.

Am 12. Juli traf Ralleau, der Sekretär des Sieur de Monts, mit drei anderen Leuten in einer Schaluppe ein. Sie kamen von einem Platz namens Ingonish[118], von wo es bis Port Royal einige 160 oder 170 Meilen sind. Er bestätigte dem Sieur de Poutrincourt, was Chevalier ihm berichtet hatte.

Am 3. Juli rüsteten wir drei Pinassen aus, um die Leute und Vorräte, die noch in unserer Wohnstätte waren, nach Canso zu bringen, das auf 45° 40' Breite 115 Meilen von unserer Wohnstätte entfernt liegt. Dort war ein Schiff, das Fischfang betrieb und uns zurück nach Frankreich nehmen sollte.

Der Sieur de Poutrincourt sandte alle seine Gefährten zurück, verblieb aber mit acht anderen in der Wohnstätte, um dann einiges Getreide nach Frankreich mitnehmen zu können, das noch nicht reif war.

Am 10. August kam Membertou vom Krieg zurück. Er sagte uns, dass er bei Chouacoet [Saco] gewesen sei und 20 Indianer getötet sowie zehn oder zwölf andere verwundet habe; und dass

118 Auf Cape Breton Island.

Onemechin, der Häuptling jenes Ortes, sowie Marchin und ein anderer von Sasinou, dem Häuptling am Kennebec-Fluss, getötet worden seien, und dieser wiederum danach durch die Kameraden Onemechins und Marchins. Dieser ganze Krieg wurde nur geführt wegen Panonias, einem unserer indianischen Freunde, der, wie ich oben erzählt habe, getötet worden war bei Norumbega von den Leuten der erwähnten Onemechin und Marchin.

Die Häuptlinge, die nun Onemechin, Marchin und Sasinou ersetzt haben, sind deren Söhne, nämlich für Sasinou Pememen; Abriou für seinen Vater Marchin; und für Onemechin Queconsicq. Die beiden letzteren wurden von den Leuten Mabretous verwundet, welche ihnen unter dem Vorwand von Freundschaft einen Hinterhalt legten, wie es ihre Gewohnheit ist, wovor man sich hüten muss, sowohl vor den einen wie vor den anderen.

Kapitel XVII

Die Wohnstätte verlassen. Rückkehr nach Frankreich des Sieur de Poutrincourt und aller seiner Leute.

Am 11. des Monats August fuhren wir in einer Schaluppe von unserer Wohnstätte ab und segelten die Küste entlang bis zum Cape Fourchu, wo ich zuvor schon gewesen war. Unsere Fahrt fortsetzend entlang der Küste bis zum Cape La Have (wo wir, am 8. Mai 1604, mit dem Sieur de Monts das erste Mal an Land gegangen waren), erkundeten wir die Küste von dieser Stelle bis Canso, über eine Entfernung von 60 Meilen; dies hatte ich noch nicht getan, und ich schaute sie daher sehr sorgfältig an und machte eine Karte davon, wie auch vom Rest.

Dann fuhren wir vom Cape La Have ab und segelten nach Sesambre[119], einer Insel, die von einigen Leuten aus Saint-Malo so benannt wurde, und die 15 Meilen von La Have entfernt liegt. Auf dieser Route gibt es eine Menge Inseln, die wir Martyrs genannt hatten, weil hier einstmals Franzosen von Indianern getötet wurden. Diese Inseln liegen in mehreren Buchten und Baien; in einer von diesen gibt es einen Fluss namens Sainte-Marguerite[120], der sieben Meilen von Sesambre entfernt fließt, welches auf einer Breite von 44° 25' liegt. Die Inseln und Küsten sind bewachsen mit einer Menge von Fichten, Tannen, Birken und anderen Bäumen schlechter Qualität. Fische gibt es in Fülle und ebenso jagdbare Vögel.

Ab Sesambre kamen wir an einer hindernisfreien, sieben oder acht Meilen Umfang zeigenden Bucht[121] vorbei, wo es keine Inseln in der Einfahrt gibt, sondern solche nur ganz hinten, wo ein kleiner, seichter Fluss mündet. Wir fuhren, nach

119 Heute Sambro, Nova Scotia.
120 Der Name überlebt noch in St. Margaret's Bay, Nova Scotia.
121 Heute der Hafen von Halifax.

Nordost-Viertel-Ost steuernd, an einen Hafen, der acht Meilen von Sesambre entfernt liegt und ziemlich gut ist für Schiffe von 100 bis 120 Tonnen. Bei der Einfahrt gibt es eine Insel, von der aus man bei Ebbe ans Festland gehen kann. Wir nannten diesen Ort St. Helen's Harbour. Er liegt auf ungefähr 44° 40' Breite.[122]

Von da fuhren wir zu einer Bucht namens Bay of All Isles[123], die wohl einige 14 bis 15 Meilen Umfang hat; sie ist gefährlich wegen der dortigen Untiefen, Bänke und Riffe. Das Land erscheint sehr unattraktiv und ist mit dem gleichen Wald bedeckt wie der, den ich oben beschrieben habe. Hier wurden wir von schlechtem Wetter aufgehalten.

Von dort segelten wir nahe an einem Fluss vorüber, der von der eben genannten Bucht sechs Meilen entfernt ist und Fluss der Isle Verte[124] heißt, weil solch eine Insel in seiner Mündung liegt. Das kurze Stück Wegs, das wir zurücklegten, ist voller Felsen. Diese erstrecken sich beinahe eine Meile weit ins Meer hinein, das sich stark an ihnen bricht. Die Breite ist 45° 15'.

Von dort fuhren wir zu einem Platz, wo es eine kleine Bucht gibt und zwei oder drei Inseln sowie einen recht schönen Hafen, drei Meilen von der Isle Verte entfernt.[125] Wir segelten auch an vielen Inseln vorbei, die in einer Reihe nahe hintereinander liegen. Wir nannten sie die Ordered Islands[126]; sie sind von der Isle Verte sechs bis sieben Meilen entfernt. Danach fuhren wir durch eine andere Bucht[127], in der mehrere Inseln liegen, und kamen an einen Platz, wo wir ein Schiff fanden, das dort Fischfang betrieb zwischen den Inseln, die vom Land etwas entfernt liegen; von ihnen bis zu den Ordered Islands sind es vier Meilen. Diesen Ort nannten wir Savalette Harbour, nach dem Kapitän des Schiffes, das dort fischte. Er war Baske und bewirtete uns gut und war sehr

---

122 Entweder Musquodoboit Harbour oder Jeddore Harbour.
123 S. Fußnote 7.
124 Heute St. Mary's River.
125 Country Harbour.
126 Nicht zu verwechseln mit der Inselgruppe vor der Küste von Maine (s. Fußnote 41), der Champlain den gleichen Namen gab.
127 Tor Bay; davor liegen die Sugar Harbour Islands.

erfreut, uns zu sehen; denn es gab dort Indianer, die ihm etwas Übles antun wollten, was wir aber verhinderten.

Von diesem Ort weiterfahrend, kamen wir am 27. des Monats nach Canso, das von Savalette Harbour sechs Meilen entfernt liegt. Unterwegs kamen wir bis Canso an einer Menge Inseln vorbei, wo wir die drei Pinassen fanden, die hier gut angekommen waren. Champdoré und Lescarbot kamen heraus, um uns zu empfangen. Wir fanden auch das Schiff, das hier gefischt hatte. Es war bereit, die Segel zu setzen und wartete nur auf günstiges Wetter für seine Rückfahrt. Währenddessen vergnügten wir uns zwischen diesen Inseln, wo es so viele Himbeeren gab, dass man es gar nicht übertreiben kann.

Alle diese Küsten, die wir vom Cape Sable bis hierher entlang fuhren, sind von mittlerer Höhe und felsig; vor ihnen liegen meistens mehrere Inseln und Riffe, die sich manchmal fast zwei Meilen weit ins Meer hinaus erstrecken und das Heranfahren der Schiffe sehr erschweren. Gleichwohl fehlen entlang der Küsten und Inseln gute Häfen und Reeden nicht, man muss sie nur entdecken. Was das Land angeht, so ist es von keiner guten Qualität und weniger attraktiv, als das, welches wir sonstwo gesehen haben. Allerdings gibt es einige Flüsse oder Bäche, wo das Land ganz gefällig ist. Unbezweifelbar ist der Winter jedoch an diesen Orten kalt und dauert um die sechs oder sieben Monate lang.

Dieser Hafen Canso ist ein Ort zwischen Inseln, dem man sich wegen der Felsen und Riffe, die es um ihn herum gibt, nur sehr schwer nähern kann, außer bei gutem Wetter. Hier werden Fische sowohl zum Einsalzen als auch zum Trocknen gefangen.

Von diesem Platz bis zur Cape-Breton-Insel, die auf 45° 45' Breite und 14° 50' magnetischer Deklination liegt, sind es acht Meilen; und bis zum Cape Breton selbst sind es 25. Zwischen den beiden liegt eine große Bucht, die sich einige neun oder zehn Meilen ins Land hinein erstreckt und eine Durchfahrt bietet zwischen der Cape-Breton-Insel und dem Festland. Diese Durchfahrt führt in die große Bai des Sankt-Lorenz, von wo man nach Gaspé und zum Rocher Percé kommt, wo man auf Fischfang geht. Diese Durchfahrt an der Cap-Breton-Insel ist sehr schmal. Große Schiffe fahren wegen der großen Strömungen und Gezeitenunterschiede, die dort vorherrschen, nicht hindurch, obwohl es genügend Wasser gibt. Wir nannten den Ort Strait of Currents; er liegt auf 45° 45' Breite.

Die Cape-Breton-Insel hat die Form eines Dreiecks und ungefähr 80 Meilen Umfang. Sie ist zumeist bergig, hat aber gleichwohl einige sehr angenehme Stellen. Im Inneren gibt es eine Art See, in den das Meer von den Küsten her hineinfließt, nämlich aus den Richtungen Nord-Viertel-Nordwest und Süd-Viertel-Südost. Darin gibt es eine Menge Inseln voller sehr zahlreichen Wildes, sowie viele Arten Muscheln, darunter Austern, die aber nicht gut schmecken. Hier befinden sich auch zwei Häfen, in denen man Fischfang betreibt, nämlich English Harbour, der wohl zwei oder drei Meilen von Cape Breton entfernt ist, und Ingonish, 18 oder 20 Meilen nach Nord-Viertel-Nordwest. Die Portugiesen wollten einst diese Insel bewohnen und verbrachten einen Winter hier. Aber das raue Klima und der Frost ließen sie ihre Wohnstätte aufgeben.

Am 3. September segelten wir von Canso ab.

Am 4. waren wir vor Sable Island.

Am 6. erreichten wir die Grand Bank, wo man Fisch zum Einsalzen fängt, auf einer Breite von 45° 30'.

Am 26. waren wir, der Sondierung nach, nahe den Küsten der Bretagne und Englands, in 65 Faden Wasser, und auf einer Breite von 49° 30'.

Und am 28. liefen wir in Roscoff in der unteren Bretagne ein, wo widriger Wind uns festhielt bis zum letzten Tag des September; als dann der Wind günstig blies, segelten wir aufs Meer hinaus, um unsere Fahrt nach Saint-Malo zu beenden. Das war das Ende dieser Reisen, auf denen uns Gott ohne Schiffbruch oder Gefahr geleitet hat.

Ende der Reisen vom Jahr 1604 an bis 1608.

Zweites Buch

Die auf dem großen Strom Sankt-Lorenz unternommenen Reisen des Sieur de Champlain, Kapitän in der königlichen Marine, vom Jahr 1608 bis 1612.

Kapitel I

Entschluss des Sieur de Monts, Erkundungen im Landesinneren zu machen; Auftrag und Anschlag auf diesen durch die Basken, die das Schiff Pont-Gravés entwaffneten; und die danach getroffene Übereinkunft zwischen ihnen.

Zurück in Frankreich nach drei Jahren Aufenthalt in Neufrankreich ging ich den Sieur de Monts besuchen, dem ich die bedeutendsten Dinge berichtete, die ich seit seiner Abfahrt erlebt hatte; und ich überreichte ihm die Karte und Skizzen über die beachtenswertesten Küsten und Häfen, die es dort gibt.

Einige Zeit danach beschloss der Sieur de Monts, seine Pläne weiterzuverfolgen und die Erkundung des Gebietes des großen Sankt-Lorenz-Stroms zu Ende zu führen, wo ich im Auftrag des verstorbenen Königs HEINRICHS DES GROSSEN im Jahre 1603 einige 180 Meilen gereist war; ich hatte begonnen auf 48° 40' Breite, wo die Gaspé am Eingang des erwähnten Stroms liegt, und war bis zum großen Wasserfall gekommen, der sich auf 45° und einigen Minuten befindet, wo unsere Entdeckungsreise endete und wo die Schiffe unserer damaligen Ansicht nach nicht weiterfahren konnten; denn wir hatten das Gebiet noch nicht so gründlich erkundet, wie wir es seither getan haben.

Nun, nachdem der Sieur de Monts mit mir mehrmals über seine Absicht hinsichtlich der Erkundungen gesprochen hatte, beschloss er, dieses generöse und vorbildliche Unternehmen fortzusetzen, welche Mühen und Aufwand es ihn auch in der Vergangenheit gekostet hatte. Er ehrte mich, indem er mich für die Reise zu seinem Stellvertreter bestimmte. Zu diesem Zweck ließ er zwei Schiffe ausrüsten; in dem einen führte Pont-Gravé das Kommando, der die Verhandlungen mit den Indianern des Landes führen und mit sich auch die Schiffe zurückbringen sollte, während ich den Winter in jenem Land verbringen würde.

Um die Kosten tragen zu können, erhielt der Sieur de Monts von Seiner Majestät Briefe für ein Jahr, in denen es jedermann (sonst) untersagt wurde, Pelzhandel mit den Indianern zu treiben, unter Androhung der folgendermaßen aufgeführten Strafen.

Heinrich, durch die Gnade Gottes König von Frankreich und Navarra,

An unsere geliebten und treuen Räte, die Offiziere unserer Admiralität der Normandie, Bretagne und Aquitanien, Amtsleute, Seneschalle, Bürgermeister, Richter oder ihre Stellvertreter und an jeden von ihnen selbst im Umfang ihres Amtsbereichs, ihrer Gerichtsbarkeit und Autorität, Gruß: Aufgrund der Auskunft, die wir erhalten haben von denen, die aus Neufrankreich gekommen sind hinsichtlich der Güte und Fruchtbarkeit des Bodens in jenem Land sowie der Bereitschaft der dort wohnenden Menschen, Gott kennenzulernen, haben wir beschlossen, die Besiedlung fortzusetzen, die bereits in jenem Land begonnen hat, sodass unsere Untertanen sich dorthin begeben können, um Handel frei zu betreiben. Und auf das Angebot hin, das der Sieur de Monts, Edelmann unserer Kammer und unser General-Leutnant dort, uns gemacht hat, die erwähnte Siedlung zu errichten, falls wir ihm die Mittel und Möglichkeit gewähren, die Kosten hierfür zu tragen, haben wir es für angenehm empfunden, ihm zu versprechen und zu versichern, dass keiner unserer Untertanen als nur er selbst während eines Jahres die Erlaubnis haben wird, Pelze oder andere Waren zu tauschen in den Ländern, Gebieten, Häfen, auf den Flüssen und an anderen Zugangsorten innerhalb seines Bezirks. Dies ist unser Wille. Aus diesem Grund und in Anbetracht anderer diesbezüglicher Erwägungen befehlen wir und ordnen an, dass jeder von Euch, soweit es in seiner Macht, Gerichtsbarkeit und Autorität steht, in unserem Namen, als würden wir es selbst tun, allen Kaufleuten, Kapitänen und Schiffseignern, Matrosen und anderen Untertanen von uns, welchen Ranges und welcher Stellung sie auch sein mögen, ausdrücklich verbietet und untersagt, Schiffe auszurüsten, auf denen sie selbst, oder von ihnen engagierte andere, in Pelzen oder anderen Dingen handeln und tauschen mit den Indianern Neufrankreichs oder sie während der erwähnten Periode eines Jahres, solange die Vollmacht des erwähnten Sieur de Monts dauert, zu besuchen, mit ihnen zu verhandeln oder in Verkehr zu treten. Bei Missachtung sollen zugunsten des erwähnten de Monts die Schiffe der Schuldigen voll konfisziert werden wie auch ihre Lebensmittel, Waffen und Waren; und um die Bestrafung des Ungehorsams sicherzustellen, werdet Ihr erlauben, so wie wir es erlaubt haben und noch erlauben, dass der erwähnte Sieur de Monts oder seine Stellvertreter alle diejenigen ergreifen, festnehmen und dingfest machen, die unsere gegenwärtige Anordnung missachten, und ebenso ihre Schiffe, Waren, Waffen, Lebensmittel und Vorräte, um sie in die Hände der Justiz zu liefern und ihr zu übergeben, und vorgehen sowohl gegen die Personen wie auch gegen den Besitz der Übeltäter, so wie es notwendig sein wird. Dies ist, was wir wollen, und wir ordnen an, dass Ihr dies umgehend lesen und veröffentlichen lasst an allen Plätzen und öffentlichen Orten Eurer Autorität und Jurisdiktion, wo immer Ihr es für nötig haltet, durch unseren ersten Amtmann oder Büttel, der beauftragt wird, entweder aufgrund dieses Erlasses oder aufgrund einer Kopie davon, sachgerecht nur einmal kopiert durch unsere geliebten und treuen Räte, Notare und Sekretäre, denen hierzu, dies ist unser Wille, Autorität in Bezug auf dieses Original übertragen wird, sodass keiner unserer Untertanen vorgeben kann, er hätte nichts davon gewusst, sondern dass jedermann unserem Willen gehorcht und sich ihm entsprechend verhält. Wir weisen weiterhin alle Schiffskapitäne,

Steuerleute, Maate, Matrosen und andere Kräfte auf Schiffen in den Häfen jenes Landes an, zu erlauben, wie wir es dem erwähnten Sieur de Monts und anderen, die von ihm Vollmacht und Auftrag erhalten haben, erlaubt haben, dass ihre Schiffe betreten werden, die Pelzhandel betrieben haben, nachdem ihnen die hier besprochenen Verbote zur Kenntnis gebracht wurden. Wir wollen, dass Ihr, auf das Verlangen des erwähnten Sieur de Monts hin, seiner Stellvertreter und anderer Beauftragter, vorgeht gegen die Missachtenden und Zuwiderhandelnden, so wie es nötig sein wird: Hierfür geben wir Euch Vollmacht, Autorität, Auftrag und speziellen Befehl, trotz der Entscheidung unseres Rates vom 17. Tag des letzten Juli hinsichtlich Protesten, Privilegien durch Schutzurkunden, Anpöbelung, Widerstand oder irgendwelcher Beschwerden: Diesbezüglich, und ohne jene aufzuheben, ist es unser Wille, dass es keinen Aufschub geben wird, und wenn sich ein solcher doch ergeben wird, haben wir uns und unserem Rat die Kenntnis davon vorbehalten und reserviert, mit Ausschluss aller anderen Richter, und haben alle unsere anderen Gerichte und Richter davon ausgeschlossen und eliminiert. Denn dies ist unser Wille. Gegeben zu Paris am siebten Tag des Januar im Jahr des Heils Eintausendsechshundertundacht. Und im 19. Jahr unserer Herrschaft. Gezeichnet, Heinrich. *Und weiter unten, Durch den König, Delomenie. Und versiegelt mit einfachem Band des großen gelben Wachssiegels.*

Mit dem Original verglichen durch mich, Rat,
Notar und Sekretär des Königs

Ich begab mich nach Honfleur, um mich einzuschiffen, wo ich Pont-Gravés Schiff abfahrbereit fand, das vom Hafen am 5. April abfuhr. Ich segelte am 13. und kam am 15. Mai auf der Grand Bank an, auf 45° 15' Breite, und am 26. erblickten wir, auf 45° 45' Breite, Cape St. Mary, das zur Insel Neufundland gehört. Am 27. des Monats sichteten wir Cape St. Lawrence[128], das Teil von

128 Cape St. Lawrence ist die nördlichste Spitze von Cape Breton Island.

Cap Breton Island ist, und die vom Cape St. Mary 83 Meilen entfernte Insel Saint-Paul[129]. Am 30. des Monats erblickten wir den Rocher Percé und Gaspé, die auf der Höhe von 48° 40' Breite liegen und von wo es zum Cape St. Lawrence 70 bis 75 Meilen sind.

Am 3. Juni kamen wir vor Tadoussac an, das 80 oder 90 Meilen von Gaspé entfernt ist, und ankerten auf der Reede des Hafens, eine Meile vom Hafen selbst entfernt, der wie eine kleine Bucht in der Mündung des Flusses Saguenay liegt, wo es einen wegen seiner Schnelligkeit recht bemerkenswerten Gezeitenstrom gibt und wo manchmal ungestüme Winde herrschen, die große Kältewellen bringen. Es heißt, dass dieser Fluss vom Hafen Tadoussac bis zum ersten Wasserfall einige 45 oder 50 Meilen lang ist; er kommt aus Nordnordwest. Dieser Hafen ist klein und kann nur einige 20 Schiffe aufnehmen. Wasser gibt es genug, und er wird geschützt durch den Fluss Saguenay und eine kleine felsige Insel, die durch das Meer fast durchschnitten wird. Der Rest der Küste sind hohe Berge mit wenig Erdboden; sie sind vielmehr voller Felsen und Sand, worauf Bäume stehen, etwa Tannen und Birken. Nahe dem Hafen liegt ein kleiner, von bewaldeten Bergen umgebener Teich. Bei der Einfahrt gibt es zwei Landspitzen, eine auf der Südwestseite, die sich fast eine Meile in den Sankt-Lorenz-Strom erstreckt, welche Die Spitze St. Matthew heißt oder auch Lark Point; und die andere geht eine Achtelmeile weit nach Nordwesten und heißt All Devils' Point[130] wegen der großen Gefährlichkeit dort. Die Südsüdostwinde fegen in den Hafen, sind aber nicht bedrohlich. Der vom Saguenay her aber schon. Die zwei erwähnten Spitzen sind bei Ebbe trocken, und unser Schiff konnte nicht in den Hafen einfahren, da der Wind und die Gezeiten unpassend waren. Ich ließ sofort unser Boot aufs Wasser bringen, um im Hafen zu schauen, ob Pont-Gravé schon angekommen war. Unterwegs begegnete ich einer Schaluppe mit Pont-Gravés Steuermann und einem

129 Zwischen Cape Breton Island und Neufundland.
130 Nahe Tadoussac.

Basken, die kamen, um mir mitzuteilen, was sie erlebt hatten. Denn sie hatten die baskischen Schiffe daran hindern wollen, Handel zu treiben, in Übereinstimmung mit der Weisung, die der Sieur de Monts von Seiner Majestät erwirkt hat, nämlich, dass es keinen Schiffen erlaubt sein sollte, ohne Erlaubnis des Sieur de Monts Handel zu treiben, wie es in der Weisung klar ausgeführt wird.

Er sagte, dass trotz aller Hinweise, die Pont-Gravé im Namen Seiner Majestät ihnen übermitteln konnte, sie nicht aufhörten, Handel zu treiben, und sogar Gewalt gebrauchten. Sie hätten sich bewaffnet und verteidigten sich in ihren Schiffen so gut, dass sie sogar ihre Kanonen auf dasjenige von Pont-Gravé richteten und viele Musketenschüsse abfeuerten, sodass er schwer verwundet wurde und auch drei seiner Leute, von denen einer starb, ohne dass Pont-Gravé Widerstand leistete. Denn er wurde schon durch die erste Musketensalve niedergestreckt, die sie abfeuerten. Die Basken enterten sein Schiff und nahmen alle seine Kanonen und anderen Waffen mit, die dort waren, und sagten, dass sie Handel treiben würden trotz des Verbots des Königs, und dass sie, sobald sie zur Rückfahrt nach Frankreich bereit wären, ihm seine Kanonen und Munition zurückgeben würden, und dass ihr Vorgehen nur ihrer Sicherheit diene. Als ich alle diese Nachrichten hörte, ärgerte ich mich sehr, da sich hier ein Streit abzeichnete, ohne den wir sehr wohl ausgekommen wären.

Nun, nachdem ich von dem Steuermann all dies erfahren hatte, fragte ich ihn, was der Baske an Bord unseres Schiffes tun wollte. Er sagte, dass er zu mir käme im Auftrag ihres Kapitäns namens Darache und seiner Mannschaft, um von mir die Versicherung zu erhalten, dass ich ihnen nichts Böses antun würde, sobald unser Schiff in den Hafen käme.

Ich antwortete, dass ich nichts tun könne, bevor ich Pont-Gravé gesehen hätte. Der Baske sagte, dass sie mich unterstützen würden, falls ich etwas benötigte, womit sie helfen könnten. Was sie zu dieser Versicherung bewegte, waren lediglich die Einsicht, dass sie Unrecht getan hatten, wie sie auch zugaben, und die Furcht, dass man sie nicht auf Walfang gehen lassen würde.

Nachdem genügend geredet war, ging ich an Land, um Pont-Gravé zu treffen und mit ihm zu überlegen, was wir tun sollten. Ich fand ihn in sehr schlechter Verfassung. Er erzählte mir im Detail, was sich abgespielt hatte. Wir schlossen, dass ich nur unter Gewaltanwendung in den Hafen einfahren konnte. Damit die Siedlung[131] nicht für dieses Jahre verloren ginge, dachten wir, dass es das Beste wäre (damit wir aus einer guten Sache nicht eine schlechte machten und alles ruinierten), wenn ich den Basken Sicherheit verspräche für die Zeit meiner Anwesenheit hier und dass Pont-Gravé nichts gegen sie unternähme, dass aber in Frankreich Gerechtigkeit würde walten müssen und die Streitpunkte zwischen ihnen beseitigt werden sollten.

Darache, der Kapitän des Baskenschiffes, bat mich, zu ihm an Bord zu kommen. Ich wurde gut empfangen. Nach einiger Diskussion regelte ich die Angelegenheit zwischen Pont-Gravé und ihm und veranlasste ihn zu versprechen, dass er gegen Pont-Gravé nichts unternehmen würde, noch gegen des Königs oder des Sieur de Monts' Interessen. Wenn sie das Gegenteil hiervon tun würden, so würde ich mein Wort als nicht gegeben erachten. Dem stimmten beide von uns zu, und wir unterzeichneten es.

An diesem Platz gab es eine große Anzahl Indianer, die zum Pelzhandel gekommen waren; einige von ihnen kamen mit ihren Kanus zu unserem Schiff; die Kanus sind acht oder neun Schritte lang und in der Mitte ungefähr einen oder eineinhalb Schritt breit und verjüngen sich gegen die beiden Enden hin. Sie kentern sehr leicht, wenn man sich nicht gut auf ihre Beherrschung versteht; sie sind aus Birkenrinde gemacht, innen durch kleine, sehr gut angeordnete Bügel aus weißer Zeder verstärkt und so leicht, dass ein Mann eines davon leicht tragen kann. Jedes von ihnen kann das Gewicht eines großen Fasses tragen. Wenn die Indianer über Land gehen, um auf einen anderen Fluss zu kommen, wo sie etwas zu erledigen haben, tragen sie die Kanus mit sich. Von Chouacoet [Saco] entlang der Küste bis zum Hafen Tadoussac sind sie alle einander ähnlich.

131 Die zu erstellende Siedlung Quebec.

Kapitel II

Über den Fluss Saguenay und die Indianer, die uns dort besuchten. Über das Island of Orleans; und über alles, was wir an Besonderem dort bemerkt haben.

Nachdem dieses Abkommen getroffen war, veranlasste ich, dass Zimmerleute mit der Ausrüstung einer kleinen Pinasse von zwölf bis 14 Tonnen beauftragt wurden. Sie sollte alles transportieren, was wir benötigen würden für unsere Siedlung; aber sie konnte nicht fertiggestellt werden vor Ende Juni.

Mittlerweile vermochte ich einige Stellen des Flusses Saguenay aufzusuchen, der ein schöner Fluss ist und unglaublich tief, wohl 150 bis 200 Faden. Einige 50 Meilen von der Hafeneinfahrt ins Innere gibt es, wie schon erwähnt, einen großen Wasserfall[132] von beträchtlicher Höhe und großem Ungestüm. In dem Fluss liegen auch einige sehr unfruchtbare Inseln, auf denen es nichts als felsiges, von kleinen Tannen und Heidekraut bedecktes Gestein gibt. An manchen Stellen ist er eine halbe Meile breit und an seiner Mündung eine Viertelmeile; dort herrscht eine so starke Strömung, dass der Fluss immer noch ins Meer ausläuft, selbst wenn die Flut bereits zu drei Vierteln in den Fluss steigt. Alles Land, das ich sah, besteht nur aus Bergen und Felsvorsprüngen, von denen die meisten mit Tannen oder Birken bewachsen sind. Es ist ein sehr widerwärtiges Land, auf der einen Flussseite wie auch auf der anderen, eine richtige Wildnis ohne Tiere und Vögel; denn als ich an den Stellen auf die Jagd ging, die mir die einladendsten schienen, fand ich lediglich kleine Vögelchen, wie Schwalben, und einige Flussvögel, die im Sommer dorthin kommen. Ansonsten gibt es keine wegen der dort herrschenden großen Kälte. Dieser Fluss kommt aus Nordwesten.

132 Chicoutimi-Wasserfall.

Die Indianer haben mir berichtet, dass sie, wenn sie den ersten Fall überwunden haben, noch weitere acht bewältigen müssen; darauf folgt einen ganzen Tag lang keiner mehr, und dann kommen noch zehn weitere. Dann gelangen sie in einen See[133], in dem man drei Tage für die Durchfahrt braucht, wobei sie leicht zehn Meilen pro Tag flussaufwärts schaffen. Am Ende des Sees wohnen Stämme, die nomadenhaft leben; und es gibt drei Flüsse, die in den See münden, wobei einer aus Norden kommt, sehr nahe dem Meere, von dem sie glauben, dass es viel kälter ist als ihr Land; die anderen zwei kommen aus anderen Richtungen im Landesinneren, wo es Indianerstämme gibt, die ebenfalls Nomaden sind und nur von der Jagd leben. Dies ist die Region, wohin unsere Indianer die Waren schaffen, die wir ihnen geben, um ihre Pelze zu erhandeln. Das sind Biber, Marder, Luchse und Otter, die es dort in Menge gibt und die sie zu unseren Schiffen bringen. Diese Stämme im Norden sagen unseren Indianern, dass sie das Salzwassermeer sehen; und wenn das wahr ist, wie ich wohl glaube, dann kann es nur ein Golf sein, der in diese nördlichen Regionen hineinragt.[134] Die Indianer sagen, dass es von dem Nordmeer bis zum Hafen Tadoussac 40 bis 50 Tagesreisen sein können wegen der Schwierigkeit der Wegstrecken, der Flüsse und des sehr hügeligen Landes, wo die meiste Zeit des Jahres Schnee liegt. Das ist, was ich mit Sicherheit über diesen Fluss erfahren habe. Ich habe oft gewünscht, ihn zu erkunden, aber ich konnte dies nicht ohne die Indianer unternehmen, und diese wollten weder, dass ich mit ihnen ginge, noch einer unserer Leute. Aber sie haben es mir jedenfalls versprochen. Diese Erkundungstour wäre nicht falsch, um endlich vielen Leuten ihre Zweifel hinsichtlich jenes Nordmeeres zu nehmen, wohin die Engländer angeblich in den letzten Jahren gefahren sind, um den Weg nach China zu finden.

Ich fuhr von Tadoussac am Letzten des Monats ab, um nach Quebec zu gehen, und wir kamen an einer Insel namens Hare

133 Lake St. John.
134 Die Hudson Bay.

Island vorüber, die sechs Meilen von dem erwähnten Hafen entfernt liegt. Von dort sind es zwei Meilen zum Nordufer und etwa vier Meilen zum Südufer. Von Hare Island fuhren wir zu einem kleinen Fluss, der bei Ebbe austrocknet und in dem es 700 oder 800 Schritte flussaufwärts zwei Wasserfälle gibt. Wir nannten ihn Salmon River, weil wir einige dieser Fische dort fingen. Am Nordufer entlangfahrend kamen wir zu einer Landspitze, die ins Meer vorstößt und die wir Cape Dauphin nannten; sie ist vom Salmon River drei Meilen entfernt. Von dort fuhren wir zu einem anderen Kap, acht Meilen vom Cape Dauphin entfernt, das wir Eagle Cape nannten. Zwischen beiden liegt eine große Bucht, an deren innerem Ende sich ein kleiner Fluss befindet, der bei Ebbe trocken läuft. Vom Eagle Cape fuhren wir eine gute Meile weiter zur Insel Coudres Island[135], die wohl eineinhalb Meilen lang ist. Sie ist einigermaßen eben und wird gegen ihre Enden hin schmaler. Im Westen finden sich Wiesen und felsige Stellen, die sich ein Stück weit in den Fluss hinein erstrecken; und auf der Südwestseite gibt es viele Untiefen; dort ist es gleichwohl recht hübsch wegen des Waldes, der die Insel umsäumt. Es ist ungefähr eine halbe Meile bis zum Nordufer, wo es einen kleinen Fluss gibt, der ein Stück weit ins Landesinnere führt. Wir nannten ihn den Whirlpool River[136], denn die Flut strömt wundersam stark gegen ihn, und selbst bei ruhigem Wetter ist er wegen seiner großen Tiefe stets aufgewühlt. Aber das Flussufer ist flach, und es gibt viele Felsen in seiner Mündung und um diese herum. Ab der Insel die Küste entlangsegelnd kamen wir zu einem fünf Meilen entfernten Kap, das wir Cape Tourmente nannten, weil, so wenig Wind es auch geben mag, das Wasser hier steigt, als würde Flut herrschen. An dieser Stelle beginnt das Wasser, süß zu werden. Von dort segelten wir zwei Meilen weit zum Island of Orleans; an der Südseite der Insel liegt eine weitere Anzahl niedriger, mit Bäumen bewachsener und recht hübscher Inseln[137]; sie sind voller

135 Noch der heutige Name.
136 Rivière du Gouffre.
137 Grosse Isle und die anderen ihrer Gruppe.

großer Wiesen und haben viel Wild. Die einen messen, soweit ich beurteilen konnte, zwei Meilen Umfang und die anderen ein wenig mehr oder auch weniger. Um sie herum gibt es eine Menge Felsen und Untiefen, durch die zu segeln sehr gefährlich ist und von denen es um die zwei Meilen bis zur Südküste des Festlandes sind. Die gesamte Küste, sowohl auf der Nord- als auch auf der Südseite, ist von Tadoussac bis zum Island of Orleans bergig und sehr karg; es gibt dort nur Fichten, Tannen und Birken sowie nackten Felsen. An den meisten Stellen ist das Land undurchdringlich.

Wir segelten entlang der Südseite des Island of Orleans, in eineinhalb Meilen Entfernung zum Festland und einer halben Meile zum Nordufer. Die Insel ist sechs Meilen lang und eine oder an manchen Stellen eine und eine halbe breit. Auf der Nordseite ist sie sehr gefällig wegen des dortigen vielen Waldes und der Wiesen. Aber die Durchfahrt dort ist sehr gefährlich wegen der großen Anzahl von Riffen und Felsen, die sich zwischen dem Festland und der Insel befinden; auf letzterer wachsen freilich eine Menge schöner Eichen und an manchen Stellen Nussbäume; und am westlichen Ende gibt es Reben sowie andere Bäume, so, wie wir sie in Frankreich haben. Hier, 120 Meilen von seiner Mündung entfernt, beginnt das schöne und gute Land entlang des großen Stromes. Am Ende der Insel, am Nordufer, gibt es einen Wildbach; dieser kommt aus einem See, der einige zehn Meilen im Inneren liegt und von einer Höhe von 25 Klafter herunterfällt;[138] darüber ist das Land flach und angenehm zu betrachten, obwohl man dort hohe Berge sieht, die 15 oder 20 Meilen entfernt zu sein scheinen.

138 Montmorency Falls.

Kapitel III

In Quebec angekommen, wo wir unsere Wohnstätte anlegten; seine Lage. Verschwörung einiger unserer Männer gegen den Dienst des Königs und mein Leben; ihre Bestrafung, und alles was sich in dieser Angelegenheit ereignete.

Von dem Island of Orleans bis Quebec ist es eine Meile, und ich kam dort am 3. Juli an. Nach meiner Ankunft suchte ich einen für unsere Wohnstätte passenden Ort, aber ich konnte keinen geeigneteren oder besser gelegenen finden als die Landspitze von Quebec, wie sie von den Indianern genannt wird. Sie war mit Nussbäumen bewachsen. Alsbald setzte ich einen Teil unserer Arbeiter daran, diese zu fällen, um dort unsere Wohnstätte zu errichten, einen anderen daran, Bretter zu sägen, einen anderen, den Keller auszuheben und Gräben zu machen, und wieder einen anderen, nach Tadoussac zu fahren, um mit der Pinasse unsere Sachen zu holen. Als erstes bauten wir ein Magazin, um unsere Vorräte unter Dach zu bringen; es war auch schnell fertig durch die emsige Arbeit eines jeden und die Aufmerksamkeit, die ich der Angelegenheit widmete.

Einige Tage nach meiner Ankunft im erwähnten Quebec gab es dort einen Schlosser, der eine Verschwörung gegen den königlichen Dienst anzettelte. Die Idee war, mich umzubringen, und sobald er Herr unseres Forts geworden wäre, dieses den Basken und Spaniern zu übergeben, die damals in Tadoussac waren; denn Schiffe können nicht weiter stromaufwärts fahren ohne Kenntnis des Durchfahrtkanals und der Sandbänke und Felsen auf dem weiteren Weg.

Um seinen unglückseligen Plan auszuführen und in der Hoffnung, dadurch sein Glück zu machen, gewann er vier der Leute, die er für die schandbarsten hielt, indem er ihnen tausend Unwahrheiten erzählte und Hoffnungen machte, dass sie reich würden.

Nachdem er diese vier Leute überzeugt hatte, versprachen sie, sich anzustrengen und auch den Rest auf ihre Seite zu ziehen, sodass ich niemanden mehr hätte, dem ich hätte Vertrauen schenken können. Dadurch hegten sie noch größere Hoffnung, ihren Plan durchführen zu können, vor allem weil vier oder fünf meiner Gefährten, denen ich, wie sie wussten, besonders vertraute, auf den Booten waren, um unsere Lebensmittel und die anderen für unsere Wohnstätte notwendigen Vorräte zu sichern.

Kurz, sie wussten ihre Intrigen mit denen, die da geblieben waren, so gut abzusprechen, dass sie alle auf ihre Seite zogen; dies gelang ihnen sogar mit meinem persönlichen Burschen, dem sie vielerlei versprachen, das sie freilich nicht hätten halten können.

Als sie sich nun alle einig waren, trafen sie jeden Tag neue Entscheidungen, auf welche Weise sie mich umbringen wollten, um dafür nicht zur Rechenschaft gezogen zu werden. Dies hielten sie freilich für schwierig. Doch der Teufel blendete ihre Augen. Er nahm ihnen die Vernunft und alle Bedenken, die sie haben mochten, und sie beschlossen, mich unbewaffnet zu ergreifen und mich zu erwürgen, oder bei Nacht einen falschen Alarm zu schlagen und, sobald ich herauskäme, mich zu erschießen; und auf letztere Weise wollten sie es eher unternehmen, als anders. Alle versprachen, einander nicht zu verraten bei Strafe, dass derjenige, der zuerst den Mund öffne, erdolcht werden solle. Innerhalb vier Tagen wollten sie ihr Unternehmen ausführen, bevor unsere Pinassen ankämen. Denn sonst hätten sie ihren Plan nicht durchführen können.

An diesem Tag traf eine unserer Pinassen ein, auf der sich unser Lotse namens Kapitän Testu befand, ein sehr diskreter Mann. Nachdem die Pinasse ausgeladen und bereit zur Rückfahrt nach Tadoussac war, kam ein Schlosser namens Natel zu ihm, ein Kamerad von Jean Duval, dem Anführer der Verschwörung. Der Schlosser sagte ihm, dass er den anderen versprochen habe, das Gleiche wie sie zu tun, aber dass er tatsächlich die Durchführung des Anschlags nicht wünsche, dies aber nicht laut sagen wolle, weil er fürchtete, dass sie ihn erdolchen würden.

Dann ließ Antoine Natel den Lotsen versprechen, nichts zu verraten, was er ihm sagen würde. Denn wenn seine Gefährten es herausbrächten, sie ihn umbringen würden. Der Lotse sicherte ihm alles zu und bat ihn, ihn in das geplante Unternehmen einzuweihen. Dies tat Natel recht ausführlich. Daraufhin sagte der Lotse zu ihm, ›Guter Mann, Ihr habt gut daran getan, solch einen verderblichen Plan ans Licht zu bringen; das zeigt, dass Ihr ein aufrichtiger Mann und vom Heiligen Geist geleitet seid. Aber diese Dinge können nicht geschehen, ohne dass der Sieur de Champlain davon erfährt, damit er Maßnahmen zur Abhilfe ergreifen kann; und ich verspreche Euch, dass ich mich bei ihm dafür verwenden werde, dass er Euch vergibt und auch anderen. Und jetzt sofort‹, sagte der Lotse, ›gehe ich zu ihm, ohne mir etwas anmerken zu lassen, und ihr geht an Eure Arbeit; horcht immerzu, was sie sagen, und sorgt Euch sonst um nichts.‹

Der Lotse kam sofort zu mir in einen von mir angelegten Garten und sagte, dass er mit mir an einem stillen Ort sprechen wolle, wo nur wir zwei seien. Ich sagte ihm, dass ich dies gern tun würde. Wir gingen in den Wald, wo er mir die ganze Angelegenheit erzählte. Ich fragte ihn, wer ihm das gesagt habe. Er bat mich, dem zu vergeben, der zu ihm gesprochen habe. Ich stimmte zu, obwohl dieser sich an mich hätte wenden müssen. Der Mann fürchtete, sagte er, dass ich zornig geworden wäre und ihm etwas zugefügt hätte. Ich sagte ihm, dass ich mich sehr wohl beherrschen könnte in solchen Fällen, und dass er ihn kommen lassen solle, damit ich ihn anhören könne. Er ging und brachte ihn herbei; dieser zitterte vor Furcht, dass ich ihm etwas Übles antun würde. Ich beruhigte ihn und sagte ihm, dass er sich nicht ängstigen müsse und dass er an einem sicheren Platz sei, und dass ich ihm alles vergebe, was er mit den anderen getan hatte, vorausgesetzt, dass er in allem die gesamte Wahrheit darlege sowie die Gründe, die sie bewegt hatten. Er sagte, dass es keinen Grund gebe, außer dass sie gemeint hätten, dass sie, wenn sie den Platz den Basken oder Spaniern übergäben, alle reich würden, und dass sie nicht mehr nach Frankreich zurückkehren wollten; und er berichtete mir die übrigen Einzelheiten ihres Planes.

Nachdem ich ihn angehört und ausgefragt hatte, sagte ich ihm, er solle zu seiner Arbeit gehen. Mittlerweile befahl ich dem Lotsen, seine Pinasse herkommen zu lassen. Dies tat er. Danach gab ich einem jungen Mann zwei Flaschen Wein und sagte, er solle den vier Rädelsführern der Verschwörung sagen, dass dies Wein sei, den ihm seine Freunde in Tadoussac gegeben hätten und dass er ihn mit ihnen teilen wolle. Sie lehnten die Einladung nicht ab, und zum Abend kamen sie in die Pinasse, wo er ihnen die Labung reichen sollte. Ich zögerte nicht lange, ebenfalls hinzugehen, und befahl sie festzunehmen und gefangen zu halten bis zum nächsten Morgen.

Da waren meine Edelleute dann recht erstaunt. Sofort ließ ich alle vom Bett aufstehen (denn es war gegen zehn Uhr abends) und vergab ihnen allen, vorausgesetzt, dass sie mir die Wahrheit sagten über alles, was sich ereignet hatte. Dies taten sie, und danach hieß ich sie sich zurückziehen.

Am nächsten Morgen nahm ich die Aussage eines jeden entgegen, eines nach dem anderen, in Gegenwart des Lotsen und der Matrosen des Schiffes, und ließ sie niederschreiben. Sie waren sehr froh darüber, wie sie sagten, denn sie lebten in ständiger Furcht vor einander und vor allem vor den vier Schlawinern, die sie verführt hatten. Seither lebten sie in Frieden, und laut ihrer Aussagen froh über die Behandlung, die ihnen zuteil wurde.

Am gleichen Tag ließ ich sechs Paar Handschellen anfertigen für die Anstifter des Aufruhrs sowie für unseren Chirurgen namens Bonnerme und ein weiteres für einen Mann namens Taille; beide waren von den vier Aufrührern belastet worden. Diese Beschuldigungen erwiesen sich jedoch als falsch, und die beiden erhielten wieder ihre Freiheit.

Als dies erledigt war, brachte ich meine Spitzbuben nach Tadoussac und bat Pont-Gravé, sie freundlicherweise für mich zu bewachen, besonders deshalb, weil ich noch keinen sicheren Platz für sie hatte und wir stark mit unserem Wohnungsbau beschäftigt waren. Auch wollte ich mit ihm und anderen aus unserem Schiff beraten, was wir in der Angelegenheit tun sollten. Wir beschlossen, dass er nach Erledigung seiner Aufgaben in

Tadoussac mit den Gefangenen nach Quebec kommen würde, wo wir sie mit ihren Zeugen konfrontieren würden; und nach ihrer Anhörung würde angeordnet werden, dass ihnen Gerechtigkeit widerfahren solle entsprechend der von ihnen begangenen Übeltat.

Am folgenden Tag kehrte ich nach Quebec zurück, um schleunigst unser Magazin fertigzustellen, damit unsere Lebensmittel aufbewahrt werden konnten, die von all diesen Halunken nicht geschützt worden waren. Denn diese bewahrten nichts und fragten sich nicht, wo sie Ersatz finden könnten, wenn das Vorhandene weg wäre. Hierfür konnte ich keine Abhilfe schaffen, solange das Magazin nicht erbaut und abgedeckt war.

Pont-Gravé kam mit den Gefangenen einige Zeit nach mir an, was bei den zurückgebliebenen Arbeitern Unzufriedenheit auslöste, da sie fürchteten, dass ich den Missetätern vergeben hätte und diese nun an ihnen Rache nehmen würden, weil sie deren üblen Plan verraten hatten.

Wir stellten sie einander gegenüber, und alles, was sie in ihren Aussagen dargelegt hatten, wurde nochmals bestätigt, ohne dass die Gefangenen dem widersprachen; diese bekannten vielmehr, niederträchtig gehandelt zu haben und Bestrafung zu verdienen, es sei denn, man wolle Barmherzigkeit walten lassen. Und sie verfluchten Jean Duval, welcher der erste gewesen sei, der sie zu diesem Verrat verleitet hätte, sobald sie von Frankreich abgefahren seien. Der erwähnte Duval wusste nichts zu sagen, außer dass er den Tod verdiene, und dass alles, was ausgesagt worden war, der Wahrheit entspräche, und dass er um Mitleid bitte für sich und die anderen, die sich seinen schändlichen Absichten angeschlossen hätten.

Nachdem Pont-Gravé und ich, zusammen mit dem Kapitän des Schiffes, dem Chirurgen, dem Steuermann, dem Maat und anderen Seeleuten ihre Aussagen und die Gegenüberstellungen angehört hatten, entschieden wir, dass es genügen würde, den genannten Duval hinzurichten als den Urheber der Verschwörung und auch, um ein Exempel zu statuieren für die übrigen, sodass sie sich künftig anständig ihrer Pflicht widmen würden, und auch damit die Spanier und Basken, die sich zahlreich in der Gegend befanden, nichts zu frohlocken hätten. Und wir beschlossen, dass die drei anderen gehängt, aber vorerst nach Frankreich zurückgebracht und dem Sieur de Monts übergeben werden sollten. Dort konnte dann ausführlich und aufgrund aller Informationen sowie des über den in Quebec gehängten und erdrosselten Duval ergangenen Urteils gemäß des Sieur de Monts' eigener Meinung über sie Recht gesprochen werden. Und Duvals Kopf wurde auf die Spitze einer Pike gesteckt und diese auf der höchsten Stelle unseres Forts aufgestellt; die anderen drei wurden dementsprechend nach Frankreich zurückgeschickt.

Kapitel IV

Pont-Gravés Rückkehr nach Frankreich. Beschreibung unserer Wohnung und des Platzes, wo Jacques Cartier wohnte im Jahre 1535.

Nachdem all dies vorüber war, segelte Pont-Gravé am 18. September von Quebec ab, um mit den drei Gefangenen nach Frankreich zurückzukehren. Nachdem sie weg waren, widmete sich der Rest brav seinen Pflichten.

Ich ließ unsere Wohnung weiterbauen, die aus drei Gebäuden zu je zwei Stockwerken bestand. Jedes war drei Klafter lang und zweieinhalb Klafter breit. Das Magazin war sechs lang und drei breit, mit einem schönen Keller von sechs Fuß Höhe. Um unsere Wohnstätte ganz herum ließ ich eine Galerie anbringen außerhalb des zweiten Stockwerks, was sehr praktisch war. Es gab auch 15 Fuß breite und sechs Fuß tiefe Gräben; und außerhalb der Gräben legte ich mehrere Vorsprünge an, die einen Teil der Gebäude umschlossen, und dort platzierten wir unsere Kanonen. Und vor dem Gebäude befindet sich ein Platz von vier Klaftern Breite und sechs oder sieben Länge, der sich zum Flussufer hin erstreckt. Um die Wohnstätte herum gibt es sehr gute Gärten und nach Norden hin einen Platz, der etwa 100 oder 120 Schritte lang ist und 50 oder 60 breit. Näher dem erwähnten Quebec gibt es einen kleinen Fluss[139], der aus einem von unserer Wohnung sechs oder sieben Meilen entfernten See im Landesinneren kommt. Ich meine, dass in diesem Fluss, der sich nach Nord-Viertel-Nordwest unserer Wohnstätte befindet, der Ort war, wo Jacques Cartier den Winter verbrachte; denn eine Meile flussaufwärts gibt es immer noch die Reste wohl eines Kamins, von dem man das Fundament gefunden hat und was allem Anschein nach Gräben gewesen sind um das Wohnhaus herum, das klein war. Wir fanden auch

139 St. Charles River.

große, morsche, wurmstichige Holzstücke und drei oder vier Kanonenkugeln. Alle diese Dinge zeigen deutlich, dass dies eine von Christen angelegte Wohnstätte war. Und was mich dazu bringt zu sagen und zu glauben, dass es Jacques Cartier war, ist der Umstand, dass man von niemandem sonst weiß, der an diesen Stellen überwintert oder etwas gebaut hat, als dem erwähnten Jacques Cartier zur Zeit seiner Erkundungsreisen. Und meiner Ansicht nach muss dies der Platz gewesen sein, der Sainte-Croix hieß, wie er ihn genannt hat, welchen Namen man aber später auf einen anderen, 15 Meilen von unserer Wohnstätte nach Westen hin liegenden Ort übertragen hat; es gibt keine Anzeichen dafür, dass er an jenem Ort überwintert hat, den man nun Sainte-Croix nennt, noch an anderen. Denn auf dem Weg dorthin gibt es keinen Fluss noch andere Stellen, wo Schiffe fahren könnten, außer auf dem großen Strom oder in dem einen Fluss[140], von dem ich oben gesprochen habe, wo es bei Ebbe nur einen halben Faden Wasser gibt, jede Menge Felsen und eine Sandbank an der Einfahrt. Denn wollte man Schiffe im großen Strom halten, wo es starke Strömungen, Gezeitenwechsel und treibende Eisschollen im Winter gibt, würde man Gefahr laufen, ihrer verlustig zu gehen, zumal es eine sandige Landspitze gibt, die sich in den Fluss hinein erstreckt und gespickt ist mit Felsen. Wir haben während der letzten drei Jahre eine Durchfahrt zwischen diesen gefunden, die aber bis dahin nicht entdeckt worden war. Aber durch sie zu fahren braucht Zeit wegen der dortigen Felsspitzen und Gefahren. Jener Ort ist vor Nordwest-Winden nicht geschützt, und der Fluss fließt dort, als wäre er ein Wasserfall, und bei Ebbe fällt er zweieinhalb Faden. Es gibt keinerlei Anschein von Gebäuden, noch dass ein vernünftiger Mann sich an dieser Stelle hätte niederlassen wollen; denn es gibt dort viele andere bessere, sollte man gezwungen sein, dort zu verbleiben. Ich wollte dies hier besprechen, besonders da es viele Leute gibt, die glauben, dass jener Ort[141] die Wohnstätte des erwähnten Jacques Cartier

140 S. Fußnote 139.
141 Das heutige Sainte-Croix.

war; ich glaube dies aus den dargelegten Gründen nicht. Denn der genannte Cartier hätte außerdem auch einen Bericht darüber für die Nachwelt hinterlassen, wie er es für alles getan hat, das er gesehen und erkundet hat. Und ich halte dafür, dass das, was ich sage, wahr ist; denn es kann bewiesen werden aus dem Bericht, den er darüber geschrieben hat.

Und um weiterhin noch zu zeigen, dass der Ort, den man jetzt Sainte-Croix nennt, nicht der Platz ist, wo Jacques Cartier überwinterte, wie die meisten Leute glauben: Hier ist, was er darüber sagt in einem Auszug aus seinem Bericht über seine Reisen, nämlich: Dass er an Coudres Island am 5. Dezember des Jahres 1535 ankam; dass er die Insel so nannte, weil es dort Haselnüsse gab; dass es an diesem Ort eine große Gezeitenströmung gibt; und dass sie drei Meilen lang ist; doch ist sie tatsächlich wohl höchstens eineinhalb Meilen lang.

Und am 7. des Monats, dem Tag Unserer Lieben Frau, segelte er von der Insel ab, um stromaufwärts zu fahren, und sah 14 Inseln sieben oder acht Meilen südlich von Coudres Island. Hierin irrt er ein wenig, denn es sind nur zwei oder drei Meilen. Und er sagt, dass der Ort, wo die erwähnten Inseln liegen, der Beginn des Landes oder der Provinz Kanada ist, und dass er zu einer zehn Meilen langen und fünf breiten Insel kam, wo viel Fischfang betrieben würde, und Fische gibt es hier in der Tat in Fülle, insbesondere Störe. Aber was die Länge der Insel angeht, so ist sie nicht länger als sechs Meilen und zwei breit, wie man jetzt gut weiß. Er sagt auch, dass er zwischen dieser Insel und dem Festland im Norden ankerte, wo die Durchfahrt am engsten und gefährlich ist, und dass er dort zwei Indianer an Land setzte, die er aus Frankreich mitgebracht hatte; und dass er, nachdem er an diesem Ort einige Zeit mit den Stämmen der Gegend verbracht hatte, seine Beiboote herbeibringen ließ und mit der Flut den erwähnten Strom weiter aufwärts fuhr, um einen Hafen und sicheren Platz für die Schiffe zu suchen; und dass sie auf dem Strom weiterfuhren entlang der erwähnten, ihm zufolge zehn Meilen langen Insel, an deren Ende sie eine sehr schöne und gefällige Gabelung fanden, wo es einen kleinen Fluss und einen flachen Hafen gibt, den sie sehr geeignet fanden als Zufluchtsort für ihre Schiffe. Sie nannten ihn Sainte-Croix, da sie dort an diesem Tag ankamen, aber zur Zeit der Reise Cartiers hieß der Ort Stadaca (Stadacona), und jetzt heißen wir ihn Quebec. Und nachdem er diesen Ort erkundet hatte, sandte er Leute aus, um seine Schiffe zur Überwinterung hierher zu holen.

Nun sind es wohl von Coudres Island bis zum Island of Orleans nur fünf Meilen, und am westlichen Ende ist der Fluss sehr breit, und an der erwähnten Gabelung, wie Cartier sie heißt, gibt es keinen anderen Fluss als den, den er Sainte-Croix nannte, der vom Island of Orleans eine gute Meile entfernt ist. Bei Ebbe gibt es hier lediglich einen halben Faden Wasser, und die Einfahrt ist für Schiffe sehr gefährlich, da es viele Sporne gibt, das heißt nach hierhin und dorthin verstreute Felsspitzen. Um hineinfahren zu können, braucht man dort Bojen, wo es bei Flut, wie ich gesagt habe, drei Faden Wasser gibt, bei Springflut vier Faden und bei Hochflut für gewöhnlich viereinhalb. Die Einfahrt befindet sich nur 1500 Schritte von unserer *Habitation*, die weiter flussaufwärts liegt; und es gibt, wie ich bereits gesagt habe, keinen anderen Fluss ab dem Platz, der jetzt Sainte-Croix genannt wird, wo man Schiffe unterbringen könnte. Es gibt lediglich kleine Bäche. Die Ufer sind flach und gefährlich, ein Umstand, den Cartier erst erwähnte, als er von dem Platz Sainte-Croix abfuhr, der jetzt Quebec genannt wird. Hier ließ er seine Schiffe. Und hier ließ er auch seine Wohnstatt errichten, wie man aus dem Folgenden ersehen kann.

Am 19. September fuhr er ab von Sainte-Croix, wo seine Schiffe lagen, und setzte die Segel, um mit der Flut den Strom hinaufzufahren, was er und seine Mannschaft recht angenehm fanden, sowohl wegen der Wälder, Reben und Wohnstätten, die es seinerzeit dort gab, als auch wegen anderem. Und sie ankerten 25 Meilen vor der Einfahrt zu dem Land Kanada, die sich beim östlichen Ende des Island of Orleans befindet, wie diese Insel von Cartier benannt wurde. Was man heute Sainte-Croix nennt, hieß damals Achelacy[142], eine schnell strömende Flussenge, gefährlich

142 Heute Pointe-Platon.

sowohl wegen der Felsen als auch wegen anderem, wo man nur bei Flut durchkommt. Von ihr sind es 15 Meilen bis Quebec und zu dem Fluss, wo Cartier überwinterte.

Also, in diesem gesamten Strom gibt es keine weiteren Engen von Quebec bis zu der großen Stromschnelle[143], außer an der Stelle, die man jetzt Sainte-Croix nennt, wohin dieser Name übertragen wurde von einem anderen Platz, der sehr gefährlich ist, wie ich ausgeführt habe. Und es scheint sehr klar zu sein durch das, was er darlegt, dass das nicht der Ort seiner Wohnstätte war, wie es manchmal heißt, sondern dass diese nahe Quebec war, und noch niemand hat diese Angelegenheit untersucht außer ich auf meinen Reisen. Denn schon beim ersten Mal, als man mir sagte, dass er an dieser Stelle gewohnt habe, war ich darüber erstaunt, da ich keinen Fluss sehen konnte, wo man Schiffe unterbringen konnte, wie er es beschrieb. Das war es, was mich dazu veranlasste, der Sache näher nachzugehen, um die Mutmaßungen und Zweifel vieler Leute zu zerstreuen.

Während die Zimmerleute, Sägewerker und anderen Arbeiter an unserer Wohnstätte arbeiteten, beschäftigte ich alle anderen damit, das Land um unsere Wohnstätte herum zu roden, um Gärten anlegen zu können. Wir wollten Getreide und Samen säen, um zu erfahren, wie das Ganze gelingen würde, besonders, da der Boden sehr gut zu sein schien.

Inzwischen hatte sich eine Menge Indianer in unserer Nähe Hütten errichtet; sie jagten Aale, die hier von ungefähr 15. September bis 15. Oktober auftreten. Während dieser Zeit ernähren sich alle Indianer von diesem Manna und trocknen auch welche für den Winter; diese reichen dann bis zum Februar, wenn der Schnee zwei und ein Halb Fuß und sogar bis zu drei Fuß hoch liegt. Während dieser Zeit, wenn ihre Aale und anderes, das sie trocknen, bearbeitet werden, gehen sie auch auf die Biberjagd, die sie bis Anfang Januar betreiben. Als sie hiermit beschäftigt waren, überließen sie uns die Bewachung ihrer Aale und der anderen Sachen bis zu ihrer Rückkehr, die am 15. Dezember

143 Die Lachine-Stromschnellen.

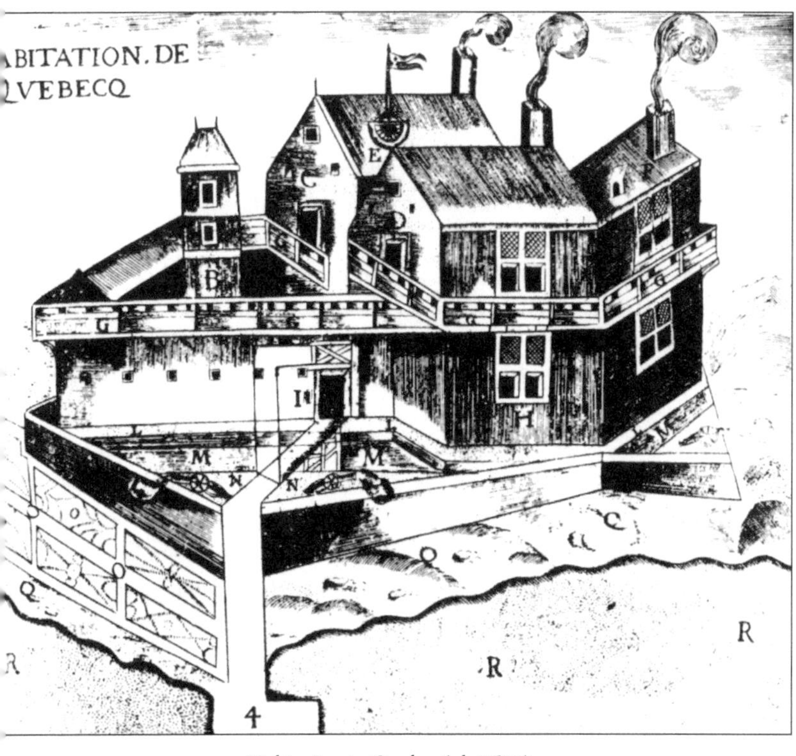

Habitation in Quebec (ab 1608)

erfolgte. Wie sie uns sagten, erlegten sie nicht viele Biber, weil das Wasser zu hoch war und die Flüsse über die Ufer traten. Ich gab ihnen alle ihre Vorräte zurück, die ihnen aber nur bis zum 20. Januar ausreichten. Wenn ihre Aale zu Ende gehen, verlegen sie sich auf die Jagd auf Elche und andere Wildtiere, die sie finden können, und warten auf den Frühling. Während dieser Zeit vermochte ich sie mit einigem zu versorgen. Ich beobachtete sehr aufmerksam ihre Verhaltensweisen.

Alle diese Stämme leiden so viel Hunger, dass sie manchmal gezwungen sind, von bestimmten Muscheln zu leben und ihre Hunde sowie die Felle zu essen, mit denen sie sich gegen die Kälte bedecken. Ich glaube, wenn jemand ihnen zeigen würde, wie man von der Erde leben kann und sie in deren Bearbeitung und anderem unterrichten würde, sie dies sehr gut erlernen würden. Denn unter ihnen gibt es ziemlich viele, die sehr vernünftig sind und gute Antwort geben auf das, was man sie fragt. Aber in ihnen steckt auch eine gewisse Bösartigkeit; sie sind rachsüchtig, sehr verlogen, und man darf ihnen höchstens mit guter Überlegung vertrauen und dies mit der Waffe in der Hand. Sie versprechen viel, halten aber wenig. Es sind Leute, die in der Mehrzahl kein Recht anerkennen, soweit ich beobachten konnte, aber jede Menge Aberglauben hegen. Ich fragte sie, welche Art Zeremonien sie pflegen, wenn sie zu ihrem Gott beten. Sie sagten mir, dass sie keine anderen hätten, als dass jeder in seinem Herzen bete, wie er eben wolle. Dies ist der Grund, warum es bei ihnen kein Gesetz gibt und sie nicht wissen, wie man Gott anbetet und ihn um etwas bittet. Denn sie leben wie wilde Tiere, und ich glaube, dass sie bald zu guten Christen bekehrt würden, wenn man in ihrem Land leben würde, wie es die meisten von ihnen auch wünschen. Sie haben bei sich einige Indianer, die sie Pillotois nennen, von denen sie glauben, dass sie deutlich mit dem Teufel sprechen und er ihnen sagt, was sie tun sollen sowohl im Krieg als in anderen Dingen, und wenn er ihnen sagt, dass sie eine Unternehmung in Angriff nehmen sollten, sie seiner Anordnung sofort Folge leisten. Auch glauben sie, dass alle ihre Träume wahr sind, und in der Tat, es gibt viele, die sagen, sie hätten Visionen und Träume von Dingen gehabt, die dann geschahen oder noch geschehen würden. Aber in Wahrheit sind das Visionen des Teufels, der sie täuscht und verführt. Das ist alles, was ich erfahren konnte über ihren animalischen Glauben. Alle diese Leute haben wohlgeformte Körper ohne Missbildung, und sie sind rege. Auch die Frauen sind wohlgeformt, pummelig sowie getönter Hautfarbe wegen der verschiedenen Farbmaterialien, mit denen sie sich einreiben und die sie auf Dauer olivfarben machen. Sie kleiden sich in Felle. Ein Teil ihres Körpers ist bedeckt und der andere unbedeckt. Aber im Winter ändern sie dies, denn sie kleiden sich in gute Pelze, wie etwa solche von Elchen, Ottern, Bibern, Bären, Seehunden, Hirschen und Hirschkühen, von denen sie viele haben. Im Winter bei tiefem Schnee machen sie eine Art Schneeschuhe, die zwei- oder dreimal größer sind als die in Frankreich, und befestigen sie an ihren Füßen; und damit gehen sie über den Schnee, ohne einzusinken. Denn sonst könnten sie nicht auf die Jagd noch an viele andere Orte gehen. Sie haben auch eine Art Heirat, und zwar so. Wenn ein Mädchen 14 oder 15 Jahre alt ist und mehrere Verehrer hat, pflegt sie Umgang mit so vielen, wie sie möchte. Dann, nach fünf oder sechs Jahren, nimmt sie denjenigen, der ihr am besten gefällt, zum Ehemann, und sie leben dann miteinander bis zu ihrem Lebensende. Es sei denn, dass sie einige Zeit zusammengelebt haben und sie keine Kinder bekommen hat; dann kann er sich von ihr trennen und eine andere Frau nehmen, indem er sagt, dass seine erste nichts taugt. Solchermaßen haben die Mädchen größere Freiheit als die Frauen.

Wenn sie geheiratet haben, sind sie sittsam, und ihre Ehemänner sind meistens eifersüchtig; sie geben den Vätern oder Verwandten der Mädchen, die sie geheiratet haben, Geschenke. Dies sind die Zeremonien und Gebräuche, die sie hinsichtlich der Ehe beachten. Bezüglich ihrer Beerdigungen: Wenn ein Mann oder eine Frau stirbt, machen sie ein Grab, in das sie allen ihren Besitz legen, wie etwa Kessel, Pelze, Beile, Bogen, Pfeile, Fellkleidung und anderes. Dann legen sie den Leichnam in das Grab, bedecken ihn mit Erde und legen viele große Holzstücke darauf; eines davon stellen sie aufrecht und bemalen es am oberen Teil rot. Sie glauben an die Unsterblichkeit der Seelen und sagen, diese würden in anderen Ländern mit ihren verstorbenen Verwandten und Freunden fröhlich sein. Im Fall von Häuptlingen oder anderen, die Autorität genießen, halten sie nach deren Tod dreimal im Jahr ein Festmahl und singen und tanzen auf deren Grab.

Die ganze Zeit über, während der sie bei uns waren, was der sicherste Platz für sie war, hörten sie nicht auf, ihre Feinde derart zu fürchten, dass sie oft bei Nacht aus dem Traum aufschreckten und ihre Frauen und Kinder zu unserem Fort schickten, wo ich ihnen die Tore öffnen ließ. Aber die Männer ließ ich draußen bleiben, ohne ihnen den Zutritt zu gestatten, denn sie waren dort, was ihre Personen angeht, ebenso sicher, als wären sie innen gewesen. Und um ihnen Mut zu machen und sie zu beruhigen, veranlasste ich, dass fünf oder sechs unserer Gefährten hinausgingen und im Wald schauten, ob sie etwas erblickten. Sie sind sehr ängstlich und fürchten ihre Feinde unendlich. Sie schlafen fast nie ruhig, wo immer sie sich auch befinden, obwohl ich sie täglich beruhigte, so gut ich konnte, und sie ermahnte, es uns gleich zu tun, nämlich dass ein Teil von ihnen wacht, während die anderen schlafen, und dass jeder von ihnen seine Waffen greifbar hat wie derjenige, der auf Wache ist; und dass sie Träume nicht für Wahrheit halten sollten, auf die man sich verlassen kann, denn die meisten der letzteren sind nur Gespinste; und ähnliche diesbezügliche Ratschläge. Aber diese Ermahnungen halfen wenig, und sie sagten, dass wir es besser verstünden, uns vor allem zu schützen als sie, und dass auf die Dauer, wenn wir einmal in ihrem Lande wohnen würden, sie es auch lernen würden.

Kapitel V

Samen gesät und Reben gepflanzt in Quebec. Winteranfang und Frost. Sehr große Not bei einigen Indianern.

Am 1. Oktober ließ ich Weizen säen und am 15. Roggen.

Am 3. des Monats kam weißer Frost, und die Blätter der Bäume begannen am 15. zu fallen.

Am 24. des Monats ließ ich einige einheimische Reben pflanzen, die sehr gut anwuchsen. Aber nachdem ich die *Habitation* verlassen hatte, um nach Frankreich zu gehen, vernachlässigte man sie und ließ sie verwildern, was mich bei meiner Rückkehr sehr ärgerte.

Am 18. November fiel eine Menge Schnee, aber er bedeckte den Boden nur zwei Tage lang. Damals stürmte es auch heftig. Während dieses Monats starben ein Matrose und unser Schlosser an der Ruhr, ebenso wie mehrere Indianer. Ursache war meiner Meinung nach der Verzehr von schlecht gekochten Aalen.

Am 5. Februar schneite es heftig, und es stürmte zwei Tage lang.

Am 20. des Monats erschienen bei uns einige Indianer, die auf der anderen Seite des Flusses wohnten; sie riefen, dass wir ihnen zu Hilfe kommen sollten, doch vermochten wir dies nicht zu tun. Denn auf dem Fluss trieb eine große Zahl Eisschollen. Der Hunger quälte diese elenden Armen so sehr, dass sie nicht mehr ein noch aus wussten und beschlossen hatten zu sterben, Männer, Frauen und Kinder, oder über den Fluss zu kommen in der Hoffnung, dass ich ihnen in ihrer äußersten Not helfen würde. Nachdem sie also diesen Entschluss gefasst hatten, nahmen die Männer und die Frauen ihre Kinder, setzten sich in ihre Kanus und wollten durch eine vom Wind geöffnete freie Stelle im Eis zu unserem Ufer herüberkommen. Aber sobald sie in der Flussmitte waren, wurden ihre Kanus von den Eisstücken erfasst und in tausend Stücke zertrümmert. Sie waren aber so geschickt, dass sie sich mit ihren Kindern, welche die Frauen auf dem Rücken trugen, auf eine große Eisscholle retten konnten. Als sie sich auf dieser befanden, hörte man sie so sehr schreien, dass es zum Gotterbarmen war, denn sie erwarteten nichts anderes als zu sterben. Aber das Schicksal war diesen elenden Armen so wohl gesonnen, dass eine große Scholle auf diejenige, auf der sie waren, so stark aufprallte, dass es sie an Land warf. Als sie diese günstige Wende sahen, gingen sie mit einer solchen Freude an Land, wie sie sie noch nie empfunden hatten, welch große Hungersnot sie auch erlitten hatten. Sie kamen so mager und ausgemergelt zu unserer *Habitation*, dass sie wie Skelette aussahen, und die meisten konnten nicht mehr aufrecht stehen. Ich war über ihr Aussehen erstaunt und wunderte mich, wie sie über den Fluss hatten kommen können, wo sie doch so schwach und kraftlos waren. Ich ordnete an, dass sie Brot und Bohnen bekamen. Sie hatten nicht genügend Geduld zu warten, bis letztere gekocht wurden, um sie zu essen. Ich lieh ihnen auch einige Baumrinden, die andere Indianer mir gegeben hatten, damit sie ihre Hütten abdecken konnten. Als sie die letzteren bauten, bemerkten sie einiges Aas, das ich vor fast zwei Monaten hatte auslegen lassen, um Füchse anzulocken, von denen wir schwarze und rote fingen, ebensolche wie in Frankreich, aber mit viel dickerem Fell. Dieses Aas war eine Sau und ein Hund, die dort durch warmes und kaltes Wetter gelegen hatten. Wenn das Wetter sich milderte, stank das Aas so stark, dass man nicht in der Nähe bleiben konnte. Gleichwohl nahmen sie es und brachten es in ihre Hütte, wo sie es sofort halbgekocht verzehrten, und noch nie hatte ihnen offenbar Fleisch besser geschmeckt. Ich schickte zwei oder drei Leute zu ihnen, um sie zu warnen, davon zu essen, wenn sie nicht sterben wollten. Als diese Männer sich ihrer Hütte näherten, rochen sie einen solchen von dem halbgekochten Aas ausgehenden Gestank, von dem jeder der Indianer ein Stück in der Hand hatte, dass sie sich fast übergaben, weshalb sie dort kaum verweilten. Diese armen Teufel beendeten ihr Festmahl. Ich tat jedenfalls, was ich konnte, um es ihnen bequem zu machen, doch es war wenig angesichts ihrer großen Zahl. In einem

Monat hätten sie alle unsere Vorräte aufgegessen, wenn sie über diese verfügt hätten, solch starke Esser waren sie. Denn wenn sie etwas Essbares haben, legen sie nichts in Reserve und verzehren alles Tag und Nacht, und hinterher sterben sie Hungers. Und sie machten noch etwas anderes, ebenso abstoßendes wie das erste. Ich hatte eine Hündin an einem Baumwipfel anbringen lassen als Köder für Marder und Raubvögel; und ich fand es interessant zuzusehen, wenn diese immer wieder über dieses Aas herfielen. Diese Indianer gingen zu dem Baum, und da sie wegen ihrer Schwäche nicht hinaufsteigen konnten, hieben sie ihn um und nahmen den Hund, von dem es nur noch das Fell und die Knochen gab sowie den stinkenden und verfaulten Kopf, und verzehrten ihn auf der Stelle.

Dies sind die Freuden, die sie für gewöhnlich im Winter haben. Denn im Sommer haben sie genug zum Lebensunterhalt und um Vorräte anzulegen, damit sie nicht solch große Not zu leiden haben. Die Flüsse sind voller Fische, und es gibt Vögel und andere wilde Tiere zu jagen. Der Erdboden ist sehr gut und wäre zur Bearbeitung geeignet, wenn sie sich die Mühe machen wollten, Mais zu säen, wie es alle ihre Nachbarn machen, die Algonkin, Huronen und Irokesen, die nicht Attacken von solch grausamer Hungersnot ausgesetzt sind, denn sie wissen, wie ihr zu begegnen durch ihre Fürsorge und Voraussicht. Deshalb leben sie unbeschwert im Vergleich mit diesen Montagnais, Kanadiern und Souriquois, die an der Meeresküste wohnen. Deren Leben ist die meiste Zeit miserabel. Der Schnee und das Eis bedecken drei Monate lang den Boden, nämlich von Januar bis zum 8. April, wenn dann fast alles geschmolzen ist. Und am Ende dieses Monats sieht man nur selten etwas davon in der Gegend unserer *Habitation.* Es ist eigenartig, dass so viel Schnee und Eis, auf dem Fluss oft zwei oder drei Faden hoch, in weniger als zwölf Tagen schmelzen. Von Tadoussac bis zur Gaspé, bis Cape Breton, Neufundland und der Grand Bay[144] findet man noch Eis und Schnee meistenorts bis Ende Mai, und während dieser Zeit ist

144 Die Nordost-Ecke des Sankt-Lorenz-Golfs.

die Mündung des großen Stromes durch Eis versperrt. Aber bei Quebec gibt es nichts davon. Dies zeigt einen bemerkenswerten Unterschied für 120 Meilen Strecke; denn die Mündung des Stromes liegt auf 49°, 50° und 51° Breite, und unsere *Habitation* auf 46° 40'.

Kapitel VI

Skorbut in Quebec. Die Frage der Überwinterung. Beschreibung des genannten Ortes. Ankunft des Sieur de Marais, Schwiegersohns von Pont-Gravé, in Quebec.

Der Skorbut begann sehr spät, nämlich im Februar, und dauerte bis Mitte April. 18 Leute wurden von ihm befallen; zehn starben an ihm und fünf andere an der Ruhr. Ich ließ einige von ihnen öffnen um zu sehen, ob sie ebenso versehrt waren wie diejenigen, die ich in den anderen Wohnstätten gesehen hatte. Man fand das Gleiche. Einige Zeit später starb unser Chirurg. All dies war für uns sehr ärgerlich, da uns die Krankenpflege große Mühe bereitete. Weiter oben habe ich bereits die Art dieser Krankheit beschrieben.

Nun glaube ich, dass sie auftritt, wenn man zu sehr gesalzene Lebensmittel und Gemüse isst, die das Blut erhitzen und die inneren Organe schädigen. Auch der Winter ist zum Teil die Ursache dafür, da er die natürliche Hitze in den Körper einschließt, was das Verfaulen des Blutes noch befördert. Und wenn man die Erde öffnet, so entweichen daraus gewisse, in ihr eingeschlossene Dämpfe, welche die Luft infizieren. Dies hat man erfahrungsgemäß nach dem ersten Jahr gesehen bei jenen Leuten, die in anderen Siedlungen waren, wo die Sonne auf das Gerodete geschienen hat. Dies war so an unserer Wohnstätte wie auch anderenorts, wo die Luft viel besser war und die Krankheit nicht so schwer auftrat wie zuvor. Was das Land als solches anbetrifft, so ist es schön und gefällig und bringt alle Sorten von Körnern und Samen zur Reife. Es gibt dort alle Baumarten, die wir hier auf dieser Ozeanseite in unseren Wäldern haben, und eine Menge Früchte, die freilich wild und nicht kultiviert sind, wie Nussbäume, Kirschbäume, Pflaumenbäume, Reben, Himbeeren, Erdbeeren, Stachelbeeren und rote Johannisbeeren sowie mehrere andere kleine, recht gute Früchte. Es gibt auch mehrere

Sorten essbarer Kräuter und Wurzeln. Fische gibt es in Fülle in den Flüssen, an denen es Wiesen und zahlloses Wild gibt. Vom Monat April bis zum 15. Dezember ist die Luft dort gesund und gut, sodass man in sich keinerlei Tendenz zu Krankheit spürt. Doch Januar, Februar und März sind gefährlich für Krankheiten, die einen während dieser Monate eher befallen als im Sommer aus den oben beschriebenen Gründen. Was die Behandlung angeht, so waren alle diejenigen, die bei mir waren, gut bekleidet, schliefen in guten Betten, es wurde gut geheizt und gegessen, allerdings das gesalzene Fleisch, das wir hatten, das meiner Meinung nach ihnen nicht gut bekam, wie ich oben ausgeführt habe. Und soweit ich gesehen habe, befällt die Krankheit ebenso sehr jemanden, der sich gut versorgt und auf sich achtgibt, wie jemanden, der sich elendiglich verhält. Anfangs glaubten wir, dass nur die Arbeiter von diesen Krankheiten befallen würden. Aber wir haben das Gegenteil gesehen. Diejenigen, die nach Ostindien und verschiedenen anderen Gegenden segeln, etwa Deutschland oder England, werden davon ebenso befallen wie in Neufrankreich. Seit einiger Zeit haben die Flamen, die auf ihren Reisen nach Indien von der Krankheit betroffen wurden, ein ganz besonderes Heilmittel gegen diese gefunden, das auch uns helfen könnte. Aber wir wissen nichts diesbezügliches, da wir nicht danach geforscht haben. Jedenfalls halte ich für gesichert, dass man mit gutem Brot und frischem Fleisch nicht von ihr heimgesucht wird.

Am 8. April war aller Schnee geschmolzen. Trotzdem war die Luft noch recht kalt bis in den April hinein, als die Bäume auszuschlagen begannen.

Einige derjenigen, die an Skorbut litten, genasen, als der Frühling kam, der hierfür die Jahreszeit der Heilung ist. Ein Indianer des Landes, der bei mir den Winter verbracht hatte, war an Skorbut erkrankt, weil er sein Essen auf Gesalzenes umgestellt hatte. Er starb daran. Dies zeigt deutlich, dass Gesalzenes nichts taugt und sogar das Gegenteil bewirkt.

Am 5. Juni kam eine Schaluppe bei unserer *Habitation* an, in der sich der Sieur de Marais befand, der Schwiegersohn von

Pont-Gravé; er brachte uns die Nachricht, dass sein Schwiegervater am 28. Mai in Tadoussac angekommen sei. Diese Nachricht erfreute mich sehr, denn wir erhofften uns Erleichterung. Von den 28, die wir ursprünglich waren, waren nur noch acht übrig, und von diesen war die Hälfte angeschlagen.

Am 7. Juni segelte ich von Quebec ab, um in Tadoussac einige Angelegenheiten zu erledigen, und ich bat den Sieur de Marais, an meiner Stelle zu bleiben bis zu meiner Rückkehr. Dies tat er.

Sobald ich dort angekommen war, sprachen Pont-Gravé und ich über einige Erkundungsreisen, die ich ins Landesinnere unternehmen sollte und wohin uns zu führen die Indianer versprochen hatten. Wir beschlossen, dass ich in einer Schaluppe mit 20 Mann fahren und Pont-Gravé in Tadoussac bleiben würde, um die Angelegenheiten in unserer *Habitation* in Ordnung zu halten. Wie wir es beschlossen hatten, wurde es gemacht, und er verbrachte den Winter dort. Ohnehin musste ich auf eine in einem Brief mir mitgeteilte Anordnung des Sieur de Monts hin nach Frankreich zurückkehren, um ihm zu berichten, was ich zuwege gebracht hatte, und ihn über die Entdeckungen in diesem Lande zu informieren. Nachdem ich diesen Entschluss gefasst hatte, segelte ich umgehend von Tadoussac ab und kehrte nach Quebec zurück. Dort ließ ich eine Schaluppe ausrüsten mit allem, was notwendig war für die Erkundung des Irokesenlandes, in das ich mich mit unseren Freunden, den Montagnais, begeben sollte.

Kapitel VII

Abfahrt von Quebec bis zur Insel Saint-Éloi. Meine Begegnung dort mit den Algonkin und Huronen.

Und mit diesem Ziel fuhr ich am 18. des Monats dort ab, wo der Strom breiter wird, manchmal eine Meile und mancherorts eineinhalb Meilen. Das Land wird immer attraktiver. Teilweise säumen Anhöhen den Lauf des Stromes und auch flaches Land ohne Felsen oder mit nur wenigen. Was den Strom betrifft, so ist er an vielen Stellen gefährlich wegen der Sandbänke und Felsen in seinem Bett, und man fährt nicht sicher darin, außer mit der Sonde in der Hand. Er ist sehr reich an vielerlei Fischsorten, sowohl solchen, die wir in Frankreich haben, als auch solchen, die wir nicht haben. Das gesamte Land ist bedeckt mit großen und hohen Wäldern der gleichen Arten, wie sie sich nahe unserer *Habitation* finden. Es gibt auch mehrere Rebsorten und Nussbäume am Flussufer und eine Menge kleiner Bäche und Flüsschen, die man nur mit Kanus befahren kann. Wir fuhren nahe an der Pointe Sainte-Croix[145] vorüber, von der viele glauben (wie ich anderswo gesagt habe), dass sie der Platz war, wo Jacques Cartier überwinterte. Diese Pointe ist sandig und erstreckt sich nur wenig in den Strom, und sie ist offen für den Westwind, der auf sie einbläst. Es gibt einige Wiesen, aber sie werden bei jeder Flut überschwemmt, deren Höhenunterschied zweieinhalb Faden ist. Diese Durchfahrt ist sehr gefährlich wegen der großen Menge Felsen, die im Strom herumliegen. Doch es gibt eine gute, wenn auch sehr gewundene Fahrrinne, durch die der Strom rasend hindurchschießt, und man muss den richtigen Moment abpassen, um durchzufahren. Diese Stelle hat schon viele zum Irrtum verleitet, die glaubten, dass man nur bei Flut durchkäme, weil es keinen Kanal gibt. Jetzt haben wird das

145 S. Fußnote 142.

Gegenteil herausgefunden. Denn von oben herunterzufahren ist möglich bei Ebbe; aber hinaufzufahren wäre schwierig, es sei denn mit starkem Rückenwind, wegen der großen Strömung. Dementsprechend muss man auf mindestens ein Drittel der Flut warten, um hinaufzufahren, also wenn sich in der Fahrrinne sechs, acht, zehn, zwölf oder 15 Faden Wasser befinden.

Unsere Fahrt fortsetzend kamen wir an einen sehr gefälligen Fluss, der von dem Platz Sainte-Croix neun Meilen und von Quebec 24 Meilen entfernt ist. Wir haben den Fluss St. Mary's River[146] genannt. Der ganze Strom ab Sainte-Croix ist sehr gefällig und hübsch.

Unsere Fahrt fortsetzend begegnete ich zwei- oder dreihundert Indianern, die ihre Hütten nahe einer kleinen Insel aufgeschlagen hatten, die Saint-Éloi heißt und von St. Mary eineinhalb Meilen entfernt liegt. Wir gingen hin, um uns zu informieren, und stellten fest, dass es sich um Stämme von Indianern handelte, die sich Huronen und Algonkin nennen und nach Quebec gekommen waren, um uns bei der Erkundung des Landes der Irokesen beizustehen, gegen die sie einen Krieg auf Leben und Tod führen und dabei nichts verschonen, was denen gehört.

Nachdem ich sie erkannt hatte, ging ich an Land, um sie zu besuchen, und ich fragte sie, wer ihr Häuptling sei. Sie sagten mir, dass es zwei gebe; der eine heiße Iroquet und der andere Ochasteguin, und sie zeigten sie mir. Und ich ging zu deren Hütte, wo sie mich gut empfingen, wie es bei ihnen Brauch ist.

Ich begann, ihnen das Ziel meiner Reise zu erklären, worüber sie sehr erfreut waren. Und nach einiger Unterhaltung zog ich mich zurück. Und einige Zeit später kamen sie zu meiner Schaluppe, wo sie mir einige Pelze schenkten und durch mehrere Zeichen ihr Wohlgefallen zum Ausdruck brachten. Und daraufhin kehrten sie ans Ufer zurück.

Am folgenden Tag kamen die beiden Häuptlinge, um mich zu sprechen, doch einige Zeit sagten sie kein Wort, sondern dachten nach und rauchten immerzu. Nachdem sie gut nachgedacht

146 River Sainte-Anne de La Pérade.

hatten, begannen sie eine laute Ansprache an alle ihre Gefährten zu halten, die mit den Waffen in der Hand am Ufer des Stromes standen und höchst aufmerksam dem zuhörten, was ihre Häuptlinge ihnen sagten, nämlich:

Dass vor zehn Monden, dies ist ihre Art zu zählen, Iroquets Sohn mich besucht habe, und dass ich ihn gut empfangen hätte und erklärt habe, dass Pont-Gravé und ich ihnen beistehen würden gegen ihre Feinde, mit denen sie seit langer Zeit schon Krieg führten. Denn diese hätten unter dem Vorwand der Freundschaft viele Grausamkeiten begangen gegen ihren Stamm. Und da sie seither immer schon Rache üben wollten, hätten sie alle Indianer, die ich am Stromufer sah, gebeten, zu uns zu kommen, um mit uns ein Bündnis zu schließen, und dass sie noch nie Christen gesehen hätten, was sie auch dazu bewegt habe, zu uns zu kommen; und dass ich mit ihnen und ihren Gefährten tun könne, was ich wollte; und dass sie keine Kinder mitgebracht hätten, sondern vielmehr Leute, die wüssten, wie man kämpft, die unerschrocken seien, die das Land kennen würden und die Wasserläufe, die es im Land der Irokesen gebe; und dass sie mich jetzt bitten würden, zu unserer *Habitation* zurückzukehren, damit sie unsere Häuser sehen könnten; und dass wir nach drei Tagen zurückkehren würden, um zusammen Krieg zu führen; und dass ich als Zeichen großer Freundschaft und Freude Musketen und Arkebusen abfeuern lassen solle, was sie sehr erfreuen würde. Ich tat dies, und sie brachen in laute Rufe des Staunens aus, besonders diejenigen, die solches noch nie gehört noch gesehen hatten.

Nachdem ich sie angehört hatte, gab ich ihnen Antwort: Um ihnen einen Gefallen zu tun, würde ich gern zu unserer *Habitation* zurückkehren, um ihnen noch größere Freude zu bereiten, und dass sie sehen konnten, dass ich keine andere Absicht hätte, als in den Krieg zu ziehen; denn wir trügen lediglich Waffen bei uns und keine Handelswaren, wie man ihnen zu verstehen gegeben hatte, und dass mein Wunsch ausschließlich sei, das zu tun, was ich ihnen versprochen hatte; und dass, wenn ich gewusst hätte, dass man ihnen Übles berichtete, ich diejenigen, die dies taten, noch mehr als Feinde betrachtet hätte als ihre eigenen Feinde[147]. Sie sagten mir, dass sie jenen Berichten in keiner Weise Glauben schenkten und dass sie sie überhaupt nicht angehört hätten. Gleichwohl war das Gegenteil richtig; denn es gab einige Indianer, die es den unsrigen erzählt hatten. Ich beließ es jedoch dabei und wartete auf eine Gelegenheit, ihnen durch Ergebnisse Besseres zu zeigen, als was sie sich von mir erhoffen mochten.

147 Die Irokesen.

Kapitel VIII

Rückkehr nach Quebec, und danach Fortsetzung der Reise mit den Indianern bis zur Stromschnelle im Fluss der Irokesen.

Am nächsten Tag brachen wir alle zusammen zu unserer *Habitation* auf, wo sie es sich einige fünf oder sechs Tage lang gut gehen ließen mit Tanzen und Gelagen in der frohen Erwartung, dass wir uns auf den Kriegspfad begeben würden.

Pont-Gravé kam bald aus Tadoussac mit zwei kleinen Pinassen voller Leute, denn ich hatte ihn in einem Brief gebeten, so rasch wie möglich zu kommen.

Als die Indianer ihn ankommen sahen, freuten sie sich noch mehr als zuvor; denn ich sagte ihnen, dass er mir zu ihrer Unterstützung einige seiner Männer geben würde; und dass wir vielleicht alle zusammen losziehen würden.

Am 28. des Monats rüsteten wir Pinassen aus, um den Indianern beizustehen. Pont-Gravé stieg in die eine und ich in die andere, und wir fuhren zusammen ab. Am 1. Juni kamen wir bei Sainte-Croix an, 15 Meilen von Quebec entfernt. Dort entschieden Pont-Gravé und ich gemeinsam, dass aus verschiedenen Gründen ich mit den Indianern gehen und er zu unserer *Habitation* und nach Tadoussac zurückkehren sollten. Nachdem wir diesen Beschluss gefasst hatten, lud ich alles für neun Mann, Des Marais, La Routte, unseren Steuermann und mich Nötige in meine Pinasse.

Ich verließ Sainte-Croix am 3. Juni[148] zusammen mit allen Indianern, und wir fuhren an den drei Flüssen[149] vorüber. Dort ist das Land sehr schön und voller vieler schöner Bäume. Von da sind es bis Sainte-Croix 15 Meilen. Bei der Einfahrt in jenen

148 Richtig: Juli.
149 Ort der heutigen Stadt Trois-Rivières.

Fluss[150] liegen sechs Inseln, von denen drei sehr klein und die anderen etwa 1500 bis 1600 Schritte lang und recht hübsch sind. Und unweit des Sees St. Peter, etwa zwei Meilen flussaufwärts, gibt es eine kleine Stromschnelle, die man aber ohne große Mühe passieren kann. Dieser Platz liegt auf 46° weniger einige Minuten Breite. Die Indianer dort gaben uns zu verstehen, dass einige Tagereisen flussaufwärts ein zehn Tagereisen großer See liegt, durch den der Fluss strömt. Und dann kommt man zu einigen Stromschnellen und danach zu drei oder vier weiteren Seen von fünf oder sechs Tagesreisen Größe. Und wenn man an deren Ende angekommen ist, muss man vier oder fünf Meilen über Land gehen und kommt dann erneut in einen anderen See[151], wo der Saint-Maurice den größten Teil seines Wassers erhält. Die Indianer kommen von diesem See nach Tadoussac; sie brauchen 40 Tage bis zu den drei Flüssen. Und sie sagen, dass oben an diesem Fluss Stämme wohnen, die große Jäger sind und keine festen Wohnsitze haben, und es von ihnen bis zum Nordmeer weniger als sechs Tagereisen sind. Das kleine Stück Land, das ich gesehen habe, ist sandig, ziemlich hügelig und am Flussufer von vielen Fichten und Tannen bedeckt; aber wenn man ungefähr eine Viertelmeile ins Landesinnere geht, sind die Wälder sehr schön und licht, und das Land ist eben.

Wir setzten unsere Fahrt durch gefälliges und ebenes Land fort bis zur Einfahrt in den Lac Saint-Pierre, der bei unserer Durchfahrt zwei, drei oder vier Faden Wasser hatte; er ist wohl acht Meilen lang und vier breit. Auf der Nordseite sahen wir einen sehr gefälligen Fluss, der sich etwa 20 Meilen weit ins Land erstreckt und dem ich den Namen Sainte-Suzanne[152] gab. Auf der Südseite befinden sich zwei Flüsse, von denen der eine Du-Pont-Fluss[153] heißt und der andere Gennes-Fluss[154]. Beide

150 Der Saint-Maurice mündet im heutigen Trois-Rivières in den Sankt-Lorenz-Strom.

151 Lac Saint-Jean.

152 Heute Rivière du Loup.

153 Heute Nicolet River.

154 Vermutlich der Yamaska River.

sind sehr schön und fließen durch schönes und gutes Land. Das Wasser liegt fast still in diesem See voller Fische. Auf der Nordseite erscheinen in zwölf oder 15 Meilen Entfernung vom See Umrisse von etwas bergigem Land. Nachdem wir den See durchquert hatten, fuhren wir durch eine große Zahl Inseln verschiedener Größe, wo Nussbäume und Weinreben wachsen und wo es schöne Wiesen mit einer Menge Jagdwild und anderen wilden Tieren gibt, die vom Festland auf die Inseln übersetzen. Der Fischfang ist dort ergiebiger als an jeder anderen Stelle des Flusses, die wir gesehen haben. Von diesen Inseln aus fuhren wir zur Mündung des Irokesen-Flusses[155], wo wir zwei Tage verweilten und uns an gutem Wildbret und ebensolchen Vögeln und Fischen erfrischten. Diese erhielten wir von den Indianern. Hier traten zwischen Letzteren bezüglich des Krieges einige Differenzen auf; das Ergebnis war, dass sich nur ein Teil von ihnen dafür entschied, mit mir zu kommen, während die anderen mit ihren Frauen und Waren, die sie erhandelt hatten, in ihre Heimatregion zurückgingen.

Von dieser Flussmündung abfahrend (die etwa 400 bis 500 Schritte breit und sehr schön ist und wo das Wasser nach Süden fließt), kamen wir zu einem Platz, der auf 45° Breite liegt in einer Entfernung von 22 oder 23 Meilen von den drei Flüssen. Dieser gesamte Fluss ist von seiner Mündung bis zur ersten Stromschnelle in 15 Meilen Entfernung sehr flach und von Wäldern gesäumt, wie es auch alle anderen oben genannten Orte sind, und alle haben dieselben Baumarten. Bis zur ersten Stromschnelle im Irokesen-Fluss gibt es neun oder zehn schöne Inseln, die eine Meile oder eine und eine halbe groß und voller Eichen und Nussbäume sind. Der Fluss ist an manchen Stellen fast eine halbe Meile breit und sehr fischreich. Wir trafen nirgends weniger als vier Fuß Wasser. Die Zufahrt zu der Stromschnelle ist eine Art See[156], in den das Wasser fließt und der etwa drei Meilen Umfang hat. Es gibt dort einige

155 Fluss Richelieu.
156 Chambly Basin.

Wiesen, wo wegen der Kriege keine Indianer wohnen. An der Stromschnelle gibt es nur wenig Wasser, das aber sehr schnell fließt, und eine Menge Felsen und Steine, welche die Indianer daran hindern, auf dem Wasser nach oben zu paddeln. Aber auf dem Rückweg fahren sie sehr behände hinunter. Diese ganze Gegend ist sehr flach und voller Wälder, Reben und Nussbäume. Noch nie kam ein Christenmensch hierher außer uns, die wir ordentliche Mühe hatten, den Fluss im Boot hinauf zu rudern.

Sobald wir an der Stromschnelle[157] angekommen waren, stiegen Des Marais, La Routte und ich selbst mit fünf Mann ans Ufer, um zu schauen, ob wir diese Stelle überwinden könnten, und gingen etwa eineinhalb Meilen, ohne dass wir eine Möglichkeit sahen. Der Fluss strömte mit unerhörter Schnelligkeit, und auf beiden Seiten gab es bei nur wenig Wasser eine Menge sehr gefährlicher Steine. Die Stromschnelle ist vielleicht 600 Schritte breit. Und da ich sah, dass es nicht möglich war, Bäume zu fällen und einen Weg zu schlagen mit den wenigen Leuten, die ich hatte, beriet ich mich mit allen und entschied, dass wir etwas anderes machen würden, als was wir uns vorgenommen hatten, als die Indianer uns zugesichert hatten, dass die Route ziemlich leicht zu befahren wäre. Aber wir fanden das Gegenteil, wie ich soeben dargelegt habe, und dies war der Grund dafür, dass wir zu unserer Schaluppe zurückkehrten, wo ich einige Leute zurückgelassen hatte, um sie zu bewachen und den Indianern zu sagen, sobald sie kämen, dass wir zur Erkundung der Stromschnelle flussaufwärts gegangen seien.

Nachdem wir hier gesehen hatten, was wir hatten sehen wollen, begegneten wir auf unserem Rückweg einigen Indianern, die wie wir auf Erkundungstour waren und die uns sagten, dass alle ihre Kameraden bei unserer Schaluppe angekommen seien. Wir trafen diese dann dort ganz zufrieden und erfreut, dass wir ohne Führer aufgebrochen waren und nur ihren uns mehrmals gegebenen Berichten vertraut hatten.

157 Die St. Louis Rapids bei Chambly.

Als wir zurück waren und wussten, dass es kaum eine Möglichkeit gab, die Stromschnelle mit unserer Schaluppe zu überwinden, war ich sehr niedergeschlagen. Es ärgerte mich, dass ich zurückkehren musste, ohne einen großartigen See voller schöner Inseln gesehen zu haben und auch nicht das schöne Land, das den See umsäumt, wo ihre Feinde wohnen, wie sie mir geschildert hatten. Nachdem ich gut darüber nachgedacht hatte, beschloss ich, mich dennoch hinzubegeben, sowohl um mein Versprechen zu halten als auch, um mir meinen Wunsch zu erfüllen. Und ich schiffte mich mit den Indianern in ihren Kanus ein und nahm dabei zwei Freiwillige mit. Nachdem ich Des Marais und anderen in der Schaluppe meinen Plan dargelegt hatte, bat ich Des Marais, mit dem Rest unserer Leute zu unserer *Habitation* zurückzukehren in der Hoffnung, dass ich mit der Gnade Gottes sie bald wiedersehen würde.

Danach ging ich zu den Häuptlingen der Indianer und machte ihnen klar, dass sie uns das Gegenteil erzählt hatten von dem, was ich gesehen hatte bezüglich der Stromschnelle, nämlich, dass es keine Möglichkeit gebe, sie mit der Schaluppe zu überwinden; dass mich dies aber nicht daran hindere, ihnen zu helfen, wie ich ihnen versprochen hatte. Diese Mitteilung betrübte sie sehr, und sie wollten ihren Plan ändern. Aber ich sagte ihnen, und ich bat sie darum, dass sie ihren ersten Plan ausführen sollten, und dass ich mit zwei anderen Leuten mit ihnen in ihren Kanus in den Krieg ziehen würde, um ihnen zu zeigen, dass ich mein ihnen gegebenes Wort hielte, selbst wenn ich allein wäre. Und ich sagte ihnen, dass ich für diesmal keinen meiner Gefährten zwingen wollte, mit uns in die Boote zu gehen, sondern nur Freiwillige mitnehmen würde, und dass sich zwei gefunden hätten, die ich jetzt mitnehmen würde.

Sie waren sehr erfreut über das, was ich ihnen sagte, und als sie den Entschluss hörten, den ich gefasst hatte, versprachen sie mir immerfort, dass sie mir schöne Dinge zeigen würden.

Kapitel IX

Abfahrt von der Stromschnelle des Irokesen-Flusses. Beschreibung eines großen Sees. Über die Begegnung mit Feinden, die wir an jenem See hatten, und über die Art und Weise, wie unsere Indianer die Irokesen angreifen.

Ich fuhr also von der Stromschnelle des Irokesen-Flusses am 2. Juli[158] ab. Alle Indianer begannen, ihre Kanus, Waffen und Gepäckstücke etwa eine halbe Meile zu tragen, um die Ungezügeltheit und schnelle Strömung der Stromschnelle zu umgehen. Dies war rasch gemacht.

Dann brachten sie alle Kanus ins Wasser, und in eines stiegen jeweils zwei Mann mit ihrem Gepäck. Aber jeweils einen Mann pro Kanu ließen sie etwa drei Meilen, was etwa die Länge der Stromschnelle ist, auf dem Ufer gehen; das Wasser ist hier nicht so wild wie bei der Mündung, außer an einigen Stellen, wo Felsen den Fluss sperren, der nur etwa 300 oder 400 Schritte breit ist. Nachdem wir nicht ohne Mühe die Stromschnelle überwunden hatten, stiegen alle Indianer, die auf dem Ufer auf einem ziemlich schönen Weg über ebenes, aber mit Wald bedecktes Land gegangen waren, wieder in ihre Kanus. Meine Leute liefen auch auf dem Ufer, ich aber blieb auf dem Wasser in einem Kanu. Die Indianer zählten alle ihre Leute und kamen auf 24 Kanus mit 60 Leuten. Nach dieser Musterung fuhren wir bis zu einer drei Meilen langen Insel[159] weiter, auf der die schönsten Fichten wachsen, die ich je gesehen habe. Hier gingen die Indianer auf die Jagd und erlegten einiges Wild. Nachdem wir etwa drei Meilen weiter gefahren waren, ließen wir uns für die folgende Nacht nieder.

Sofort begann jeder von ihnen etwas zu tun, die einen Bäume zu fällen, die anderen Rinde von den Bäumen abzuschälen, um

158 12. Juli?
159 Isle Sainte-Thérèse

damit ihre Hütten zu decken, worin sie unterkommen wollten; wiederum andere begannen, große Bäume zu fällen für Barrikaden am Flussufer um ihre Hütten herum; sie vermögen dies so schnell zu tun, dass nach weniger als zwei Stunden Arbeit 500 ihrer Feinde große Mühe gehabt hätten, sie ohne viele tödliche Verluste zu überwältigen. Sie verbarrikadieren das Flussufer nicht, wo ihre Kanus angepflockt sind, um sich notfalls rasch einschiffen zu können. Nachdem die Wohnungen fertig waren, sandten sie drei Kanus mit neun guten Leuten entsprechend ihrer bei allen Reisen gepflogenen Gewohnheit zur Erkundung zwei oder drei Meilen weit voraus, ob sie etwas entdeckten. Danach zogen sich diese Leute zurück. Die ganze Nacht hindurch verlassen sie sich auf das, was diese Späher gesehen haben. Dies ist ein sehr schlechter Brauch. Denn manchmal werden sie von ihren Feinden im Schlaf überrascht, und diese knüppeln sie nieder, bevor sie Zeit haben, zur Verteidigung aufzustehen. Dies erkennend, wies ich sie auf den Fehler hin, den sie machten und sagte, dass sie Wachen aufstellen sollten, wie sie es bei uns jede Nacht gesehen hatten, und Leute bestimmen sollten, die horchen und schauen, ob sie etwas vernehmen; und dass sie nicht leben sollten wie dumme Tiere. Sie sagten mir, dass sie nicht wach bleiben könnten, weil sie sich während des Tages auf der Jagd zu sehr anstrengten. Außerdem, wenn sie sich auf den Kriegspfad begeben, teilen sie ihre Truppen in drei Abteilungen, nämlich eine in verschiedene Richtungen gesandte für die Jagd, eine andere, die das Gros darstellt und immer unter Waffen steht; und die dritte sind die Späher, die entlang der Flüsse schauen, ob sie irgendwo eine Markierung oder ein Signal entdecken, welche den Durchzug von Feinden oder von Freunden verraten würde. Sie erkennen solches durch gewisse Markierungen, welche die Häuptlinge eines Stammes für einen anderen anbringen; diese Markierungen sind nicht immer die gleichen, und sie teilen es einander von Zeit zu Zeit mit, wenn sie sie ändern; auf diese Weise erkennen sie, ob Freunde oder Feinde durchgekommen sind. Die Jäger jagen nie vor dem Gros noch vor den Spähern, um keine Vorwarnung zu geben oder Verwirrung zu stiften, sondern nur nach hinten oder in eine Richtung, in der sie ihre Feinde nicht vermuten. Und so machen sie immer weiter, bis sie ihren Feinden auf zwei oder drei Tagesreisen nahe sind; dann bewegen sie sich unauffällig bei Nacht in geschlossenem Trupp, mit Ausnahme der Späher. Bei Tag ziehen sie sich in das Dickicht des Waldes zurück, wo sie sich ausruhen, ohne umherzuziehen, Geräusche zu machen oder Feuer anzuzünden, auch nicht zum Kochen, um nicht bemerkt zu werden, sollten zufälligerweise ihre Feinde vorbeikommen. Sie machen nur Feuer, um zu rauchen, doch ein solches ist vernachlässigbar klein. Sie essen gekochtes Maismehl, das sie mit Wasser vermischen zu einer Art Brei. Sie bewahren diese Mehlkuchen auf für den Notfall und wenn sie ihren Feinden nahe sind oder wenn sie auf dem Rückzug sind nach einem Angriff; denn dann vergeuden sie keine Zeit mit Jagd, sondern ziehen sich rasch zurück.

In allen ihren Lagern haben sie ihre *Pillotois* oder *Ostemoy* (das sind Leute, die sich als Seher ausgeben und denen diese Stämme Glauben schenken). Einer von ihnen richtet eine von etwas Wald umgebene Hütte ein und bedeckt sie mit seinem Fell. Wenn sie fertig ist, setzt er sich so hinein, dass man ihn nicht mehr sehen kann; dann ergreift er einen Pfosten seiner Hütte, rüttelt an ihm und murmelt einige Worte zwischen seinen Zähnen, was bedeutet, dass er den Teufel anruft. Dieser erscheint ihm in der Gestalt eines Steines und sagt ihm, ob sie ihre Feinde treffen und ob sie viele von ihnen töten werden. Dieser *Pillotois* liegt ausgestreckt auf dem Boden, ohne sich zu bewegen, und spricht nur mit dem Teufel; dann steht er plötzlich auf und spricht und windet sich, dass er in Schweiß gebadet wird, obwohl er nackt ist. Alle Stammesleute sitzen um die Hütte herum auf ihren Hintern wie die Affen. Sie sagten mir oft, dass das von mir gesehene Wackeln der Hütte vom Teufel verursacht wurde, der sie schüttelte, und nicht von dem, der drin saß, obwohl ich das Gegenteil beobachtete. Denn es war der *Pillotois*, wie ich oben gesagt habe, der an einer der Stützen seiner Hütte mit der Hand rüttelte. Sie sagten mir auch, dass ich oben Feuer herauskommen sehen würde. Doch ich sah davon nichts. Diese Spitzbuben sprechen auch laut und deutlich mit verstellter Stimme in einer den anderen Indianern unbekannten Sprache. Und wenn sie mit gebrochener Stimme sprechen, glauben die anderen, dass der Teufel redet und ihnen sagt, was in ihrem Krieg geschehen wird und was sie tun sollen.

Doch trotz aller Drapierungen, welche diese Seher verwenden, sind von 100 Worten bei ihnen keine zwei wahr; aber sie fahren fort, diese armen Leute zu betrügen, wie es deren ja viele in der Welt gibt, und Profit aus ihnen zu ziehen, wie es anderwärts ja auch geschieht. Ich legte ihnen oft dar, dass alles, was sie diesbezüglich taten, die reine Narrheit sei und sie den Sehern keinen Glauben schenken dürften.

Nachdem sie von ihren Sehern erfahren haben, was die Zukunft bringen wird, nehmen die Häuptlinge so viele Stöcke von einem Fuß Länge, wie sie zählen; mit anderen, etwas längeren, bezeichnen sie die Anführer. Dann gehen sie in den Wald, ebnen ein Bodenquadrat von fünf oder sechs Fuß Seitenlänge, wo ihr Oberster wie ein Oberstabsfeldwebel die Stöcke so arrangiert, wie er es am besten findet. Dann ruft er alle seine Gefährten herbei; diese kommen bewaffnet heran, und er zeigt ihnen den Rang und die Stelle, die sie im Kampf mit ihren Feinden einzunehmen haben. Die Indianer schauen aufmerksam zu und merken sich die Präsentation, die ihr Häuptling mit den Stöcken gemacht hat. Danach ziehen sie sich von dort zurück und beginnen, sich so aufzustellen, wie sie es mit den Stöcken gesehen haben. Dann mischen sie sich durcheinander und kehren daraufhin wieder in die Ordnung zurück; das wiederholen sie zwei- oder dreimal. Dann gehen sie zurück in ihr Lager, ohne dass sie einen Feldwebel benötigen, der die Rangordnung intakt hält; denn sie vermögen diese sehr gut einzuhalten, ohne dass Unordnung eintritt. Dies ist ihre im Krieg angewandte Methode.

Wir segelten am nächsten Morgen ab und fuhren weiter den Fluss hinauf bis zur Einfahrt in den See[160]. Dort befindet sich eine große Anzahl schöner, niedriger Inseln voller sehr schöner Bäume und Wiesen. Es gibt eine Menge Wild und jagdbare Tiere

160 Lake Champlain.

wie Hirsche, Damwild, Kitze, Rehe, Bären und andere Tierarten, die vom Festland auf diese Inseln kommen. Wir erbeuteten eine große Zahl davon. Es gibt auch viele Biber, sowohl in diesem Fluss als auch in anderen kleineren, die in diesen münden. In dieser Gegend wohnen keine Indianer wegen ihrer vielen Kriege, obwohl sie einladend ist. Denn sie ziehen sich von den Flüssen zurück, soweit sie können, um nicht so leicht überrascht zu werden.

Am nächsten Tag fuhren wir in den See ein, der recht groß ist, so um die 80 oder 100 Meilen lang, wo ich vier Inseln[161] sah von etwa zehn, zwölf und 15 Meilen Länge, die früher von Indianern bewohnt wurden, wie ja auch der Irokesen-Fluss. Aber sie wurden aufgegeben, da die Indianer miteinander Krieg führten. Mehrere Flüsse münden in den See, und an ihren Ufern stehen eine Anzahl schöner Bäume derselben Sorten, wie wir sie in Frankreich haben; außerdem gibt es viele Weinreben, die schöner sind als an jedem anderen Ort, den ich je sah. Es befinden sich da auch viele Kastanienbäume; ich hatte bisher noch keine gesehen, bevor ich diese auf dem Ufer des Sees erblickte, in dem es Fische verschiedener Arten in großer Fülle gibt. Darunter ist einer, der von den Indianern dort *Chaousarou* genannt wird und in verschiedenen Längen auftritt. Aber der größte misst, wie mir diese Stammesleute gesagt haben, acht bis zehn Fuß. Ich habe welche gesehen, die fünf Fuß lang waren und damit so lang wie ein Männerschenkel, mit einem Kopf so groß wie zwei Fäuste, mit einem zweieinhalb Fuß großen Maul und einer Doppelreihe sehr spitzer und gefährlicher Zähne. Der Körper dieses Fisches hat mehr oder weniger die Form eines Hechtes, aber er wird geschützt durch silbergraue Schuppen, die so stark sind, dass ein Dolchstoß sie nicht durchdringen könnte. Die Spitze seines Mauls ähnelt derjenigen eines Schweins. Dieser Fisch bekriegt sich mit allen anderen in diesen Seen und Flüssen. Und wie die Stammesleute mir gesagt haben, hat er eine wundersame Schläue,

161 Vermutlich Contrecoeur (Long Island und Grand Island), La Motte und Valcour Islands.

die darin besteht, dass er, wenn er ein paar Vögel fangen will, in die Binsen oder die Schilfrohre schwimmt, die an verschiedenen Seeufern wachsen, und regungslos das Maul aus dem Wasser streckt. Kommen dann die Vögel, um sich auf dem Maul auszuruhen und denken, dies sei ein Baumstumpf, ist er so listig, dass er sein halboffenes Maul zumacht und sie an den Füßen unter Wasser zieht. Die Indianer gaben mir einen Kopf von ihm, der für sie sehr wertvoll ist; sie sagen, dass sie bei Kopfweh den Leidenden mit den Zähnen dieses Fisches an der Schmerzstelle zum Bluten bringen und der Schmerz daraufhin rasch nachlässt.

Als wir unsere Fahrt auf der westlichen Seite des Sees fortsetzten und ich die Landschaft betrachtete, sah ich auf der Ostseite sehr hohe Berge, deren Gipfel mit Schnee bedeckt waren. Ich fragte die Indianer, ob diese Region bewohnt sei, und sie sagten, ja, nämlich von Irokesen; und dort gebe es schöne Täler und fruchtbare Felder voller Weizen; diesen hatte ich in diesem Land schon gegessen, wie auch zahllose andere Landesfrüchte. Sie sagten auch, dass der See nahe an die Berge heranreiche, die meiner Ansicht nach von uns 25 Meilen entfernt sein mochten. Im Süden sah ich andere, die nicht weniger hoch waren als die erstgenannten; allerdings gab es keinen Schnee auf ihnen. Die Indianer sagten mir, dass dies die Gegend sei, wo wir ihre Feinde finden würden, dass es dort eine starke Bevölkerung gebe und dass man eine Stromschnelle[162] überwinden müsse, die ich dann auch sah. Von dort mussten wir in einen anderen, etwa neun oder zehn Meilen langen See[163] hineinfahren; als wir dessen Ende erreicht hatten, mussten wir etwa zwei Meilen über Land gehen und einen Fluss[164] überqueren, der zur Küste von Norumbega[165] hinunterfließt, die sich an diejenige Floridas anschließt. Man brauchte mit dem Kanu nur zwei Tage, um dorthin zu gelangen, wie ich später von einigen Gefangenen erfuhr, die wir machten. Diese sprachen recht ausführlich mit mir über alles, was sie

162 Ticonderoga.
163 Lake George.
164 Hudson River.
165 S. Fußnote 44.

davon wussten; sie taten dies mithilfe einiger Dolmetscher der Algonkin, welche die Irokesensprache beherrschten.

Nun, als wir uns bis auf zwei oder drei Tagesreisen dem Wohnplatz ihrer Feinde näherten, fuhren wir nur noch bei Nacht; während des Tages ruhten wir uns aus. Gleichwohl veranstalteten sie immer noch ihre abergläubischen Rituale, um zu erfahren, was der Ausgang ihrer Unternehmungen sein könnte. Und oft kamen sie zu mir, um mich zu fragen, ob ich geträumt und ihre Feinde gesehen hätte. Ich verneinte dies, fuhr aber fort, ihnen Mut und Hoffnung zu machen. Sobald die Nacht kam, machten wir uns auf den Weg und fuhren bis zum nächsten Morgen; dann zogen wir uns wieder ins Dickicht der Wälder zurück, um dort den restlichen Tag zu verbringen. Gegen zehn oder elf Uhr, nachdem ich ein bisschen um unsere Schlafstätte herumgegangen war, legte ich mich zur Ruhe; und im Schlaf träumte ich, dass ich sah, wie unsere Feinde, die Irokesen, in einem See in der Nähe eines Berges vor unseren Augen ertranken; als ich ihnen zu Hilfe kommen wollte, sagten unsere verbündeten Indianer, dass man sie sterben lassen solle, weil sie nichts taugten. Als ich aufwachte, verfehlten sie nicht, mich wie gewöhnlich zu fragen, ob ich etwas geträumt hätte. Ich erzählte ihnen, was ich im Traum gesehen hatte. Dies verlieh ihnen solches Selbstvertrauen, dass sie keinerlei Zweifel mehr hegten hinsichtlich des guten Ausgangs ihres Unterfangens.

Als es Abend wurde, bestiegen wir unsere Kanus zur Fortsetzung unserer Fahrt, und als wir leise und praktisch geräuschlos gegen zehn Uhr abends am 29. des Monats[166] am Ende eines auf der Westseite in den See vorspringenden Kaps[167] vorbeikamen, trafen wir auf Irokesen auf dem Kriegspfad. Sowohl sie als auch wir begannen, laute Schreie auszustoßen, und jeder ergriff seine Waffen. Wir zogen uns auf den See zurück, und die Irokesen gingen ans Ufer und schoben ihre Kanus nebeneinander. Dann begannen sie, Bäume zu fällen mit den schlechten Beilen, die

166 Juli.
167 Crown Point.

sie manchmal im Krieg erbeuten, sowie mit Steinäxten, und verbarrikadierten sich gut.

Auch unsere Indianer hielten ihre Kanus die ganze Nacht lang aneinandergeschoben und an Pfosten gebunden, damit sie nicht wegschwammen; so konnten sie, falls nötig, alle gemeinsam kämpfen. Wir waren auf dem Wasser einen Bogenschuss entfernt von den feindlichen Barrikaden. Und sobald sie bewaffnet waren und alles in Bereitschaft gebracht hatten, schickten sie zwei Kanus, die sie von den anderen abgetrennt hatten, um von den Feinden zu erfahren, ob diese kämpfen wollten. Diese antworteten, dass sie nichts anderes wünschten. Aber zur Stunde, sagten sie, könnte man kaum etwas sehen, und dass man vielmehr auf den Tag warten solle, damit man einander unterscheiden könne. Sie sagten, dass sie uns sofort bei Sonnenaufgang angreifen würden. Dies wurde von unseren Indianern akzeptiert. Und während man wartete, wurde die ganze Nacht hindurch getanzt und gesungen, sowohl auf der einen wie auf der anderen Seite, mit einer Unmenge Beleidigungen und anderen Reden. Sie riefen, wie wenig Mut die unseren besäßen, wie wenig Wirkung und Widerstand es gegen ihre Waffen gebe, und wie bei Tagesanbruch die unseren dies zu ihrem Untergang erfahren würden. Die Unsrigen verfehlten ihre Entgegnung nicht und sagten ihnen, dass sie eine Waffenwirkung sehen würden, wie sie eine solche noch nie gesehen hätten, und gaben eine Menge anderen Geredes von sich, wie es bei der Belagerung einer Stadt üblich ist. Nach viel beiderseitigem Gesang, Tanz und Wortwechsel waren meine Gefährten und ich immer noch in Deckung, damit die Feinde uns nicht sahen; wir bereiteten unsere Waffen vor, so gut wir vermochten, blieben aber immer noch getrennt voneinander, nämlich jeweils einer in einem der Kanus der Montagnais-Indianer. Nachdem wir mit leichten Waffen ausgerüstet waren, nahmen wir jeder eine Arkebuse und gingen ans Ufer. Ich sah die Feinde aus ihrer Barrikade kommen; es waren fast 200 offensichtlich starke und kräftige Männer, die uns langsam entgegenkamen mit einer gravitätischen Selbstsicherheit, die mir sehr gefiel; angeführt wurden sie von drei Häuptlingen. Die Unsrigen gingen in gleicher Ordnung vor. Sie sagten mir, dass jene Feinde mit drei großen Federbüschen deren Anführer seien, es nur diese drei gebe und man sie an diesen Federn erkenne, die viel größer waren als die ihrer Kameraden. Und dass ich tun solle, was ich vermöge, um sie zu töten. Ich versprach ihnen zu tun, was in meiner Macht liege, und dass es mich ärgere, dass ich mich ihnen nicht verständlich machen könne, um ihnen die Kampfordnung und Vorgehensweise anzuweisen, wie sie ihre Feinde angreifen sollten, so dass wir diese unzweifelhaft besiegen würden. Ich sagte, dass ich ihnen jedoch trotzdem, da wir die Dinge nun nicht ändern konnten, sobald der Kampf beginnen würde, gern den Mut und die Kampfbereitschaft vorführen würde, die in mir steckten.

Sobald wir am Ufer waren, begannen unsere Indianer etwa 200 Schritte weit auf ihre Feinde zuzurennen. Diese hatten angehalten und meine Gefährten noch nicht bemerkt, die mit einigen Indianern in den Wald gegangen waren. Unsere Indianer begannen, mich mit lauten Schreien herbeizurufen. Und um den Weg für mich freizumachen, trennten sie sich in zwei Gruppen und ließen mich ungefähr 20 Schritte vorangehen, bis ich etwa 30 Schritte von den Feinden entfernt war. Sobald mich diese sahen, hielten sie an und beobachteten mich und ich sie. Als ich sie sich bewegen sah, um mit ihren Bogen auf uns zu zielen, legte ich meine Muskete an die Wange und zielte direkt auf einen der drei Häuptlinge, und durch diesen Schuss fielen zwei von ihnen zur Erde, und ein weiterer ihrer Kameraden wurde verletzt und starb wenig später. Ich hatte vier Kugeln in meiner Muskete. Als unsere Leute diesen für sie so günstigen Schuss sahen, begannen sie solch laute Schreie auszustoßen, dass man Donner nicht gehört hätte. Gleichwohl flogen Pfeile von der einen wie von der anderen Seite. Die Irokesen staunten sehr darüber, dass gleich zwei Leute so schnell getötet wurden, obwohl sie geschützt waren durch Schilde aus mit Baumwolle verwobenem Holz, durch welche Pfeile gar nicht dringen konnten. Dies versetzte sie in große Furcht. Als ich nachlud, gab einer meiner Gefährten einen Schuss aus dem Wald ab, was sie erneut so erstaunte, dass sie, da sie ihre Häuptlinge tot sahen, ihren Mut verloren und flüchteten. Sie verließen nicht nur das Feld, sondern auch ihr Fort und flohen in die Tiefe des Waldes, wohin ich sie verfolgte und dabei noch andere von ihnen niederschoss. Unsere Indianer töteten ebenfalls einige von ihnen und machten zehn oder zwölf Gefangene. Die Restlichen flohen mit den Verwundeten. Von unseren Indianern wurden 15 oder 16 durch Pfeile verwundet; sie genasen jedoch rasch.

Nachdem wir unseren Sieg errungen hatten, gefielen sich unsere Indianer darin, sich einer Menge Mais und Mehl ihrer Feinde zu bemächtigen, wie auch deren Waffen, die sie zurückgelassen hatten, um besser das Weite suchen zu können. Nach einem Festmahl und Tanzen und Singen machten wir uns mit den Gefangenen auf den Rückweg. Dieser Ort, wo dieser Kampf stattfand, liegt auf 43° und einigen Minuten Breite und wurde der Lac Champlain genannt.

Kapitel X

Rückkehr von der Schlacht und was auf dem Rückweg geschah.

Nachdem wir etwa acht Meilen gefahren waren, nahmen unsere Indianer einen der Gefangenen und hielten ihm eine Rede über die Grausamkeiten, die er und die Seinen ihnen gegenüber rücksichtslos begangen hätten, und dass er gleicherweise sich darauf einrichten solle, dasselbe zu erleiden; und sie befahlen ihm zu singen, wenn er den Mut dazu hätte; und das tat er, aber sein Gesang hörte sich sehr traurig an.

Währenddessen zündeten unsere Indianer ein Feuer an, und als es gut brannte, nahm jeder von ihnen ein glimmendes Holzstück und versengte diesen armen Teufel nach und nach, um ihm möglichst viele Qualen zu bereiten. Manchmal hielten sie ein und schütteten ihm Wasser über den Rücken; dann rissen sie ihm die Fingernägel aus und verbrannten die Spitzen seiner Finger und seines Penis. Dann schnitten sie ihm den Skalp ab und ließen daraufhin eine dickliche, sehr heiße Flüssigkeit auf seinen Schädel tröpfeln. Dann durchbohrten sie seine Arme nahe der Knöchel und wollten mit Stöcken die Sehnen mit Gewalt herausziehen; als sie sahen, dass ihnen dies nicht gelang, schnitten sie sie ab. Der arme Teufel stieß fremdartige Schreie aus, und ich hatte Mitleid, ihn solchermaßen behandelt zu sehen. Freilich ertrug er dies mit solchem Gleichmut, dass man zeitweilig gesagt hätte, er verspüre fast keinen Schmerz. Sie baten mich wiederholt, Feuer in die Hand zu nehmen und es ihnen gleich zu tun. Ich machte ihnen klar, dass wir solche Grausamkeiten nicht begingen, und dass wir sie sofort hinrichteten und sagte, wenn sie wollten, dass ich ihn mit einem Musketenschuss erschieße, so würde ich dies gern tun. Sie verweigerten dies, denn dann würde er gar keinen Schmerz mehr verspüren. Ich ging weg von ihnen, als sei ich verärgert über die viele Grausamkeit, die sie seinem Körper zufügten. Als sie sahen, dass ich nicht zufrieden war, riefen sie mich zurück und sagten, dass ich mit der Muskete auf ihn schießen solle. Ich tat dies, ohne dass er es sah, und statt dass ich ihn weiterhin so brutal behandelt sehen musste, ersparte ich ihm mit einem Schuss alle die Qualen, die er noch erlitten hätte. Nachdem er tot war, waren sie noch nicht zufrieden. Sie öffneten seinen Bauch und warfen seine Eingeweide in den See. Dann schnitten sie ihm den Kopf, die Arme und die Beine ab und verstreuten dieselben nach links und rechts. Aber sie behielten den Skalp, den sie auskratzen ließen, wie sie es mit allen anderen gemacht hatten, die sie im Kampf getötet hatten. Sie begingen noch eine andere Bösartigkeit. Denn sie nahmen das Herz und schnitten es in mehrere Stücke und gaben es einem Bruder des Toten und anderen Gefangenen zu essen. Diese nahmen die Stücke und legten sie in ihren Mund, aber wollten sie nicht hinunterschlucken. Einige der Algonkin, welche die Gefangenen bewachten, ließen sie die Stücke ausspucken und warfen sie ins Wasser. Dies ist die Weise, wie diese Stämme sich verhalten hinsichtlich ihrer Kriegsgefangenen. Und es wäre besser für diese, im Kampf zu sterben oder sofort umgebracht zu werden, wie es vielen zuteil wird, als in die Hände ihrer Feinde zu fallen. Nachdem diese Hinrichtung beendet war, machten wir uns wieder auf den Weg, um mit den übrigen Gefangenen zurückzukehren; letztere liefen immerzu singend mit, ohne eine andere Aussicht, als so behandelt zu werden wie der, dem es so schlecht ergangen war. Als wir an der Stromschnelle des Irokesen-Flusses[168] ankamen, gingen die Algonkin zu ihrem Gebiet zurück und ebenso, mit einigen der Gefangenen, die Huronen. Sie waren sehr zufrieden mit dem, was im Krieg geschehen war und dass ich mit ihnen freiwillig mitgekommen war. So schieden wir denn nun mit lauten Beteuerungen der Freundschaft voneinander. Sie fragten mich, ob ich nicht in ihr Land kommen würde und ihnen immerzu brüderlich helfen würde. Ich versprach es ihnen.

168 S. Fußnote 155.

Ich kam zurück mit den Montagnais. Nachdem ich die Gefangenen hinsichtlich ihres Landes und seiner Besonderheiten befragt hatte, packten wir unser Gepäck für unsere Rückkehr. Diese vollzog sich mit solcher Geschwindigkeit, dass wir jeden Tag 25 oder 30 Meilen in ihren Kanus fuhren; das ist jedoch bei ihnen so üblich. Als wir zur Einfahrt in den Irokesen-Fluss kamen, gab es einige Indianer, die träumten, dass sie von ihren Feinden verfolgt würden. Dieser Traum ließ sie alsbald ihr Lager verlegen, obwohl das Wetter in dieser Nacht sehr schlecht war, denn es windete und regnete. Und sie gingen und verbrachten aus Furcht vor ihren Feinden die ganze Nacht bis zum Morgen im Binsendickicht im Lake St. Peter. Zwei Tage später kamen wir bei unserer *Habitation*[169] an, wo ich ihnen Brot und ein paar Erbsen geben ließ und auch einige Perlenketten, um die sie mich baten. Sie wollten damit die Skalpe ihrer Feinde schmücken, die sie bei den Festlichkeiten aus Anlass ihrer Rückkehr trügen. Am folgenden Tag fuhr ich mit ihnen in ihren Kanus nach Tadoussac, um ihre Rituale zu sehen. Sich dem Ufer nähernd, nahm jeder einen Stock, an dessen Ende sie die Skalpe ihrer getöteten Feinde mit einigen Perlenketten befestigt hatten, und alle sangen miteinander. Und als sie alle bereit waren, entblößten sich ihre Frauen vollständig und sprangen ins Wasser; sie schwammen vor die Kanus hin und empfingen die Skalpe ihrer Feinde, die am Ende der langen Stöcke vorn in den Booten hingen, um sie dann später um ihre Hälse zu hängen, als wären es kostbare Ketten, und dabei zu singen und zu tanzen. Einige Tage später schenkten sie mir einen der Skalpe, als wäre er sehr wertvoll, und auch ein Waffenpaar ihrer Feinde, das ich aufbewahren und später dem König zeigen sollte. Und um ihnen einen Gefallen zu tun, versprach ich dies.

Einige Tage später ging ich nach Quebec, wohin einige Algonkin kamen, die mir ihr Bedauern ausdrückten, dass sie nicht bei der Niederlage ihrer Feinde dabei gewesen waren. Sie schenkten mir einige Pelze in Anerkennung des Umstandes, dass ich dabei gewesen war und ihren Freunden geholfen hatte.

---

169 Quebec.

Einige Tage nachdem sie abgefahren waren zur Rückkehr in ihr Land, das wohl 120 Meilen von unserer *Habitation* entfernt liegt, fuhr ich nach Tadoussac, um zu schauen, ob Pont-Gravé aus der Gaspé zurückgekehrt sei, wohin er gereist war. Er kam erst am folgenden Tag und sagte mir, dass er beschlossen hätte, nach Frankreich zurückzukehren. Wir entschieden, den Kapitän Pierre Chavin aus Dieppe als Kommandeur zurückzulassen, einen ehrlichen Mann. Er sollte so lange bleiben, bis der Sieur de Monts eine diesbezügliche Anordnung treffen würde.

Kapitel XI

Rückkehr nach Frankreich und was sich bis zum Zeitpunkt der Wiedereinschiffung ereignete.

Nachdem dieser Entschluss gefasst war, fuhren wir nach Quebec, um Chavin dort einzuführen und ihn mit allem in einer Wohnstätte Erforderlichen und Notwendigen auszustatten. Auch gaben wir ihm 15 Mann. Als alles gerichtet war, segelten wir am ersten Septembertag nach Tadoussac ab, um dort unser Schiff für die Rückkehr nach Frankreich ausrüsten zu lassen.

Von dort segelten wir dann am 5. des Monats ab, und am 8. ankerten wir beim Rocher Percé.

Am Donnerstag, dem 10. verließen wir diesen Platz, und am folgenden Dienstag, dem 18. des Monats, kamen wir an der Grand Bank an.

Am 2. Oktober benutzten wir die Sonde. Am 8. warfen wir unseren Anker aus bei Le Conquet in der unteren Bretagne. Am Samstag, dem 10. verließen wir diesen Ort und kamen am 13. in Honfleur an.

Nachdem ich das Schiff verlassen hatte, verweilte ich nicht lange, bevor ich die Postkutsche nahm, um den Sieur de Monts zu besuchen, der sich damals in Fontainebleau befand, wo sich Seine Majestät[170] aufhielt. Ich unterrichtete ihn im Detail über alles, was sich ereignet hatte sowohl während meiner Überwinterung als auch bei den neuen Erkundungsreisen. Ich sprach auch von den Aussichten hinsichtlich dessen, was es in Zukunft zu tun gebe im Hinblick auf die Versprechen der Huronen genannten Indianer, die gute Irokesen sind. Die anderen Irokesen, die ihre Feinde sind, wohnen weiter im Süden. Die ersteren verstehen die Sprache, und die Ihrige unterscheidet sich nicht sehr von derjenigen der kürzlich

170 Heinrich IV.

entdeckten Stämme, welche uns bisher unbekannt gewesen waren.

Alsbald machte ich Seiner Majestät meine Aufwartung und berichtete ihm über meine Reise, wovon er gern und mit Befriedigung Kenntnis nahm.

Ich hatte einen sehr gut aus Stacheln des Stachelschweins gewebten Gürtel, wie er in jenem Land üblich ist; Seine Majestät nahm ihn gnädig entgegen, wie auch zwei kleine, etwa amselgroße, scharlachrote Vögel und außerdem den Kopf eines Fisches; dieser war im Irokesen-See gefangen worden und hatte ein sehr langes Maul mit zwei oder drei Reihen sehr spitzer Zähne. Das Bild dieses Fisches findet sich in dem großen See auf meiner Landkarte.

Nach der Audienz bei Seiner Majestät entschied der Sieur de Monts, sich nach Rouen zu begeben, um seine Geschäftspartner zu treffen, die Sieurs Collier und Le Gendre, Kaufleute in Rouen, um darüber zu sprechen, was sie im nächsten Jahr tun würden. Sie beschlossen, die Siedlung fortzusetzen und sich die Versprechen der Huronen zunutze machend die Erkundung des großen Sankt-Lorenz-Stroms zum Abschluß zu bringen; als Gegenleistung würde man jenen in ihren Kriegen beistehen, wie wir es ihnen versprochen hatten.

Pont-Gravé wurde dazu bestimmt, nach Tadoussac zu gehen, sowohl zum Tauschhandel als auch für jegliches andere, was zum Bestreiten der Kosten würde beitragen können.

Und der Sieur Lucas Le Gendre aus Rouen, einer der Partner, wurde dazu bestimmt, den Einkauf von Waren und Vorräten zu besorgen und sich um die Heuer der Schiffe, das Anheuern der Mannschaften und andere für die Reise notwendige Dinge zu kümmern.

Nachdem all dies festgelegt war, kehrte der Sieur de Monts nach Paris zurück. Ich ging mit ihm und blieb dort bis Ende Februar. Während dieser Zeit bemühte sich der Sieur de Monts, eine neue Kommission für den Pelzhandel zu erhalten in jenen Regionen, die wir erkundet hatten und wo zuvor noch niemand Handel getrieben hatte. Er war damit nicht erfolgreich, obwohl seine Forderungen und Vorschläge berechtigt und vernünftig waren.

Und obwohl er sah, dass es keine Hoffnung gab, diese Kommission zu erhalten, ließ er nicht davon ab, seinen Plan zu verfolgen, da er den Wunsch hatte, dass alles Frankreich zum Vorteil und zur Ehre gereiche.

Während dieser Zeit hatte der Sieur de Monts mich noch nicht über seine Wünsche hinsichtlich meiner selbst informiert, bis ich ihm sagte, dass man mir berichtet habe, dass er nicht wolle, dass ich den Winter in Kanada verbringe. Dies war jedoch nicht der Fall; denn er überließ es vollständig mir, darüber zu entscheiden.

Ich besorgte mir passende und notwendige Sachen für die Überwinterung in unserer *Habitation* in Quebec, und zu diesem Zweck verließ ich Paris am letzten Tag des folgenden Februars und ging nach Honfleur, wo die Einschiffung stattfinden sollte. Ich kam durch Rouen, wo ich zwei Tage blieb, und ging von dort nach Honfleur, wo ich Pont-Gravé und Le Gendre vorfand, die mir sagten, dass sie die für die *Habitation* notwendigen Dinge hatten an Bord bringen lassen. Ich war sehr froh zu sehen, dass wir bereit waren, die Segel zu setzen. Allerdings war ich nicht sicher, ob Lebensmittel von guter Qualität und in genügender Menge vorhanden waren, um uns durch den Winter zu bringen.

Zweite Reise des Sieur de Champlain,

unternommen nach Neufrankreich im Jahre 1610.

Kapitel I

Abreise von Frankreich, um nach Neufrankreich zurückzukehren, und was sich ereignete bis zu unserer Ankunft in der Habitation.

Als das Wetter günstig wurde, schiffte ich mich in Honfleur am 7. März ein, zusammen mit einer Anzahl Handwerkern. Im Ärmelkanal wurden wir durch schlechtes Wetter aufgehalten und gezwungen, in England an einem Platz namens Portland einen Hafen aufzusuchen, wo wir mehrere Tage auf der Reede lagen. Aber wir lichteten den Anker und fuhren zur Isle of Wight, die nahe an der Küste Englands liegt, da wir die Reede bei Portland als sehr schlecht empfanden. Als wir vor dieser Insel lagen, wurde der Nebel so dicht, dass wir gezwungen waren, bei La Hougue anzuhalten.

Seit unserer Abfahrt von Honfleur plagte mich eine sehr schwere Krankheit, die mir die Hoffnung nahm, die Reise durchführen zu können, und ich begab mich in ein Boot, das mich nach Le Havre in Frankreich zurückbringen sollte, um dort behandelt zu werden, da dies auf dem Schiff sehr schlecht möglich war. Und ich nahm mir vor, dass ich, sobald ich meine Gesundheit zurückgewonnen hätte, mich auf ein anderes Schiff begeben würde, das noch nicht von Honfleur abgefahren war, auf dem Des Marais, der Schwiegersohn von Pont-Gravé, segeln sollte. Aber ich ließ mich, immer noch sehr krank, nach Honfleur bringen, wo am 15. März das Schiff, das ich verlassen hatte, anhielt, um Ballast aufzunehmen, der ihm fehlte, um die Balance zu halten. Es blieb dort bis zum 8. April. Während dieser Zeit genas ich ziemlich gut. Wenn auch noch schwach und kraftlos, schiffte ich mich dann gleichwohl ein.

Wir segelten am 18. [*sic!*] April erneut ab, kamen an der Grand Bank am 19. des Monats an und erblickten die Isles de Saint-Pierre am 22. Als wir vor Menthane [Matane] waren, begegneten wir einem Schiff aus Saint-Malo, auf dem ein junger Mann war, der, während er auf die Gesundheit von Pont-Gravé trank, wegen der Bewegung des Schiffes sein Gleichgewicht verlor und ins Meer fiel. Er ertrank, ohne dass man ihm helfen konnte, da der Wind zu stürmisch war.

Am 26. des Monats erreichten wir Tadoussac, wo Schiffe lagen, die schon am 18. angekommen waren. Solches hatte es mehr als 60 Jahre lang nicht gegeben, wie alte Seeleute sagten, die regelmäßig dort segeln. Der Winter war sehr mild gewesen, und das wenige Eis hatte die Einfahrt der Schiffe nicht behindert. Wir erfuhren von einem jungen Adligen namens Du Parc, der den Winter in unserer *Habitation* verbracht hatte, dass es allen seinen Gefährten dort gut gehe und dass es nur wenige und leichte Krankenfälle gegeben habe; er teilte uns mit, dass kaum Winter geherrscht habe und es für gewöhnlich frisches Fleisch den ganzen Winter hindurch gegeben habe; und dass ihr größtes Problem gewesen sei, wie sie sich vergnügen sollten.

Dieser Winter zeigt, wie in Zukunft diejenigen handeln sollten, die solche Unternehmungen in Angriff nehmen, denn es ist schwer, eine neue Wohnstätte ohne Mühe zu errichten und während des ersten Jahres Missgeschicken zu entgehen; dies war so bei allen unseren ersten Wohnstätten. Und die Wahrheit ist, vermeidet man Gesalzenes und isst frisches Fleisch, dann ist die Gesundheit so gut wie in Frankreich.

Die Indianer warteten von Tag zu Tag darauf, dass wir uns mit ihnen auf den Kriegspfad begeben würden. Als sie erfuhren, dass Pont-Gravé und ich zusammen angekommen seien, freuten sie sich sehr und kamen, um sich mit uns zu besprechen.

Ich ging an Land, um ihnen zuzusichern, dass wir mit ihnen gehen würden, und dass sie versprochen hätten, mich nach der Rückkehr vom Krieg auf Erkundungstour in die Gegend der drei Flüsse zu führen bis zu einer Stelle, wo sich ein so großes Meer[171] befindet, dass man dessen Ende nicht sehen kann, und wir dann durch den Saguenay nach Tadoussac zurückkehren würden. Ich

171 Hudson Bay.

fragte sie, ob sie das immer noch tun wollten. Sie sagten, dass sie wollten, aber dass dies erst im nächsten Jahr geschehen könne. Dies hörte ich gern. Immerhin hatte ich den Algonkin und Huronen versprochen, ihnen in ihren Kriegen zu helfen, und diese hatten mir daraufhin zugesichert, sie würden mir ihr Land zeigen sowie den großen See[172] und einige Kupferminen und noch anderes, wovon sie gesprochen hatten. Auf diese Weise hatte ich zwei Sehnen in meinem Bogen: Wenn eine riss, konnte immer noch die andere benutzt werden.

Am 28. des Monats fuhr ich von Tadoussac ab, um mich nach Quebec zu begeben. Dort fand ich den Kapitän Pierre, der dort das Kommando führte, und alle seine Kameraden in guter Verfassung. Bei ihnen waren ein Häuptling der Indianer namens Batiscan und einige seiner Gefährten, die uns erwarteten. Sie freuten sich sehr über meine Ankunft und sangen und tanzten den ganzen Abend über. Ich gab ihnen ein Festmahl, was sie sehr erfreulich fanden. Sie aßen gehörig, wofür sie keineswegs undankbar waren. Und sie luden mich und sieben andere zu einem Fest ein, was bei ihnen keine geringe Gunst bedeutet. Wir nahmen alle unser Essgeschirr mit, wie es dort Brauch ist, und brachten es voller Fleisch zurück, das wir verteilten, an wen es uns beliebte.

Einige Tage, nachdem ich Tadoussac verlassen hatte, kamen die Montagnais in Quebec an, und zwar 60 gute Leute, um sich auf den Kriegspfad zu begeben. Sie verweilten einige Tage, gingen ihrem Vergnügen nach und verschonten mich oft nicht mit Fragen, ob ich auch mein Versprechen halten würde, das ich ihnen gegeben hatte. Ich sicherte es ihnen zu und versprach es erneut und fragte sie, ob sie mich in der Vergangenheit je als Lügner erlebt hätten. Es freute sie sehr, dass ich ihnen meine Versprechen wiederholte.

Und sie sagten zu mir, es gibt viele Basken und Mistigoches (so nennen sie die Leute aus der Normandie und von Saint-Malo), die sagen, dass sie mit uns in den Krieg ziehen würden; ›was hältst

172 Huron-See.

Du davon? Sprechen sie die Wahrheit?‹ Ich antwortete ihnen, dass sie dies nicht tun würden, und dass ich wohl wüsste, was sie wirklich beabsichtigten; und dass sie nur so reden würden, um die Waren der Indianer zu erhalten. Sie antworteten mir: ›Du sagst das Richtige, das sind Weiber, und sie wollen Krieg nur gegen die Biber führen‹. Sie hielten noch mehrere andere scherzhafte Reden und sprachen dann von ihrem Zustand und ihrer Methode, in den Krieg zu ziehen.

Sie beschlossen abzufahren und auf mich bei den drei Flüssen zu warten, 30 Meilen stromaufwärts von Quebec, wo ich sie zu treffen versprochen hatte mit vier Pinassen voller Waren für den Pelzhandel, unter anderem für den mit den Huronen; diese sollten mich an der Mündung des Irokesen-Flusses[173] erwarten. Sie hatten mir dies im vorigen Jahr versprochen, und auch, dass sie bis zu 400 Mann mitbringen würden, um sich auf den Kriegspfad zu begeben.

173 S. Fußnote 155.

Kapitel II

Abfahrt von Quebec, um zu unseren verbündeten Indianern zu fahren und ihnen im Krieg gegen ihre Feinde, die Irokesen, zu helfen; und alles, was sich ereignete bis zu unserer Rückkehr in die Habitation.

Ich verließ Quebec am 14. Juni, um die Montagnais, Algonkin und Huronen zu treffen, die sich an der Mündung des Irokesen-Flusses befinden sollten. Als ich acht Meilen von Quebec entfernt war, begegnete ich einem Kanu, in dem zwei Indianer saßen. Einer war ein Algonkin, der andere ein Montagnais. Sie baten mich, so schnell wie möglich zu fahren, und dass die Algonkin und Huronen innerhalb von zwei Tagen mit 200 Mann zu unserem Treffpunkt kämen, und 200 weitere kämen wenig später, zusammen mit Iroquet, einem ihrer Häuptlinge. Sie fragten mich, ob mich das Kommen dieser Indianer freue. Ich sagte ihnen, dass mir dies nicht missfallen könne, da sie ja ihr Versprechen gehalten hätten. Sie begaben sich in meine Pinasse, wo ich sie sehr gut beköstigte. Wenig später, nachdem ich mich mit ihnen unterhalten hatte über Verschiedenes, was mit dem Krieg zu tun hatte, zog der Algonkin, der einer ihrer Häuptlinge war, ein einen Fuß langes Stück Kupfer aus einem Sack und gab es mir. Es war sehr schön und ganz rein; er gab mir zu verstehen, dass es viel davon gab dort, wo er es mitgenommen habe, nämlich auf dem Ufer eines Flusses nahe einem großen See. Sie sammelten Stücke davon, schmolzen sie und machten Klingen daraus; mit Steinen würden sie diese dann glätten. Ich freute mich sehr über dieses Geschenk, wenn es auch nicht viel wert war.

Als ich bei den drei Flüssen ankam, fand ich dort alle Montagnais, die mich schon erwarteten, sowie vier Pinassen, wie ich weiter oben erwähnt habe, die für den Tauschhandel mit ihnen gekommen waren.

Die Indianer waren sehr erfreut, mich zu sehen. Ich ging ans Ufer, um mit ihnen zu sprechen. Sie baten mich, sobald wir uns auf den Kriegspfad begeben würden, in keine anderen Kanus zu steigen als die ihren, und meine Gefährten ebenso; denn sie seien unsere alten Freunde. Dies versprach ich und sagte, dass ich umgehend abfahren wollte, da der Wind günstig wehte und meine Pinasse nicht so leicht zu manövrieren sei wie ihre Kanus, und dass ich deshalb voraussegeln wollte. Sie baten mich inständig, bis zum nächsten Morgen zu warten, wenn wir alle zusammen gehen würden, und dass sie nicht schneller fahren würden als ich. Schließlich stimmte ich zu, um sie zufriedenzustellen, was sie sehr freute.

Am nächsten Tag brachen wir alle zusammen auf und fuhren bis zum Morgen des folgenden Tages, dem 19. des erwähnten Monats. Wir kamen an einer Insel vor der Mündung des erwähnten Irokesen-Flusses[174] an und warteten auf die Algonkin, die am gleichen Tag ankommen sollten. Während die Montagnais Bäume fällten für einen Platz zum Tanzen und um die ankommenden Algonkin empfangen zu können, erblickte man ein rasch herankommendes Kanu der Algonkin; es warnte uns, dass die Algonkin 100 Irokesen begegnet seien, die sich sehr gut verbarrikadiert hätten, und dass es schwierig würde, sie zu besiegen, wenn ihre Freunde nicht rasch kämen und mit ihnen auch die Matigoches (wie sie uns nennen).

Alsbald wurde Alarm geschlagen, und jeder begab sich in sein Kanu mit seinen Waffen. Sie waren rasch bereit; aber es herrschte einige Verwirrung, denn sie beeilten sich derart, dass sie, statt voranzukommen, einander aufhielten. Sie kamen zu unserer Pinasse und zu den anderen und baten, dass ich und meine Gefährten in ihren Kanus mitkämen, und sie bedrängten mich so stark, dass ich mit vier anderen bei ihnen einstieg. Ich bat unseren Steuermann La Routte, in der Pinasse zu bleiben und mir noch vier oder fünf weitere unserer Gefährten zu schicken, falls die anderen Pinassen Schaluppen mit Leuten senden würden

174 S. Fußnote 155.

zu unserer Unterstützung. Denn keine der Pinassen wollte die Indianer begleiten außer Kapitän Thibaut, der eine Pinasse kommandierte und mit mir kam. Die Indianer riefen denen zu, die zurückblieben, dass sie Weiberherzen hätten und nichts wüssten als Pelzhandelskrieg zu führen.

Mittlerweile gingen alle Indianer ans Ufer, nachdem sie etwa eine halbe Meile gefahren waren und den Fluss überquert hatten. Sie ließen ihre Kanus zurück und nahmen ihre Rundschilde, Bogen, Pfeile, Keulen und Schwerter, die sie am Ende großer Stöcke befestigten, und machten sich so schnell auf den Weg durch den Wald, dass wir sie bald aus den Augen verloren und sie uns Fünf ohne Führer zurückließen. Dies ärgerte uns; da wir aber ihre Spuren sehen konnten, folgten wir ihnen gleichwohl, obwohl wir oft die Richtung verloren. Wir zogen etwa eine halbe Meile durch den dichten Wald und kamen dabei durch Moor und Sumpf und Wasser bis zu den Knien, wobei jeder von uns einen sehr lästigen Pikenier-Brustpanzer trug. Myriaden von Mücken umschwärmten uns so dicht, dass wir fast nicht mehr atmen konnten und uns diese so aggressiv plagten, dass wir nicht mehr gewusst hätten, wo wir uns befinden, wenn wir nicht zwei Indianer bemerkt hätten, die wir durch den Wald gehen sahen. Wir riefen sie an und sagten ihnen, dass sie mit uns gehen müssten, um uns zu leiten und uns dorthin zu führen, wo die Irokesen seien, da wir anders dort nicht hinkämen, sondern uns im Wald verirren würden. Sie blieben, um uns zu führen. Nach einer kurzen Strecke Wegs erblickten wir einen Indianer, der herbeistürzte und uns sagte, wir sollten so rasch wie möglich vordringen. Er gab mir zu verstehen, dass die Algonkin versucht hätten, die Barrikade der Irokesen zu stürmen und dabei zurückgeworfen worden seien, und dass einige der besten Leute der Montagnais dabei getötet und mehrere andere verletzt worden seien. Sie hätten sich zurückgezogen und warteten auf uns, und wir seien ihre letzte Hoffnung. Kaum hatten wir eine Achtelmeile lang diesen Indianer – es handelte sich um einen Algonkin-Häuptling – begleitet, als wir auch schon das Geheul und Geschrei der einen wie der anderen hörten, die einander

Beleidigungen zuriefen und sich auf uns wartend ständig kleine Scharmützel lieferten. Sobald die Indianer uns bemerkten, fingen sie an, so laut zu schreien, dass man keinen Donner hätte hören können. Ich wies meine Gefährten an, immer bei mir zu bleiben und sich nicht zu entfernen. Dann näherte ich mich der Barrikade, um sie in Augenschein zu nehmen. Sie war aus starken Bäumen gemacht, die in einem Kreis aufeinandergestapelt waren, wie es bei ihren Befestigungen üblich ist. Auch alle Montagnais und Algonkin näherten sich der Barrikade. Dann begannen wir, viele Musketenschüsse durch das Gezweig zu feuern, denn wir konnten sie nicht so sehen, wie sie uns sehen konnten. Ich wurde, als ich den ersten Schuss über den Rand ihrer Barrikade feuerte, durch einen Pfeil verwundet, der mir eine Ohrspitze spaltete und in meinen Hals eindrang. Ich ergriff den Pfeil, der mir immer noch am Hals hing, und zog ihn heraus. Die Spitze war mit einem sehr scharfen Stein bestückt. Ein anderer meiner Gefährten wurde zu gleicher Zeit am Arm verletzt durch einen Pfeil, den ich herauszog. Meine Wunde hinderte mich jedoch nicht daran, meine Pflicht zu tun. Und unsere Indianer taten die Ihre, und die Feinde ebenfalls, sodass man die Pfeile von der einen wie auch der anderen Seite her so dicht fliegen sehen konnte, als hagelte es. Die Irokesen staunten über den Knall unserer Musketen und vor allem darüber, dass die Kugeln besser eindrangen als ihre Pfeile; und sie waren dermaßen erschreckt über deren Wirkung, da sie sahen, wie mehrere ihrer Gefährten tot oder verletzt umfielen, dass sie aus Furcht, dass diese Schüsse unwiderstehlich seien, sich auf den Boden warfen, sobald sie den Abschussknall hörten. Außerdem gaben wir kaum einen Fehlschuss ab und legten immer zwei oder drei Kugeln ein, und die meiste Zeit lagen unsere Musketen aufgestützt auf ihrer Barrikade. Als ich sah, dass unsere Munition weniger wurde, sagte ich allen Indianern, dass sie stürmen und die Barrikade einnehmen müssten. Hierzu müssten sie ihre Rundschilde nehmen und sich damit schützen. Dann sollten sie sich derselben so sehr nähern, dass man gute Seile an die tragenden Pfosten binden könne; dann solle man mit Muskelkraft so stark ziehen, dass sie umfielen und auf diese Weise eine Öffnung entstünde, groß genug, um durch sie in die Befestigung einzudringen. Ich sagte, dass wir mittlerweile mit Musketenschüssen die Feinde zurückschlagen würden, die herbeikämen, um die Unseren zu behindern; und weiterhin, dass sich einige von ihnen hinter eine Anzahl großer Bäume stellen sollten, die sich nahe der Barrikade befanden, um sie umzuwerfen und auf die Feinde fallen zu lassen, und dass andere mit ihren Rundschilden sie beschützen sollten, damit die Feinde ihnen keinen Schaden zufügen könnten. Das führten sie ganz rasch aus. Als wir dabei waren, das zu erledigen, hörten die Pinassen, die eineinhalb Meilen entfernt waren, den Gefechtslärm durch das Echo unserer Musketenschüsse, das bis zu ihnen durchdrang. Deshalb sagte ein junger und sehr mutiger Mann aus Saint-Malo namens Des Prairies, der wie die anderen seine Pinasse für den Pelzhandel hierhergebracht hatte, zu allen, die zurückgeblieben waren, dass es eine große Schande sei, mich solcherart mit den Indianern kämpfen zu sehen, ohne mir zu Hilfe zu kommen, und dass er selbst seine Ehre zu hoch schätze, als dass er wolle, dass man ihm diesen Vorwurf machen könne. Und daraufhin beschloss er, in einer Schaluppe mit einigen seiner Gefährten und einiger der meinen, die er mitbrachte, zu mir zu kommen. Sobald er angekommen war, fuhr er zu der Befestigung der Irokesen, die am Flussufer lag. Dort landete er und ging auf die Suche nach mir. Als ich ihn sah, gebot ich unseren Indianern Einhalt, welche die Befestigung niederrissen, sodass die neu Ankommenden ihren Anteil an dem Vergnügen haben könnten. Ich bat den Sieur Des Prairies und seine Gefährten, einige Musketensalven abzugeben, bevor unsere Indianer die Befestigung stürmten, wie sie zu tun beschlossen hatten. Dies taten sie und feuerten mehrere Schüsse ab, wobei jeder von ihnen seine Aufgabe gut erfüllte. Nachdem genug geschossen war, wandte ich mich an die Indianer und forderte sie auf, die Arbeit zu vollenden. Alsbald näherten sie sich wie zuvor der Barrikade; wir waren auf ihren Flanken, um auf diejenigen zu schießen, die sie beim Aufbrechen hindern wollten. Sie werkten so gut und tapfer, dass sie dank unserer Musketensalven eine Öffnung machen konnten; es war zwar schwierig, durch dieselbe zu schlüpfen; denn es gab immer noch einen mannshohen Stamm und abgebrochene Baumäste, die uns das Eindringen schwierig machten. Doch als ich sah, dass der Zugang annehmbar möglich war, ordnete ich ein Ende des Schießens an, was dann auch befolgt wurde. Im gleichen Augenblick drangen 20 oder 30 Mann, sowohl Indianer als auch Männer von uns, mit dem Schwert in der Hand durch die Öffnung, ohne viel Widerstand zu finden. Sofort begannen die heil Gebliebenen zu fliehen; aber sie kamen nicht weit, denn sie wurden niedergestreckt durch diejenigen, die außerhalb der Barrikade geblieben waren. Und jene, die entkamen, ertranken im Fluss. Wir machten etwa 15 Gefangene, die übrigen wurden mit Musketen- und Pfeilschüssen oder durch Schwerthiebe getötet. Hiernach kam eine andere Schaluppe, in der einige unserer Gefährten waren, doch kam sie zu spät; allerdings kam sie noch rechtzeitig, um noch Beute davon zu tragen, doch war diese gering. Es gab nur Bibermäntel sowie Leichen voller Blut, welche auszuziehen die Indianer sich nicht die Mühe machen wollten; oder sie verspotteten diejenigen, die das taten, nämlich die Leute aus der letzten Schaluppe. Denn die anderen nahmen diese eklige Aufgabe nicht auf sich. So wurde der Sieg mit der Gnade Gottes errungen, wofür die Indianer uns sehr priesen.

Die Indianer schnitten ihrem Brauch gemäß den Leichen der Getöteten ihre Skalpe ab als Trophäen ihres Sieges und nahmen dieselben mit. Singend kehrten sie mit 50 eigenen Verletzten, drei toten Montagnais und Algonkin sowie ihren Gefangenen zurück. Sie hingen die Skalpe an Stöcke vor ihre Kanus zusammen mit einem in Viertel geteilten Leichnam; sie sagten, diesen würden sie aus Rache essen; auf diese Weise ausstaffiert, kamen sie zu dem Platz an der Mündung des Irokesen-Flusses[175], wo unsere Pinassen lagen.

Meine Gefährten und ich stiegen in eine Schaluppe, wo ich mir von dem Chirurgen De Boyer aus Rouen, der ebenfalls

175 S. Fußnote 155.

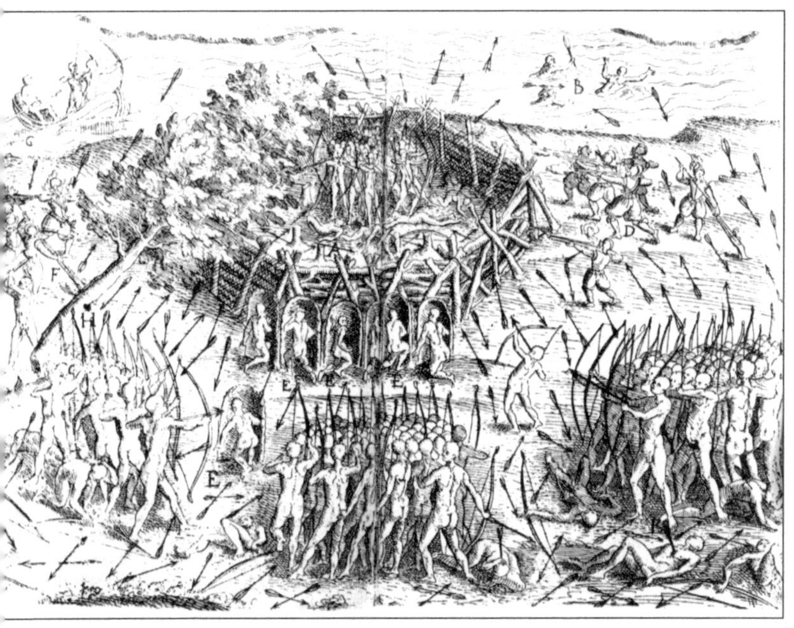
Gefecht der befreundeten Indianer und Franzosen gegen die Irokesen (1610)

wegen des Pelzhandels gekommen war, meine Wunde verbinden ließ. Den ganzen Tag über tanzten und sangen die Indianer.

Am nächsten Tag kam der Sieur de Pont-Gravé in einer anderen Schaluppe an, die einige Waren geladen hatte. Noch eine andere hatte er zurückgelassen mit dem Kapitän Pierre, der nur mit Mühe vorankam, da seine Pinasse ziemlich schwer und schwierig zu manövrieren war.

An jenem Tag tauschte man einige Pelze, aber die anderen Pinassen fuhren davon mit dem besseren Teil der Pelzwaren. Es war für sie sehr günstig, dass sie sich zu fremden Stämmen begeben hatten, sodass sie später ihren Profit ohne jedes Risiko und jede Gefährdung machen konnten.

An jenem Tag bat ich die Indianer um einen gefangenen Irokesen, und sie gaben ihn mir. Ich tat damit nicht wenig für ihn, denn ich ersparte ihm etliche Quälereien, die er hätte erleiden müssen zusammen mit seinen anderen gefangenen Gefährten, denen die Fingernägel ausgerissen wurden, die Finger abgeschnitten und die an verschiedenen Stellen versengt wurden. An jenem Tag brachten sie zwei oder drei von ihnen um, und um deren Qualen zu vergrößern, gingen sie folgendermaßen vor.

Sie ergriffen ihre Gefangenen und führten sie ans Ufer. Dort banden sie sie aufrecht an einen Pfahl. Dann kam jeder mit einer Birkenrindenfackel und versengte sie einmal an dieser Körperstelle und einmal an einer anderen. Und die armen Teufel stießen in ihrem Schmerz solch laute Schreie aus, dass es abenteuerlich anzuhören war; die Grausamkeiten, welche diese Barbaren einander antun, sind abartig. Nachdem sie die Gemarterten eine Weile lang hatten leiden lassen und sie mit der erwähnten Fackel versengt hatten, nahmen sie Wasser und schütteten es ihnen über den Körper, um sie noch mehr leiden zu lassen. Dann versengten sie sie erneut derart, dass ihnen die Haut vom Körper fiel, und die Quäler fuhren fort, laute Schreie und Freudenrufe auszustoßen und so lange zu tanzen, bis die armen Teufel tot auf ihrem Platz niederfielen.

Sobald einer tot auf die Erde fiel, schlugen sie mit großen Keulen auf ihn ein; dann hackten sie ihm die Arme, Beine und andere Körperteile ab; und keiner von ihnen wurde als guter Mann erachtet, der nicht ein Stück Fleisch herausschnitt und es den Hunden hinwarf. Dies ist die Höflichkeit, die sie ihren Gefangenen erweisen. Aber diese ertragen nichtsdestoweniger alle ihnen zugefügten Qualen mit solcher Ausdauer, dass man beim Zusehen nur staunen kann.

Was die übrigen Gefangenen betrifft, sowohl diejenigen der Algonkin als auch die der Montagnais, so bewahrte man sie auf, um sie durch die Frauen und Töchter sterben zu lassen, die sich diesbezüglich nicht weniger unmenschlich zeigen als die Männer. Vielmehr übertreffen sie diese an Grausamkeit. Denn aufgrund ihrer Raffiniertheit erfinden sie noch grausamere Martern. Sie haben daran ihr Vergnügen und lassen die Gefangenen ihr Leben in den größten Schmerzen beenden.

Am folgenden Morgen kam Häuptling Iroquet und ein anderer Hurone. Mit ihm kamen etwa 80 Mann, die sich sehr enttäuscht zeigten, dass sie nicht bei der Niederlage der Irokesen dabei gewesen waren. Unter diesen Stämmen befanden sich beinahe 200 Männer, die bis dahin noch keinen Christen gesehen hatten; jetzt bezeugten sie ihnen große Bewunderung.

Wir waren etwa drei Tage zusammen auf einer Insel[176] in der Mündung des Irokesen-Flusses, und dann kehrte jeder Stamm zurück in sein Gebiet.

Ich hatte einen Jungen[177] bei mir, der schon zwei Jahre den Winter in Quebec verbracht hatte, und der wünschte, mit den Algonkin zu gehen, um ihre Sprache zu lernen. Pont-Gravé und ich entschieden, dass es besser wäre, wenn er dies tun wollte, ihn dorthin zu senden als sonst wohin; denn dort erführe er, wie es in ihrem Land aussah, er sehe den Großen See, er lerne die Flüsse kennen und finde heraus, welche Stämme dort wohnen; gleichzeitig würde er die Bergwerke und seltenen Dinge in jener Gegend erkunden können, sodass wir bei seiner Rückkehr informiert werden könnten darüber, wie sich alles verhält. Wir fragten ihn, ob ihm dies zusagen würde; denn ich wollte ihn nicht zwingen. Aber sobald die Frage gestellt war, stimmte er der Reise sehr gern zu.

Ich ging den Häuptling Iroquet suchen, der mir wohl wollte, und fragte ihn, ob er diesen jungen Mann zur Überwinterung in seinem Land mitnehmen und ihn im Frühjahr wieder zurückbringen wolle. Er versprach mir, dies zu tun und ihn wie seinen Sohn zu behandeln, und dass er sich darüber freue. Als er dies allen anderen Algonkin erzählte, waren diese jedoch nicht allzu glücklich darüber aus Furcht, dass ihm ein Unglück zustoßen könne und wir dann gegen sie in den Krieg ziehen würden. Dieses Zögern ließ Iroquets Eifer abkühlen, und er kam zu mir, um mir zu sagen, dass alle seine Gefährten die Idee nicht gut fänden. Mittlerweile waren alle Pinassen abgefahren außer derjenigen

176 Île Saint-Ignace.
177 Vermutlich Étienne Brûlé.

Pont-Gravés, der jedoch, wie er mir sagte, etwas Eiliges zu besorgen hatte und auch wegfuhr. Und so blieb ich mit meiner Frage zurück, was aus dieser Reise des jungen Mannes würde, von der ich wollte, dass er sie mache. Also ging ich an Land und verlangte, dass ich mit den Häuptlingen sprechen könne. Diese kamen auch zu mir, und wir setzten uns nieder mit vielen anderen Indianern; viele waren Anführer in ihren Stämmen. Ich fragte sie, warum der Häuptling Iroquet, den ich für meinen Freund hielte, sich geweigert habe, meinen jungen Mann mitzunehmen. Ich sagte, dass es nicht brüderlich oder freundschaftlich sei, mir eine Sache zu verweigern, die er mir versprochen hatte und die ihnen nur Gutes bringen konnte; und dass das Mitnehmen dieses Jungen meine Freundschaft mit ihnen und ihren Nachbarn noch größer machen würde, als sie schon war; und dass ihr Zögern mich eine schlechte Meinung von ihnen haben ließe; und dass, wenn sie diesen Jungen nicht mitnehmen wollten, obwohl der Häuptling Iroquet es mir versprochen hatte, ich mit ihnen nie Freundschaft haben könne, denn sie seien keine Kinder, die solche Versprechen leicht brechen könnten. Da sagten sie, dass sie ihn durchaus mitnehmen würden, aber dass sich dann seine Ernährung ändern würde und sie fürchteten, wenn er nicht so gut ernährt würde, wie er es gewöhnt sei, ihm Übles widerfahren könne, worüber ich dann aufgebracht wäre, und dass dies der einzige Grund für ihre Weigerung sei.

Ich antwortete ihnen, dass sich der Junge bezüglich des Lebens, das sie führten und der Nahrung, die sie äßen, durchaus anpassen würde; und falls ihm infolge Krankheit oder Kriegsgeschehen etwas Übles zustoße, dies mich nicht davon abhalten würde, ihnen Wohlwollen entgegenzubringen; denn uns allen könnten Missgeschicke passieren, und man müsse diese geduldig ertragen. Aber wenn sie ihn schlecht behandelten und ihm Schlechtes zustoße durch ihre Schuld, ich natürlich verärgert wäre; dass ich jedoch solches von ihnen nicht erwarte, sondern vielmehr das Gegenteil.

Sie sagten mir: ›Da Du nun diesen Wunsch hast, nehmen wir ihn eben mit und werden ihn behandeln, als gehöre er zu uns. Aber Du nimmst dafür einen jungen Mann an seiner Stelle, der dann nach Frankreich gehen wird; wir freuen uns auf seinen Bericht, was er dort Schönes gesehen haben wird.‹ Ich akzeptierte dies gern und nahm ihn in Empfang. Er gehörte zum Stamm der Huronen und freute sich ebenfalls darüber, mich zu begleiten. Dies war ein weiterer Ansporn für sie, meinen Jungen besser zu behandeln. Diesen stattete ich aus mit allem, was er brauchte, und wir versprachen einander, uns Ende Juni wiederzusehen.

Wir trennten uns unter vielen Freundschaftsbeteuerungen. Sie fuhren ab in Richtung der großen Stromschnelle des Sankt-Lorenz-Stroms, und ich kehrte nach Quebec zurück. Unterwegs begegnete ich auf dem Saint-Pierre-See Pont-Gravé, der bei einer großen Pinasse auf mich wartete, die er auf dem erwähnten See angetroffen hatte. Da dieses Boot sehr schwer im Wasser lag, hatte es nicht schnell genug fahren können, um rechtzeitig zu der Stelle zu kommen, wo die Indianer waren.

Wir kehrten zusammen nach Quebec zurück. Dann fuhr Pont-Gravé nach Tadoussac, um dort einige unserer Angelegenheiten zu regeln. Ich blieb in Quebec, um mehrere Palisaden um unsere *Habitation* herum neu aufrichten zu lassen und auf Pont-Gravé zu warten. Wir wollten zusammen überlegen, was getan werden sollte.

Am 4. Juni[178] kam Des Marais in Quebec an, worüber wir uns sehr freuten; denn wir hatten gefürchtet, dass ihm auf dem Meer etwas zugestoßen sei.

Einige Tage danach floh und entkam ein irokesischer Gefangener, den ich hatte bewachen lassen, unter Ausnutzung der zu großen Freiheit, die ich ihm gewährt hatte; der Grund war seine Furcht und Angst, obwohl ihn eine Frau seines Stammes, die in unserer *Habitation* wohnte, zu beruhigen versucht hatte.

Ein paar Tage später schrieb mir Pont-Gravé, dass er darüber nachdenke, ob er in der *Habitation* den Winter zubringen wolle; viele Überlegungen seien die Veranlassung hierfür. Ich schrieb

---

178 Juli.

ihm zurück, wenn er glaube, dass er es besser machen könne als ich in der Vergangenheit, dann könne er dies wohl tun.

Er beeilte sich daraufhin, die nötigen Vorräte in die *Habitation* bringen zu lassen.

Nachdem ich die Palisade um unsere *Habitation* herum hatte fertigstellen lassen und alles in Ordnung gebracht war, kam der Kapitän Pierre in einer Pinasse zurück; er war nach Tadoussac gesegelt, um einige Freunde zu besuchen. Ich fuhr ebenfalls dorthin, um zu sehen, was bei dem zweiten Tauschhandel herauskam und wegen einiger anderer privater Angelegenheiten, die ich dort zu erledigen hatte. Daselbst traf ich Pont-Gravé, der mir seine Absicht in großem Detail darlegte und sagte, was ihn zu der Überwinterung dort veranlasste. Ich sagte ihm geradeheraus, was ich davon hielt, nämlich, dass ich glaubte, dass er wenig Nutzen davon hätte, da aller Anschein dagegen spreche.

Er beschloss daraufhin, seine Entscheidung zu ändern und sandte eine Pinasse mit der Anweisung an den Kapitän Pierre, dass er von Quebec zurückkommen solle wegen einiger Fragen, die er mit ihm zu besprechen habe; und er teilte ihm auch mit, dass einige Schiffe, die aus Brouage gekommen waren, Nachricht gebracht hätten, dass Monsieur de Saint-Luc von Paris kommend seinen Posten bezogen und die Protestanten aus Brouage verjagt habe; er habe die Garnison mit Soldaten verstärkt und sei dann zum Hof zurückgekehrt; und dass der König umgebracht worden sei und zwei oder drei Tage später auch der Duc de Sully und zwei weitere Adlige, deren Namen man nicht wisse.[179]

Alle diese Nachrichten verursachten bei den eigentlichen Franzosen, die damals in jener Region waren, große Bestürzung. Was mich angeht, so hatte ich große Schwierigkeit, sie zu glauben wegen der verschiedenen Versionen, die man hörte und die nicht viel Anschein von Wahrheitsgehalt besaßen. Gleichwohl war es mir sehr schmerzlich, solch schlechte Nachrichten zu hören.

179 Timoléon d'Epinay, Marquis de Saint-Luc (1580–1644) war zu dieser Zeit Gouverneur von Brouage, Champlains Geburtsort. König Heinrich IV. war am 14. Mai 1610 ermordet worden.

Nachdem ich drei oder vier Tage in Tadoussac verweilt hatte, sah ich, wie viel Verlust viele Kaufleute dort erlitten, die eine große Menge Waren geladen und eine beträchtliche Anzahl Schiffe ausgerüstet hatten in der Hoffnung, im Pelzhandel Gewinne zu machen. Denn der Handel ließ sich so schlecht an wegen der großen Zahl der Schiffe, dass sich mehrere noch lange Zeit der Verluste erinnern werden, die sie in diesem Jahr machten.

Der Sieur de Pont-Gravé und ich stiegen jeder in eine Pinasse und ließen den erwähnten Kapitän Pierre bei dem Schiff. Wir nahmen Du Parc mit nach Quebec, wo wir, soweit noch nötig, die *Habitation* vollends in Ordnung brachten. Nachdem alles in gutem Zustand war, beschlossen wir, dass Du Parc, der mit dem Kapitän dort überwintert hatte, wiederum dort bleiben würde, und dass Kapitän Pierre seinerseits nach Frankreich zurückfahren würde, um einige Angelegenheiten zu erledigen, die ihn dorthin riefen.

Wir ließen also Du Parc dort, um den Befehl zu führen, und 16 Mann, die wir ermahnten, gesittet in der Furcht Gottes zu leben und Du Parc vollen Gehorsam zu leisten, den wir ihnen als Chef und Anführer gaben, als bliebe einer von uns dort. Alle versprachen, dies zu befolgen und friedlich miteinander auskommen zu wollen.

Was die Gärten angeht, so hinterließen wir sie voller Küchengemüse aller Sorten und mit sehr schönem Mais, mit von uns gesäten Weizen, Roggen und Gerste, und mit Weinreben, die ich dort pflanzen ließ während meiner Überwinterung. (Sie machten aber keine Anstrengungen, diese zu erhalten. Denn bei meiner Rückkehr fand ich alle abgebrochen vor, was mir sehr missfiel, weil sie sich so wenig gesorgt hatten um die weitere Durchführung eines so guten und schönen Vorhabens, von dem ich mir erhofft hatte, dass aus ihm etwas Gutes würde.)

Nachdem wir gesehen hatten, dass alles in gutem Zustand war, segelten wir am 8. August von Quebec ab, um nach Tadoussac zu fahren und dort unser Schiff für die See vorzubereiten; und so geschah es auch umgehend.

Kapitel III

Rückkehr nach Frankreich. Begegnung mit einem Wal, und wie die Wale gefangen werden.

Am 13. des Monats verließen wir Tadoussac und kamen beim Rocher Percé am nächsten Tag an, wo wir auf viele Schiffe trafen, die dort Fische fingen und sie trockneten oder einsalzten.

Am 18. des Monats segelten wir vom Rocher Percé ab und fuhren bis auf 42° Breite, ohne die Grand Bank zu erkennen, wo sie die Fische zum Einsalzen fangen, denn dort ist es zu eng auf dieser Breite.

Als wir etwa halb darüber hinweg waren, begegneten wir einem schlafenden Wal. Das Schiff fuhr über ihn hinweg und schnitt in ihn einen sehr großen Riss nahe dem Schwanz, was ihn sehr schnell erwachen und eine große Menge Blut vergießen ließ, ohne dass unser Schiff beschädigt wurde.

Es scheint mir nicht falsch, hier eine kleine Beschreibung des Walfangs zu geben, welchen manche Leute noch nicht gesehen haben; vielmehr glauben sie, er erfolge mit Kanonenschüssen. Denn es gibt freche Lügner, die solches gegenüber Leuten versichern, die nichts darüber wissen. Mehrere haben dies aufgrund solcher falschen Darstellungen mir gegenüber hartnäckig behauptet.

Diejenigen, welche die geschicktesten bei dieser Jagd sind, sind die Basken. Um auf Fang zu gehen, bringen sie ihre Schiffe in einen sicheren Hafen oder zu einer Stelle, wo sie glauben, dass es viele Wale gibt. Dann setzen sie gute Leute auf mehrere Schaluppen und bringen auf diesen Seile aus dem besten Hanf an, der zu finden ist. Diese sind mindestens 150 Faden lang. Sie haben auch viele Partisanen, die halb so lang wie Lanzen sind und Barten von sechs Zoll Breite haben sowie andere, die eineinhalb oder auch zwei Fuß lang und sehr scharf sind. Auf jeder Schaluppe fährt ein Harpunier, welcher ein äußerst behänder und geschickter

Mann ist und deshalb auch die höchste Bezahlung nach den Kapitänen erhält, zumal seine Rolle die gefährlichste ist. Sobald die Schaluppe den Hafen verlassen hat, schauen die Männer in alle Richtungen, ob sie einen Wal erblicken können, wobei sie von einer Bootsseite auf die andere gehen und zurück. Wenn sie nichts sehen, gehen sie an Land und stellen sich auf den höchsten vorhandenen Felsvorsprung, um möglichst weit zu sehen. Dort stellen sie einen Spähposten auf, der die Wale bemerken soll. Sie entdecken dieselben wegen ihrer Größe oder auch wegen der Wassermenge, die sie aus ihren Blaslöchern spritzen und die jedes Mal mehr als ein *poinçon* [280 Liter] beträgt und zwei Lanzenlängen hoch geht; und von der Wassermenge leiten sie ab, wie viel Öl der Wal ergeben wird. Es gibt welche, die bis zu 120 *poinçons* hergeben, andere aber weniger. Wenn sie diesen ungeheuren Fisch sehen, steigen sie schnell in ihre Schaluppen und rudern oder segeln zu ihm, bis sie über ihm sind. Sobald der Harpunier ihn zwischen zwei Wellen sieht, steht er vorn in der Schaluppe mit einer Harpune, einem Instrument aus Eisen, zwei Fuß lang und unten einen halben breit, das in einen Schaft von der Länge einer Pike eingesetzt ist. In der Mitte ist ein Loch, in dem das Seil festgemacht ist. Sobald der Harpunier seine Chance sieht, wirft er seine Harpune auf den Wal, die tief eindringt. Sobald der Wal seine Wunde spürt, taucht er auf den Grund ab. Und wenn er zufällig, sich mehrmals drehend, mit seinem Schwanz die Schaluppe trifft oder die Leute darin, zerschmettert er sie, als seien sie aus Glas. Das ist die einzige Gefahr, die ihnen beim Harpunieren droht. Doch sobald sie die Harpune geworfen haben, lassen sie das Seil auslaufen, bis der Wal den Grund erreicht. Und manchmal geht er nicht unmittelbar hinunter, sondern zieht die Schaluppe mehr als acht oder neun Meilen weit und dies so schnell wie ein galoppierendes Pferd. Meistens sind die Walfänger dann gezwungen, ihr Seil zu kappen, weil sie fürchten, dass der Wal sie unter Wasser zieht. Wenn er aber sofort zum Grund hinunter geht, ruht er sich dort etwas aus und kommt dann langsam wieder an die Oberfläche. Während er heraufkommt, ziehen sie ihr Seil Stück für Stück wieder ein.

Und sobald er oben ist, fahren zwei oder drei Schaluppen um ihn herum, und die Männer versetzen ihm mit ihren Partisanen mehrere Hiebe; der Wal, der dies verspürt, taucht wieder nach unten und verliert dabei viel Blut. Er wird immer schwächer, bis er keine Kraft und Energie mehr hat. Er kommt an die Oberfläche, und sie töten ihn vollends. Sobald er tot ist, taucht er nicht mehr zum Grund ab; sie befestigen gute Seile an ihm und ziehen ihn ans Ufer zu ihrer Arbeitsstätte; dort schmelzen sie den Speck des Wals, um das Öl zu gewinnen. Dies ist die Art und Weise, wie sie den Walfang betreiben. Die Wale werden nicht mit Kanonenschüssen erlegt, wie manche Leute glauben, wie ich oben erwähnt habe. Aber um zu meiner Erzählung zurückzukommen: Nach der Verwundung des Wals, wie oben geschildert, fingen wir eine Menge Schweinswale, die unser Maat harpunierte; dies bereitete uns Freude und Befriedigung.

Wir fingen auch viele Thunfische mit Angelschnur und einem Haken, an dem wir einen kleinen, heringsähnlichen Fisch befestigten und ihn dann hinter unserem Schiff herzogen. Der Thunfisch dachte in der Tat, dass es sich um einen lebenden Fisch handele; er kam, um diesen zu verschlingen, und fand sich alsbald durch den Haken gefangen, der sich im Körper des kleinen Fisches befand. Der Thunfisch schmeckt sehr gut; er hat auch einige federartige Büschel, die sehr hübsch und schmuck sind, so wie die, die man als Helmbusch trägt.

Am 22. September gebrauchten wir die Sonde; wir erblickten etwa vier Meilen westlich von uns 20 Schiffe; von unserem Schiff aus schien es, dass es Flamen waren.

Und am 25. des Monats sichteten wir nach einem starken Sturmwind, der bis Mittag andauerte, die Insel Guernsey.

Am 27. des Monats erreichten wir Honfleur.

Dritte Reise des Sieur de Champlain

im Jahre 1611.

Kapitel I

Abfahrt von Frankreich, um nach Neufrankreich zurückzukehren. Die Gefahren und anderes, das sich ereignete, bis wir an der Habitation *ankamen.*

Wir fuhren von Honfleur am ersten Märztag ab; der Wind wehte günstig bis zum 8. des Monats. Danach wurden wir aufgehalten durch Winde aus Südsüdwest und Westnordwest, die uns bis zum 42. Breitengrad trieben, ohne dass wir nach Süden drehen konnten, um damit auf den richtigen Segelkurs zu kommen. Nachdem wir also mehrere Stürme erlebt hatten und von schlechtem Wetter aufgehalten worden waren, gelang es uns mit viel Mühe und Anstrengung sowie ständigem Kreuzen, einen 80 Meilen von der Grand Bank entfernten Punkt zu erreichen, wo sie Fischfang zum Einsalzen betreiben. Hier trafen wir auf 30 bis 40 Faden hohe Eisberge, was uns Anlass gab, über unser weiteres Vorgehen nachzudenken. Denn wir fürchteten, dass wir bei Nacht anderen begegnen könnten, und wenn der Wind drehen würde, er uns gegen diese treiben würde; denn wir dachten, dass diese gewiss nicht die letzten waren, da wir zu früh im Jahr von Frankreich abgefahren waren. Dementsprechend fuhren wir den ganzen Tag mit wenig Segel so nahe am Wind, wie wir konnten. Nach Anbruch der Nacht kam dann ein so dichter und undurchsichtiger Nebel auf, dass wir kaum die Länge des Schiffes zu sehen vermochten. Ungefähr um elf Uhr nachts bemerkten die Matrosen auch andere, uns Furcht einflößende Eisberge, doch mithilfe des Geschicks der Seeleute fuhren wir schließlich so gut, dass wir ihnen ausweichen konnten. Als wir dann dachten, dass wir den Gefahren entgangen waren, erschien ein weiterer Eisberg vor unserem Schiff, welchen die Matrosen gerade noch entdeckten, bevor wir voll in ihn hineingefahren wären. Und als sich jedermann Gott befahl, da wir dachten, dass wir der Gefahr jenes Eisbergs nicht entrinnen würden, der unter unserem Bugspriet schwamm, riefen wir unserem Steuermann zu, er solle umsteuern. Denn der sehr große Eisberg trieb vor dem Wind so schnell, dass er eng an unserem Schiff vorüberkam; doch streifte er es nicht; das Schiff verhielt, als wolle es ihn vorüberlassen. Obwohl wir danach außer Gefahr waren, beruhigte sich das Blut eines jeden nur sehr langsam wegen der Furcht, die uns gepackt hatte. Und wir priesen Gott, dass er uns aus dieser Gefahr rettete. Nachdem diese Bedrohung vorüber war, überstanden wir in der gleichen Nacht noch zwei oder drei andere, die nicht weniger beängstigend waren als die ersten, und das in einem nassen Nebel, der so kalt war, dass man sich kaum warmhalten konnte. Als wir am nächsten Morgen unsere Fahrt fortsetzten, begegneten wird mehreren anderen und sehr hohen Eisbergen, die von fern wie Inseln aussahen. Allen diesen wichen wir aus, bis wir auf der Grand Bank ankamen, wo wir durch schlechtes Wetter sechs Tage lang aufgehalten wurden. Als der Wind etwas nachgelassen hatte und ziemlich günstig wehte, verließen wir die Bank auf einer Breite von 44° 30', was das Südlichste war, wohin wir fahren konnten. Nachdem wir etwa 60 Meilen nach Westnordwest gesegelt waren, erblickten wir ein Schiff, das sich näherte, um zu sehen, wer wir waren; dann drehten wir nach Ostnordost, um einer großen Eisbank auszuweichen, die sich so weit erstreckte, wie wir sehen konnten. In der Meinung, dass es in der Mitte dieser großen Bank, die in zwei Teile geteilt war, eine Durchfahrt geben könnte, und da wir unsere Fahrt beenden wollten, fuhren wir in diese Öffnung hinein und segelten etwa zehn Meilen, ohne etwas anderes zu sehen, als dass wir freie Fahrt bis zum Abend hatten. Dann sahen wir, dass die Durchfahrt dicht war. Dies veranlasste uns, darüber nachzudenken, was wir nun tun sollten. Die Nacht kam, und kein Mond schien; dies nahm uns alle Möglichkeit, dorthin zurückzukehren, von wo wir gekommen waren. Doch nach einigem Nachdenken beschlossen wir gleichwohl, die Öffnung zu suchen, durch die wir hereingefahren waren, und wir machten uns an diese Aufgabe. Aber mit der Nacht kamen Nebel, Regen und Schnee und außerdem ein solch stürmischer Wind, dass wir kaum unser Hauptsegel am Mast lassen konnten, und wir verloren jede Orientierung. Denn als wir glaubten, den Eisbergen ausweichen und durchfahren zu können, hatte der Wind die Durchfahrt schon verschlossen. So waren wir gezwungen, auf die andere Seite zurückzukehren, und wir konnten nicht länger als eine Viertelstunde auf einer Seite bleiben, bevor wir auf die andere fuhren, um tausend Eisschollen auf allen Seiten auszuweichen. Mehr als 20-mal glaubten wir nicht, heilen Leibes herauszukommen. Die ganze Nacht verging unter Mühen und harter Arbeit. Nie wurde die Wache besser gehalten, denn niemand wollte sich ausruhen, sondern alle wollten dafür kämpfen, aus den Eisschollen und der Gefahr herauszukommen. Die Kälte war so groß, dass alles Tauwerk des Schiffes so gefroren und voller dicker Eiszapfen war, dass man nicht daran arbeiten konnte, und auf dem Deck des Schiffes konnte man auch nicht stehen. Nachdem wir somit von der einen auf die andere Seite gefahren waren und zurück, warteten wir hoffnungsvoll auf den Tag. Aber als dieser kam und Nebel brachte, sahen wir, dass Mühe und Müdigkeit uns nichts nutzten; also beschlossen wir, zu einer Eisbank zu fahren, wo wir vor dem stark wehenden Wind geschützt wären; dort würden wir die Segel einholen und uns treiben lassen wie die Eisschollen, und wenn wir einigen Abstand zu ihnen gewonnen hätten, die Segel wieder setzen, um zu der erwähnten Bank zu fahren und das Gleiche wie zuvor zu tun, nämlich darauf zu warten, dass sich der Nebel lichten würde und wir so schnell wie möglich aus dem Eis heraus kämen. Wir lagen so bis zum nächsten Morgen, als wir Segel setzten und zwischen beiden Seiten hin- und herfuhren; und nirgendwo fanden wir uns nicht eingeschlossen durch große Eisbänke, als wären wir in Teichen an Land. Am Abend erblickten wir ein Schiff, das sich auf der anderen Seite einer der Eisbänke befand und, da bin ich sicher, in nicht weniger Angst war als wir. Wir trieben vier oder fünf Tage lang in dieser äußersten Not, bis wir eines Morgens, uns nach allen Seiten umsehend, zwar keine Durchfahrt sahen, aber doch eine Stelle, wo offensichtlich das Eis nicht so dick war und wir leicht durchfahren konnten. Wir segelten dorthin und fuhren durch eine Menge *bourguignons,* welches Eisstücke sind, die von den großen Bänken durch heftige Winde abgebrochen wurden. Bei der Eisbank angekommen, begannen die Seeleute sich mit großen Rudern und anderen Holzstücken zu versehen, um die *bourguignons* zurückzustoßen, die uns vielleicht begegnen würden. Auf diese Weise kamen wir durch die Bank, allerdings nicht, ohne an andere Eisstücke zu stoßen, die unserem Schiff nichts Gutes taten, doch auch keinen schweren Schaden anrichteten. Als wir durch waren, priesen wir Gott für unsere Rettung. Am nächsten Tag setzten wir unsere Fahrt fort und trafen noch auf andere Eisfelder und verhedderten uns so, dass wir uns von allen Seiten umgeben sahen außer dort, wo wir hereingekommen waren. So sahen wir uns veranlasst, durch unsere Eistrümmer zurückzufahren, um zu versuchen, den südlichen Punkt zu umsegeln. Dies konnten wir erst am zweiten Tag tun, als wir auf 44° 30' Breite an mehreren kleinen Eisblöcken vorüberkamen, die von der großen Bank abgetrennt worden waren. Und wir segelten bis zum nächsten Morgen nach Nordwest und Nordnordwest, als wir auf eine andere große Eisbank stießen, die sich von Osten nach Westen erstreckte, soweit wir blicken konnten. Wenn man diese Bank sah, glaubte man, sie sei Land; denn sie war so eben, dass man wirklich gedacht hätte, dass sie absichtlich so gemacht worden war. Sie war über 18 Fuß hoch und im Wasser doppelt so tief. Und wir stellten fest, dass wir nur etwa 15 Meilen vom Cape Breton entfernt waren; dies war am 26. Tag des Monats[180]. Diese häufigen Begegnungen mit dem Eis missfielen uns sehr. Wir glaubten auch, dass die Durchfahrt[181] zwischen Cape Breton und Cape Ray vereist sei und dass wir weit ins Meer hinausfahren müssten, um eine offene Durchfahrt zu finden. Da wir somit nichts anderes tun konnten, waren wir gezwungen, vier oder fünf Meilen aufs Meer hinauszufahren, um eine andere Spitze der großen Eisbank zu umsegeln, die in westsüdwestlicher Richtung von uns lag. Danach fuhren wir mit umgesetzten Segeln nach Nordwesten, um die erwähnte Spitze zu umfahren, segelten dann

180 April?
181 Cabot Strait.

etwa sieben Meilen und wandten uns daraufhin drei Meilen weit nach Nordnordwest, wo wir wiederum eine Eisbank erblickten. Da es Nacht wurde und Nebel aufkam, segelten wir hinaus aufs Meer, um dort den Rest der Nacht zu verbringen und auf den Tag zu warten, bis wir zurückkommen und diese Eisbank erkunden könnten. Am 27. des Monats erblickten wir Land westnordwest von uns und sahen kein Eis im Nordnordwesten. Wir fuhren näher heran, um das Land besser zu erkunden, und sahen, dass es Canso war; dementsprechend fuhren wir nach Norden, um zur Insel Cape Breton zu gelangen; aber wir waren noch nicht mehr als zwei Meilen gefahren, als wir auf eine Eisbank trafen, die sich nach Nordosten erstreckte. Da es Nacht wurde, sahen wir uns gezwungen, aufs Meer hinauszusegeln bis zum nächsten Morgen; dann fuhren wir nach Nordosten und begegneten einer anderen Eisbank, die gegen Osten und Ostsüdost lag. Wir fuhren an ihr entlang und steuerten mehr als 15 Meilen weit nach Nordosten und Norden. Schließlich sahen wir uns gezwungen, wieder nach Westen zu drehen, was uns sehr missfiel, da wir sahen, dass wir keine Durchfahrt finden konnten und gezwungen waren umzukehren und den gleichen Weg zurückzufahren. Und es war dann schlecht für uns, dass Windstille eintrat und die Dünung uns fast gegen die erwähnte Eisbank warf. Wir waren kurz davor, unser Boot ins Wasser zu lassen, um es notfalls benutzen zu können. Freilich, hätten wir uns auf die Eisbank gerettet, hätte dies uns nichts genützt, sondern wir hätten dort nur ausharren können, bis wir elend gestorben wären. Als wir also darüber berieten, ob wir das Boot ins Wasser lassen sollten, erhob sich ein leichter Wind, was uns sehr gefiel, und so entkamen wir dem Eis. Nachdem wir zwei Meilen gefahren waren, wurde es Nacht mit sehr dichtem Nebel, was uns, da wir nichts sahen, die Segel streichen ließ. Auch gab es mehrere große Eisfelder in unserer Richtung, durch die wir nicht fahren wollten. Und so blieben wir die ganze Nacht still liegen bis zum folgenden Tag, dem 29. des Monats. Da wurde der Nebel noch dichter derart, dass man kaum die Länge des Schiffes sehen konnte, und es windete kaum.

Gleichwohl hörten wir nicht auf, Segel zu setzen, um dem Eis zu entgehen. Aber obwohl wir dachten, dass wir uns freischwimmen würden, fanden wir uns so eingegrenzt, dass wir nicht wussten, auf welche Seite wir uns wenden sollten. Und einmal mehr waren wir gezwungen, die Segel zu streichen und uns treiben zu lassen, bis das Eis uns wieder Segel setzen ließ, und wir wechselten 100-mal von einer Seite auf die andere und glaubten uns mehrmals verloren. Der Selbstsicherste würde da den Kopf verlieren, und ebenso der größte Astrologe der Welt. Was uns noch mehr beunruhigte, war die geringe Sichtweite, außerdem, dass die Nacht kam und dass wir nicht eine Viertelmeile fahren konnten, ohne Eisbergen aller Größe und einer Menge *bourguignons* zu begegnen, von denen der kleinste genügt hätte, jedes Schiff zu zertrümmern. Als wir immer noch in diesem Eis herumfuhren, kam ein so stürmischer Wind auf, dass er in kurzer Frist den Nebel teilte und den Durchblick gestattete. Im Nu war die Luft klar und die Sonne schien aus heiterem Himmel. Als wir uns umschauten, sahen wir uns in einem kleinen Teich eingeschlossen, der weniger als eineinhalb Meilen Umfang hatte, und wir erblickten fast vier Meilen nördlich von uns die Cape-Breton-Insel, und wir nahmen an, dass die Durchfahrt nach Cape Breton noch versperrt sei. Wir erblickten auch eine kleine Eisbank hinter unserem Schiff und jenseits derselben das weite Meer. Daraufhin beschlossen wir, durch die Eisbank zu fahren, die durchbrochen war. Dies vollbrachten wir mit Geschick und ohne unser Schiff zu beschädigen, fuhren dann aufs Meer hinaus für die Nacht und segelten nach Südosten an den Eisbergen vorbei. Als wir dachten, dass wir die erwähnte Eisbank umsegeln könnten, fuhren wir etwa 15 Meilen nach Ostnordost und sahen nur einen kleinen Eisberg. Für die Nacht strichen wir die Segel bis zum nächsten Tag. Dann aber sahen wir eine andere Eisbank nördlich von uns, die sich so weit erstreckte, wie wir blicken konnten. Nachdem wir etwa auf eine halbe Meile an sie heran gedriftet waren, setzten wir die Segel und fuhren an dem Eisberg entlang, um sein Ende zu finden. Als wir so segelten, erblickten wir am 1. Mai im Eis ein Schiff, das ebenso wie wir wohl Schwierigkeiten gehabt hatte, herauszukommen. Wir fuhren gegen den Wind, um auf das Schiff zu warten, das auf uns zufuhr. Denn wir wollten erfahren, ob es wohl noch andere Eisfelder gesehen hatte. Als es nahe war, sahen wir, dass es der Sohn des Sieur de Poutrincourt war, der seinen Vater besuchen wollte, der in der Siedlung Port Royal war. Er war vor drei Monaten von Frankreich abgefahren (wahrscheinlich nicht ohne große Schwierigkeiten), und sie waren immer noch fast 140 Meilen von Port Royal entfernt und ein gutes Stück vom richtigen Kurs abgekommen. Wir sagten ihnen, dass wir die Canso-Inseln erblickt hatten, was sie meiner Meinung nach sehr beruhigte, da sie bisher noch keinerlei Land gesehen hatten. Sie segelten nun ab, um direkt zwischen dem Cape St. Lawrence und dem Cape Ray[182] hindurchzufahren, was sie aber nicht nach Port Royal führen konnte, es sei denn, sie wären über Land gegangen. Nachdem wir noch eine Weile miteinander gesprochen hatten, trennten wir uns, und jeder folgte seinem Kurs. Am folgenden Morgen erblickten wir die Inseln Saint-Pierre[183], ohne auf Eis zu treffen. Als wir weiterfuhren, sahen wir am nächsten Morgen, dem 3. des Monats, Cape Ray, ebenfalls ohne auf Eis zu stoßen. Am 4. des Monats sichteten wir St. Paul Island[184] und Cape St. Lawrence und befanden uns etwa acht Meilen nördlich von Cape St. Lawrence. Am folgenden Morgen erblickten wir Gaspé. Am siebten Tag des Monats wurden wir aufgehalten durch einen Wind aus Nordwest, der uns fast 35 Meilen von unserem Kurs abtrieb. Dann legte sich der Wind. Das Wetter wurde gut und der Wind günstig, bis wir Tadoussac am 13. Mai erreichten. Dort feuerten wir einen Kanonenschuss ab, um uns den Indianern anzukündigen, damit wir Nachrichten über die Leute in unserer *Habitation* in Quebec erhalten würden. Das ganze Land war noch beinahe ganz mit Schnee bedeckt. Einige Kanus kamen heraus zu uns, und wir erfuhren, dass einer unserer leichten

182 S. Fußnote 128.
183 Saint-Pierre und Miquelon.
184 In der Cabot Strait.

Segler seit einem Monat im Hafen lag und drei Schiffe vor acht Tagen angekommen seien. Wir ließen unser Boot zu Wasser und fuhren zu den Indianern, denen es ziemlich schlecht ging; sie hatten nur wenige Handelsobjekte; für diese wollten sie Lebensmittel. Daher wollten sie auch warten, bis noch andere Schiffe kommen würden, sodass sie die Waren billiger bekämen. Somit haben diejenigen Leute unrecht, die glauben, sie sollten als Erste kommen zum Handeln; denn diese Stämme sind inzwischen zu schlau und raffiniert.

Am 17. Tag des Monats segelte ich von Tadoussac ab, um zur großen Stromschnelle[185] zu fahren und die Algonkin sowie andere Stämme zu treffen, die mir im vorigen Jahr versprochen hatten, sich dort einzufinden mit meinem jungen Mann, den ich ihnen gegeben hatte. Denn ich wollte von ihm erfahren, was er während seiner Überwinterung im Landesinneren gesehen hatte. Diejenigen, die hier im Hafen waren, vermuteten, dass ich dorthin gehen würde, da ich ja den Indianern das erwähnte Versprechen gegeben hatte. Sie begannen, mehrere kleine Pinassen zu bauen, um mir so rasch zu folgen, wie sie konnten. Und einige ließen, wie ich erfuhr, bevor ich von Frankreich absegelte, Schiffe und Segler ausrüsten wegen unserer Reise in der Hoffnung, dass sie so reich zurückkommen würden wie von einer Reise nach Indien.

Pont-Gravé blieb in Tadoussac in der Absicht, wenn der Handel nichts einbringen würde, einen Segler zu nehmen und zu mir an die Stromschnelle zu kommen. Zwischen Tadoussac und Quebec floss durch ein Leck Wasser in unsere Pinasse; das zwang mich, in Quebec Halt zu machen, um das Loch auszubessern. Das war am 21. Tag des Mai.

185 Lachine Rapids.

Kapitel II

Landung in Quebec, um die Pinasse zu reparieren. Abfahrt von Quebec, um an der Stromschnelle die Indianer zu treffen und einen geeigneten Ort für eine Wohnstätte zu finden.

Nachdem ich gelandet war, traf ich den Sieur du Parc, der mit seinen Gefährten in der *Habitation* überwintert hatte. Sie waren in guter Verfassung und waren nicht krank gewesen. Sie sagten, dass Jagd und Wildbret üppig gewesen seien während des ganzen Winters. Ich traf den Häuptling der Indianer Batiscan und einige Algonkin, die sagten, sie hätten auf mich gewartet und dass sie nicht nach Tadoussac zurückgehen wollten, bevor sie mich gesehen hätten. Ich machte ihnen den Vorschlag, einen unserer Männer nach Trois-Rivières mitzunehmen, der die Gegend dort erkunden würde, aber ich konnte nichts von ihnen erhalten für das laufende Jahr, und so verschob ich mein Anliegen auf das nächste. Gleichwohl verfehlte ich nicht, mich im Detail zu informieren über die Stämme, die dort leben und deren Abstammung. Sie gaben mir darüber genaue Auskunft. Ich erbat mir von ihnen eines ihrer Kanus, doch sie wollten sich auf keinen Fall von einem trennen, weil sie sie sehr nötig hatten. Ich hatte vorgehabt, zwei oder drei Mann nach Trois-Rivières zu senden, um zu erkunden, was es dort gab. Aber zu meinem großen Bedauern konnte ich dies nun nicht tun, und so schob ich die Sache auf, bis sich eine Gelegenheit dazu finden würde.

Mittlerweile sah ich darauf, dass unsere Pinasse rasch repariert wurde. Und als sie fertig war, bat mich ein junger Mann aus La Rochelle namens Tresart, dass ich ihm gestatte, mich zu der Stromschnelle zu begleiten. Aber ich weigerte mich und sagte, dass ich private Pläne hätte und niemand dorthin bringen wolle zu meinem eigenen Schaden; dass es vielmehr zur Zeit andere Unternehmen gebe als meines, und dass ich nicht beabsichtige, den Weg nach dort zu bahnen und als Führer zu dienen, sondern dass er den Ort auch ziemlich leicht ohne mich fände.

Am gleichen Tag verließ ich Quebec und kam an der Stromschnelle[186] am 28. Mai an, wo ich aber keinen der Indianer fand, die mir versprochen hatten, dort am 20. des Monats zu sein. Sofort begab ich mich in ein schlechtes Kanu zusammen mit dem Indianer, den ich nach Frankreich mitgenommen hatte, und einem meiner Leute. Nachdem ich mich auf beiden Ufern umgesehen hatte, und zwar im Wald sowie am Strom entlang, um eine geeignete Stelle für eine Wohnstätte zu finden und einen Bauplatz vorzubereiten, ging ich etwa acht Meilen zu Fuß an der Stromschnelle entlang durch die Wälder, die dort sehr licht sind, und kam zu einem See[187], zu dem unser Indianer uns führte. Hier betrachtete ich das Land sehr sorgfältig. Aber wo ich auch hinblickte, ich fand keinen passenderen Ort als einen kleinen Platz, der sich dort befindet, wohin die Pinassen und Schaluppen noch leicht fahren können, wenn auch wegen der heftigen Strömung nur mit starkem Wind oder durch Rundfahren. Denn weiter oben als dieser Platz[188] (den wir Place Royale nannten), eine Meile vom Mont Royal entfernt, gibt es viele kleine Felsen und sehr gefährliche Untiefen. Unweit der Place Royale befindet sich ein kleiner Fluss, der ein Stück ins Landesinnere führt, und an dem entlang mehr als 60 Morgen Land liegen. Dieses Land ist schon gerodet und besteht nun aus einer Art von Wiesen; man könnte dort Korn säen und Gärten anlegen. Früher haben Indianer das Land hier bebaut, aber sie haben es aufgegeben wegen der häufigen Kriege, die sie hier immer führten. Es gibt auch eine große Menge anderer schöner Wiesen, die so viel Vieh ernähren könnten, wie man nur wollte. Auch gibt es alle Arten von Bäumen, wie wir sie auch in unseren Wäldern in Frankreich haben, dabei Weinreben, Nussbäume, Pflaumenbäume, Kirschbäume, Erdbeeren und anderes, gut essbares Obst. Unter

186 S. Fußnote 185.
187 Lake of Two Mountains.
188 Nahe der heutigen Rue de Callière in Vieux Montréal.

anderem gibt es eine ausgezeichnete Frucht, die zuckrig schmeckt und an Bananen (eine Frucht in Indien) erinnert, weiß ist wie Schnee, mit Blättern, die Brennnesseln ähneln und wie Efeu die Bäume hinauf, aber auch auf der Erde herumkriecht. Fische gibt es in Fülle zu fangen, und zwar alle Arten, die wir in Frankreich haben sowie viele andere, die wir nicht haben, aber sehr gut schmecken. In großer Zahl vorhanden sind auch jagdbare Vögel verschiedener Arten; und außerdem gibt es Hirsche, Damwild, Rehe, Karibus, Hasen, Luchse, Bären, Biber und andere kleinere Tiere in solcher Menge, dass wir, solange wir an der Stromschnelle waren, keinerlei Mangel an ihnen litten.

Nachdem wir also diesen Ort sorgfältig erkundet hatten und ihn einen der schönsten fanden, die es an diesem Strom gab, ließ ich sofort die Bäume in dieser Place Royale roden, um sie eben zu machen und bereit zum Bebauen. Man könnte leicht Wasser um den Platz herumlaufen lassen und aus ihm eine kleine Insel machen, worauf man errichten könnte, was man gerne möchte.

Es gibt 20 Klafter von der Place Royale entfernt ein kleines Inselchen[189], das etwa 100 Schritte lang ist und auf dem man eine gute und starke Wohnstätte errichten könnte. Es gibt auch eine Menge Wiesen mit sehr guter, fetter Töpfererde, aus der man, was sehr praktisch ist, Ziegelsteine zum Bauen machen könnte. Ich ließ eine Anzahl davon anfertigen und eine Mauer bauen, vier Fuß dick, drei bis vier hoch und zehn Klafter lang, um zu sehen, wie sie sich im Winter hält, wenn das Wasser kommt. Ich glaubte nicht, dass das Wasser bis zu der Mauer vordringen würde, da das Land zwölf Fuß über dem Strom liegt, was ziemlich hoch ist. In der Mitte des Stromes liegt eine Insel mit einer Dreiviertelmeile Umfang, die wir St. Helen's Island[190] nannten; auf ihr kann eine gute, starke Stadt gebaut werden. Der Strom am Fuß der Stromschnelle ist eine Art See, in dem zwei oder drei Inseln liegen und der von schönen Wiesen umsäumt wird.

189 Market Gate Island.

190 Wahrscheinlich genannt nach Champlains kürzlich geehelichter Gattin Hélène Boullé.

Am ersten Junitag kam Pont-Gravé bei der Stromschnelle an; er hatte in Tadoussac keinen Handel treiben können; und eine große Menge Leute kamen nach ihm auf der Suche nach Handelsbeute; denn ohne diese Hoffnung drohte ihnen großer Verlust.

Während ich auf die Indianer wartete, ließ ich zwei Gärten anlegen, den einen auf den Wiesen und den anderen im Wald, den ich roden ließ. Und am 2. Juni säte ich dort einige Körner aus, die alle sehr gut und binnen kurzem aufgingen, was die gute Qualität des Bodens zeigte.

Wir beschlossen, unseren Indianer namens Savignon mit einem anderen seinen Landsleuten entgegenzusenden, um ihr Kommen zu beschleunigen. Nach einiger Überlegung entschieden sie, in unserem Kanu zu fahren, was sie aber nun zögernd taten, denn es taugte nicht viel.

Sie fuhren am 5. des Monats ab. Am folgenden Tag kamen vier oder fünf Pinassen an (die uns begleiten wollten), denn in Tadoussac gab es nichts zu handeln.

Am 7. machte ich mich auf, einen kleinen Fluss zu erkunden, auf dem die Indianer manchmal in den Krieg ziehen; er fließt zur Stromschnelle des Irokesen-Flusses. Er ist sehr gefällig und fließt drei Meilen durch Wiesen und viel bearbeitbares Land. Er befindet sich eine Meile von der großen Stromschnelle entfernt und eineinhalb Meilen von der Place Royale.

Am neunten Tag kam unser Indianer zurück. Er war etwas über den etwa zehn Meilen langen See hinausgefahren, den ich zuvor schon gesehen hatte. Er war auf nichts gestoßen; sie hatten nicht weiterfahren können, weil ihr Kanu Schwierigkeiten bereitete, und so hatten sie zurückkommen müssen. Sie berichteten uns, dass sie beim Passieren der Stromschnelle eine Insel gesehen hätten, wo es so viele Kraniche gab, dass der Himmel ganz voll von ihnen gewesen sei. Es gab einen jungen Mann beim Sieur de Monts namens Louis, der gerne jagte. Als er das hörte, wollte er aus Neugierde dorthin gehen und bat unseren Indianer inständig, ihn hinzuführen. Der Indianer stimmte zu und nahm auch einen Häuptling der Montagnais namens Outetoucos mit, einen sehr freundlichen Mann. Am folgenden Morgen ging Louis zu den zwei Indianern, um aufzubrechen und zu der Kranichinsel zu fahren. Sie stiegen in ein Kanu und fuhren hin. Diese Insel liegt in der Mitte der Stromschnelle. Hier fingen sie so viele Kraniche und andere Vögel, wie ihnen beliebte, und bestiegen dann wieder ihr Kanu. Gegen den Wunsch des anderen Indianers und dessen dringliche Vorhaltungen wollte Outetoucos nun eine sehr gefährliche Stelle hinunterfahren, wo das Wasser fast drei Fuß hinabfällt; er sagte, dass er schon zuvor da hinuntergefahren sei, was nicht stimmte. Er stritt lange mit unserem Indianer, der ihn auf die Südseite entlang des Hauptufers führen wollte, wo sie meistens fahren. Aber Outetoucos wollte nicht und sagte, dass es keinerlei Gefahr gebe. Als unser Indianer sah, dass der Andere starrköpfig blieb, gab er nach. Aber er sagte, man müsse zumindest einen Teil der im Boot befindlichen Vögel herausnehmen, weil es zu schwer beladen sei; denn sonst würden sie unweigerlich Wasser hereinnehmen und umkommen. Aber Outetoucos wollte auch dies nicht tun und sagte, wenn sie erkennen würden, dass sie in Gefahr seien, so wäre hierfür noch Zeit genug. So ließen sie sich dann mit der Strömung treiben. Als sie freilich beim Wasserfall ankamen, wollten sie davon wegkommen und ihre Ladung über Bord werfen. Aber die Zeit reichte nicht, denn das schnell fließende Wasser beherrschte sie unkontrollierbar. Ihr Kanu füllte sich in den Strudeln der Stromschnelle, von denen sie in alle Richtungen herumgewirbelt wurden, sofort mit Wasser. Eine Zeitlang konnten sie sich noch festhalten. Aber schließlich ermüdete die Unnachgiebigkeit des Wassers sie derart, dass der arme Louis, der überhaupt nicht schwimmen konnte, den Kopf völlig verlor, als das Kanu im Wasser versank, und es losließ. Die zwei Anderen hielten sich noch immer fest, und als es wieder auftauchte, sahen sie unseren Louis nicht mehr, der auf diese Weise elendiglich umkam. Die beiden Anderen hielten sich noch immer am Kanu. Aber als sie aus der Stromschnelle heraus waren, ließ Outetoucos, der nackt war und auf seine Schwimmfähigkeit vertraute, das Boot los, weil er dachte, dass er das Ufer erreichen könne, obwohl das Wasser noch immer mit großer Geschwindigkeit strömte. Doch er ertrank, denn er war so müde und abgekämpft von seiner Anstrengung, dass es ihm nicht mehr möglich war, sich zu retten, zumal er das Kanu losgelassen hatte. Unser Indianer Savignon verhielt sich klüger und klammerte sich noch immer daran, bis die Strömung das Kanu zu einem Strudel trug. Hier gelang es ihm, trotz der Mühe und Anstrengung, die ihn das Ganze gekostet hatte, sich langsam aufs Ufer zu begeben. Nach seiner Landung kippte er das Wasser aus dem Kanu und kehrte zu uns zurück; er fürchtete sehr, dass man sich an ihm rächen würde, so, wie sie es untereinander machen. Und er erzählte uns die ganze traurige Geschichte, die uns sehr bekümmerte.

Am folgenden Tag fuhr ich zusammen mit dem Indianer und einem anderen unserer Leute in einem anderen Kanu zu der Stromschnelle, um den Ort zu sehen, wo sie umkamen und zu schauen, ob wir ihre Leichen finden würden. Und ich versichere Ihnen, als er mir die Stelle zeigte, mir die Haare zu Berge standen beim Anblick dieses schrecklichen Ortes. Ich staunte, wie die Toten so wenig Verstand zeigen konnten, durch eine so furchterregende Stelle zu fahren, wo sie doch einen anderen Weg hätten nehmen können. Denn es war unmöglich, dort durchzukommen, gibt es doch sieben oder acht Wasserfälle, wo das Wasser von Felsplatte zu Felsplatte herabstürzt, von denen die geringste drei Fuß hoch ist. Dort herrschen betäubender Lärm und strudelndes Getöse, und ein Teil des Wasserfalls ist voll weißen Schaums, der die schlimmste Stelle anzeigt. Der Krach war so groß, dass man meinen konnte, es sei Donner, so sehr hallte in der Luft der Lärm dieser Katarakte wider. Nachdem wir den Ort gesehen, ihn genau angeschaut und am Ufer entlang die Leichen gesucht hatten, während eine leichte Schaluppe in eine andere Richtung gefahren war, kamen wir zurück, ohne etwas gefunden zu haben.

Kapitel III

200 Indianer bringen den Franzosen zurück, den man ihnen gegeben hatte, und nehmen ihren Indianer zurück, der aus Frankreich zurückgekehrt war. Mehrere Reden auf beiden Seiten.

Am 13. Tag jenes Monats[191] brachten 200 Huronen mit ihren Häuptlingen Ochateguin, Iroquet und Tregouaroti, dem Bruder unseres Indianers, meinen jungen Mann zurück. Wir waren sehr froh, ihn zu sehen, und ich fuhr ihnen entgegen mit einem Kanu und unserem Indianer, und während sie langsam und gestaffelt herankamen, bereiteten sich unsere Leute vor, um sie mit einem Salut aus Musketen, Hakenbüchsen und kleinen Kanonen zu begrüßen. Als sie näherkamen, begannen sie alle zusammen zu rufen, und einer der Häuptlinge befahl, dass die Begrüßungsrede gehalten wurde, in der sie uns mächtig priesen. Es hieß, wir seien wahrheitsliebend, weil ich ihnen mein Versprechen hielt zu kommen und sie an der Stromschnelle zu treffen. Nach drei weiteren Rufen feuerte die Salutmannschaft zweimal von den anwesenden 13 Schaluppen und Seglern. Dies erstaunte sie derart, dass sie mich baten zu veranlassen, dass nicht mehr geschossen würde; denn der größte Teil von ihnen hatte noch nie einen Christenmenschen gesehen noch entsprechenden Donner gehört und fürchtete, dass ihnen Übles widerfahre. Sie freuten sich sehr, unseren Indianer[192] gesund zu sehen; denn sie hatten gedacht, dass er verstorben sei, wie ihnen einige Algonkin berichtet hatten, die dies von Montagnais-Indianern gehört hatten. Der Indianer lobte die Behandlung, die er von mir in Frankreich erhalten hatte und die merkwürdigen Dinge, die er gesehen hatte. Sie waren voller Bewunderung und zogen sich in den Wald zurück,

---

191 Juni.
192 Savignon.

um dort leicht zu kampieren und auf den nächsten Morgen zu warten, wenn ich ihnen den Ort zeigen würde, wo sie ihr Lager aufschlagen sollten. Ich sah auch meinen französischen jungen Mann, der in der Weise der Indianer gekleidet war und seine Aufnahme bei den Indianern pries, die nach Art ihres Landes erfolgt sei, und mir alles berichtete, was er während des Winters gesehen und von den Indianern gelernt hatte.

Als der nächste Tag gekommen war, zeigte ich ihnen einen Platz, um das Lager einzurichten. Dort berieten die alten und wichtigsten Männer lange miteinander. Nachdem sie dies eine gute Zeit lang getan hatten, ließen sie nur mich mit meinem jungen Mann holen, der ihre Sprache sehr gut gelernt hatte, und sagten ihm, dass sie eine enge Freundschaft mit mir schließen wollten und es sie ärgerte, alle diese Schaluppen beieinander zu sehen; denn unser Indianer hätte ihnen gesagt, dass er diese nicht kenne, noch wisse, was sie vorhätten, und dass sie vielmehr gut sähen, dass diese von nichts als Profitsucht und Habgier hergeführt worden seien; und wenn man deren Hilfe brauche, so gäben sie keine Unterstützung und benähmen sich nicht wie ich, der ich mich mit meinen Gefährten angeboten hätte, in ihr Land zu gehen und ihnen zu helfen, wovon ich ihnen Beweise in der Vergangenheit gegeben hätte.

Sie priesen mich auch weiterhin für die Betreuung, die ich unserem Indianer hatte zukommen lassen, als sei er mein Bruder; sie sagten, dass dies sie dermaßen zu Wohlwollen mir gegenüber verpflichte, dass sie mir alles, was ich von ihnen wünsche, nach Möglichkeit zukommen ließen; aber dass sie fürchteten, dass die anderen Segler ihnen Übles antun könnten. Ich versicherte ihnen, dass diese dies nicht tun würden und wir alle den gleichen König[193] hätten, den unser Indianer auch gesehen habe, und wir der gleichen Nation zugehörten (allerdings wären die anderen, was den Handel anginge, selbständig), und dass sie keine Furcht zu haben brauchten und hier genauso sicher seien, als wenn sie in ihrem eigenen Gebiet wären. Nach mehreren

193 Ludwig XIII.

Ansprachen machten sie mir 100 Biberpelze zum Geschenk. Ich gab ihnen als Gegengeschenk andere Waren, und sie sagten mir, dass über 400 Indianer beabsichtigt hätten, aus ihrem Land zu kommen, aber dass diese wegen eines meiner irokesischen Gefangenen gezögert hätten, der entkommen und in sein eigenes Land zurückgekehrt sei. Dieser hätte zu verstehen gegeben, dass ich ihm seine Freiheit und einige Waren gegeben hätte, und dass ich mit 600 Irokesen zu der Stromschnelle gehen würde, um auf die Algonkin zu warten und sie alle umzubringen. Sie sagten, dass die durch diese Nachrichten ausgelöste Furcht jene zurückgehalten hätte und dass sie sonst gekommen wären. Ich antwortete, dass der Gefangene entkommen sei, ohne dass ich ihn freigelassen hätte, und dass unser Indianer sehr gut wisse, wie der Gefangene geflohen sei; und dass es keinerlei Anzeichen dafür gebe, dass ich auf ihre Freundschaft verzichten wolle, wie sie gehört hatten, da ich doch mit ihnen in den Krieg gezogen sei und meinen jungen Mann in ihr Land geschickt habe, um die Freundschaft mit ihnen zu pflegen. Und dass die Tatsache, dass ich das ihnen gegebene Versprechen treu gehalten habe, dies ebenfalls beweise. Sie antworteten mir, dass sie solches selbst nicht gedacht hätten, und dass sie sich bewusst seien, dass alle diese Reden nichts mit der Wahrheit zu tun hätten; dass sie, wenn sie anderes geglaubt hätten, nicht gekommen wären, und dass es die anderen seien, die Furcht gehabt hätten, da sie noch nie einen anderen Franzosen gesehen hätten als meinen jungen Mann. Sie sagten mir auch, dass in fünf oder sechs Tagen 300 Algonkin kämen und wir auf diese warten könnten, um mit ihnen auf den Kriegspfad zu gehen gegen die Irokesen. Aber wenn ich nicht mitkäme, würden sie nun zurückkehren, ohne dort mitzugehen. Ich unterhielt mich lange mit ihnen hinsichtlich der Quelle des großen Stromes und über ihr Land, über welches sie mir viele Einzelheiten berichteten, sowohl über die Flüsse, Wasserfälle, Seen und das Land als solches, als auch die Stämme, die dort wohnen und was sich sonst dort befindet. Vier von ihnen versicherten mir, dass sie ein von ihrem Land weit entferntes Meer gesehen hätten, aber dass der Weg dorthin schwierig sei, sowohl wegen dortiger Kriege als auch wegen der Ödnis, die dorthin zu durchqueren sei. Sie sagten mir auch, dass während des vorigen Winters einige Indianer aus Richtung Florida gekommen seien von jenseits des Irokesenlandes, die unser Meer kannten und Freunde der genannten Indianer seien. Insgesamt erzählten sie mir all dies mit vielen Einzelheiten und zeigten mir mit Skizzen alle die Orte, wo sie gewesen waren und freuten sich, es mir zu berichten. Und ich selbst wurde nicht müde, ihnen zuzuhören, denn manche Dinge wurden mir deutlich, über die ich unsicher gewesen war, bis ich von ihnen Aufklärung erhielt. Als die ganze Unterhaltung endete, sagte ich ihnen, dass sie die wenigen Waren tauschen sollten, die sie hatten. Dies machten sie am nächsten Tag. Jede Pinasse erhielt ihren Teil. Wir hatten alle Anstrengung und das Risiko gehabt; die anderen, die sich um Erkundungen nicht kümmerten, hatten den Profit, welcher das einzige Motiv ist, das sie bewegt; denn sie investieren nichts und wagen nichts.

Am nächsten Tag, nachdem sie alles getauscht hatten, was sie hatten, was freilich nur wenig war, errichteten sie eine Barrikade an ihrem Lager gegen den Wald hin und teilweise auf der Seite unserer Segler und sagten, dies sei zu ihrer Sicherheit, um gegen Überraschung durch ihre Feinde gewappnet zu sein. Wir glaubten ihnen das. Als es Nacht geworden war, riefen sie meinen Indianer, der auf meinem Segler schlief, und meinen jungen Mann, und die beiden gingen zu ihnen. Nach einigem Reden ließen sie mich gegen Mitternacht ebenfalls rufen. Als ich in ihre Hütte trat, sah ich sie alle im Rat sitzen; sie hießen mich neben sie sitzen und sagten, es sei bei ihnen Sitte, wenn sie sich zusammensetzten, um etwas zu beraten, sie dies bei Nacht machen würden, um durch den Anblick von nichts gestört zu werden; denn bei Nacht denke man nur ans Zuhören, während der Kopf bei Tag durch die gesehenen Objekte abgelenkt würde. Aber meiner Meinung nach wollten sie mir ihren Beschluss im Geheimen mitteilen, da sie Vertrauen in mich hatten. Auch fürchteten sie die anderen Segler, wie sie mir seither noch zu verstehen gegeben haben. Denn sie sagten mir, dass es ihnen missfiel, so viele Franzosen zu sehen, die nicht freundlich zueinander wären, und dass es ihnen vielmehr lieber gewesen wäre, mich allein zu sehen. Sie sagten auch, dass einige von ihnen geschlagen worden seien; dass sie mir persönlich so wohl wollten wie ihren Kindern, da sie mir so sehr vertrauten, dass sie tun würden, was ich anweisen würde, aber dass sie den anderen stark misstrauten. Und sollte ich zurückkehren, so solle ich so viele Leute mitbringen, wie ich wolle, vorausgesetzt, dass diese unter der Leitung eines Anführers seien; und dass sie mich hätten holen lassen, um mir nochmals ihre Freundschaft zuzusichern, die niemals zerbreche, und dass sie hofften, dass ich nicht zornig auf sie sei. Auch sagten sie, da sie wüssten, dass ich beschlossen hätte, ihr Land zu besichtigen, sie es mir zeigen würden unter Gefahr ihres Lebens und mir dabei beistehen würden mit einer guten Anzahl Leuten, die überall hingehen könnten; und dass wir in Zukunft das gleiche Vertrauen in sie haben könnten, das sie in uns hätten. Daraufhin ließen sie 50 Biberpelze und vier Wampum-Gürtel[194] bringen (welche sie unter sich so schätzen wie wir Goldketten), an denen ich meinen Bruder beteiligen sollte (sie verstanden darunter Pont-Gravé, da wir zusammen waren); und sie sagten, dass diese Geschenke von anderen Häuptlingen kämen, die mich zwar noch nie gesehen hätten, diese aber trotzdem schickten und wünschten, dass sie immer meine Freunde wären; aber wenn es einen Franzosen gäbe, der mit ihnen gehen wolle, würden sie sich sehr darüber freuen, sogar mehr denn je, um eine solide Freundschaft mit uns zu pflegen. Nach weiterer Unterhaltung schlug ich ihnen vor, da sie willens seien, mich ihr Land sehen zu lassen, ich Seine Majestät bitten würde, uns mit bis zu 40 oder 50 Mann zu unterstützen, die mit den für die Reise nötigen Dingen ausgestattet wären; und dass ich mich mit ihnen in die Kanus begeben würde unter der Bedingung, dass sie uns versorgen würden mit dem, was für unseren Unterhalt während der Reise nötig sei; ich dagegen würde ihnen Sachen bringen, damit sie den Häuptlingen in den Ländern, durch die wir kommen würden, Geschenke offerieren

194 Wampums waren Gürtel mit Muscheln und Schneckenschalen, die u. a. als Zahlungsmittel dienten.

könnten; und dass wir dann zurückkommen würden, um den Winter in unserer *Habitation* zu verbringen. Sollte ich das Land gut und fruchtbar finden, würden wir dort mehrere Siedlungen errichten; auf diese Weise hätten wir dann enge Beziehungen zueinander und würden in Zukunft glücklich in der Furcht Gottes leben, den man ihnen nahe bringen würde. Sie waren sehr erfreut über diesen Vorschlag und baten mich, daran zu arbeiten; sie selbst, so sagten sie, würden alles tun, was ihnen möglich wäre, die Sache zuwege zu bringen. Was den Proviant anginge, würden wir so wenig Mangel leiden wie sie selbst, und sie versicherten mir erneut, dass sie mir zeigen würden, was ich sehen wollte. Daraufhin verabschiedete ich mich von ihnen beim Morgengrauen, dankte ihnen für ihre Bereitschaft, meine Wünsche zu erfüllen und bat sie, darin nicht nachzulassen.

Am nächsten Tag, dem 17. des Monats[195], sagten sie, dass sie fortgingen, um auf die Biberjagd zu gehen, und dass sie alle zurückkehren würden. Am Morgen beendeten sie den Handel mit den wenigen Waren, die sie noch hatten, und begaben sich dann in ihre Kanus. Sie baten uns, ihre Wohnhütten nicht zwecks Abriss anzurühren, und wir versprachen dies. Sie trennten sich voneinander und taten so, als gingen sie in verschiedene Richtungen auf Jagd, und ließen unseren Indianer bei mir, damit wir ihrethalben desto weniger Verdacht schöpfen würden. Nichtsdestoweniger hatten sie oberhalb der Stromschnelle ein Rendez-vous verabredet, da sie dachten, dass wir mit unseren Pinassen dort nicht hinfahren könnten. Inzwischen warteten wir auf sie, wie sie uns gebeten hatten.

Am folgenden Tag kamen zwei Indianer; einer war Iroquet und der andere der Bruder unseres Savignon. Sie kamen, um den letzteren zu holen und mich zu bitten, im Namen aller ihrer Kameraden, dass ich allein mit meinem jungen Mann zu ihrem Lager käme; denn sie wollten mir etwas Wichtiges sagen, das sie mir nicht mitteilen wollten in Gegenwart von anderen Franzosen. Ich versprach ihnen, dass ich käme.

---

195 Juni.

Als es Tag geworden war, gab ich Savignon einige Kleinigkeiten, und er ging sehr zufrieden weg, wobei er mir zu verstehen gab, dass er von jetzt an ein sehr hartes Leben führen würde im Vergleich mit dem, das er in Frankreich gehabt hätte. Und so trennte er sich von mir mit großem Bedauern, aber ich war froh, dass ich nun von ihm befreit war. Die zwei Häuptlinge sagten mir, dass sie mich am nächsten Tag frühmorgens holen ließen, und so geschah es. Ich stieg mit meinem jungen Mann in das Kanu, als es kam. Als wir die Stromschnelle[196] erreichten, gingen wir einige acht Meilen weit in den Wald, wo sie ihr Lager an einem Seeufer errichtet hatten. Dort war ich zuvor schon einmal gewesen. Als sie mich sahen, freuten sie sich sehr und begannen entsprechend ihrer Gewohnheit laut zu rufen, und unser Indianer kam zu mir und bat mich, in die Hütte seines Bruders zu gehen, wo er sofort Fleisch und Fisch auf das Feuer legen ließ, um mich bestens zu bewirten. Während ich dort war, wurde ein Fest veranstaltet, zu dem alle wichtigen Männer eingeladen wurden. Ich wurde nicht vergessen, obwohl ich bereits gut gespeist hatte, aber um der Sitte des Landes zu entsprechen, ging ich trotzdem hin. Nachdem sie geschmaust hatten, gingen sie in den Wald, um Rat zu halten; indessen vergnügte ich mich damit, die Landschaft um diesen Ort herum zu betrachten, die sehr gefällig ist. Nach einiger Zeit ließen sie mich rufen, um mir mitzuteilen, was sie unter sich entschieden hatten. Ich ging mit meinem jungen Mann hin. Nachdem ich mich zu ihnen gesetzt hatte, sagten sie mir, dass sie sehr froh seien, dass sie mich sähen und dass ich mein Wort nicht gebrochen hätte, das ich ihnen gegeben hatte; auch dass sie immer mehr meinen Wunsch erkannten, die Freundschaft mit ihnen weiter zu pflegen; und sie sagten, dass sie vor ihrer Abreise von mir Abschied nehmen wollten und es ihnen sehr missfallen hätte, wenn sie weggegangen wären, ohne mich nochmals zu sehen; denn sie glaubten, dass ich ihnen sonst Übles gewünscht hätte. Sie sagten auch, dass sie gesagt hätten, sie gingen auf die Jagd,

196 S. Fußnote 185.

und dass sie die Barrikade gebaut hätten, nicht weil sie Furcht vor ihren Feinden hätten noch Lust auf Jagd, sondern weil sie alle die anderen Segler fürchteten, die bei mir waren. Denn sie hätten sagen hören, dass in der Nacht, als sie mich holen ließen, sie alle getötet werden sollten. Sie meinten, dass ich sie nicht gegen alle anderen verteidigen könnte, da diese ja viel zahlreicher waren als ich, und so hätten sie diese List angewandt, um sich heimlich davonzumachen. Aber wenn es nur unsere zwei Segler gegeben hätte, hätten sie noch einige Tage länger gewartet. Und sie baten mich, wenn ich mit meinen Gefährten zurückkäme, keine anderen mehr mitzubringen. Ich sagte ihnen, dass ich diese nicht mitgebracht hätte, sondern dass diese mir gefolgt seien, ohne dass ich sie darum bat, und dass ich in Zukunft auf andere Weise kommen würde als ich bisher gekommen war. Diese Erklärung von mir freute sie sehr.

Und erneut begannen sie aufzusagen, was sie mir versprochen hatten hinsichtlich der Erkundungen des Landes. Und ich versprach ihnen, mit Gottes Hilfe das zu halten, was ich ihnen zugesagt hatte. Sie baten mich nochmals, ihnen einen Mann zu geben. Ich sagte ihnen, dass, wenn es unter uns einen gebe, der mit ihnen gehen wolle, ich gerne zustimmen würde.

Sie sagten mir, dass es einen Händler gebe namens Bouvier, der einen der Segler befehligte und der sie gebeten habe, einen Jungen mitzunehmen; aber dass sie dies nicht hätten tun wollen, bevor sie nicht von mir erfahren hätten, ob ich zustimmen würde. Denn sie wüssten nicht, ob ich und er Freunde seien, obwohl er mich begleitet hätte, um mit ihnen Handel zu treiben; und sie hätten ihm gegenüber keinerlei Verpflichtung; doch biete er an, ihnen große Geschenke zu machen.

Ich antwortete ihnen, dass wir keine Feinde seien und dass sie oft gesehen hätten, wie wir miteinander gesprochen hätten. Aber was den Handel angehe, so mache jeder, wozu er in der Lage sei, und dass Bouvier den Jungen vielleicht aus dem gleichen Grund senden wollte, aus dem ich den meinen gesandt hatte, nämlich in der Hoffnung auf künftigen Vorteil, was ich ja auch von ihnen erwarten könnte. Jedenfalls hätten sie selbst zu überlegen, wem sie am meisten verpflichtet seien und von wem sie am meisten erhoffen konnten.

Sie sagten mir, dass es gar keinen Vergleich gebe hinsichtlich dessen, was sie dem einen und dem anderen von uns schuldeten; denn ich hätte ihnen große Hilfe geleistet in ihren Kriegen gegen ihre Feinde und hätte auch die Hilfe meiner Person für die Zukunft angeboten; und da sie mich immer zuverlässig gefunden hätten, hinge nun alles davon ab, was ich wolle; und dass es die Geschenke seien, die er ihnen angeboten hätte, was sie nun davon sprechen lasse; und wenn der erwähnte Junge nun mit ihnen ginge, würde sie das dem Bouvier gegenüber nicht so sehr verpflichten können, wie sie mir verpflichtet wären; und dass das jedenfalls keinerlei Bedeutung für die Zukunft habe, denn sie nähmen den Jungen nur, um die erwähnten Geschenke Bouviers zu erhalten.

Ich antwortete ihnen, dass es mir einerlei sei, ob sie ihn mitnähmen oder nicht, jedoch vielmehr, wenn sie ihn ohne viel Bezahlung nähmen, dies mir missfallen würde; sollten sie aber gute Geschenke erhalten, wäre ich zufriedengestellt, vorausgesetzt, er wohne bei Iroquet. Letzteres versprachen sie mir. Und nachdem sie mir ein letztes Mal ihre Wünsche mitgeteilt hatten und ich ihnen die meinen, erschien ein Indianer, der dreimal Gefangener der Irokesen gewesen war und glücklich hatte entkommen können; dieser beschloss, sich mit zehn anderen auf den Kriegspfad zu begeben, um sich für die Grausamkeiten zu rächen, die ihn seine Feinde hatten erleiden lassen. Alle Häuptlinge baten mich, ihn davon abzubringen, wenn ich es vermöchte; denn er war sehr draufgängerisch, und sie fürchteten, dass er sich mit seiner kleinen Truppe so stark in einen Kampf verwickeln ließe, dass er nicht mehr wiederkäme. Um sie zu beruhigen, sprach ich mit ihm und legte ihm alle Gründe dar, die mir in den Sinn kamen; aber diese beeindruckten ihn wenig; er zeigte mir einige seiner abgehackten Finger sowie große Schnitt- und Brandnarben auf seinem Körper, wo sie ihn gemartert hatten, und er sagte, dass er nicht mehr leben könne, falls er nicht einige seiner Feinde töte und sich damit an ihnen räche; sein Herz sage ihm, dass er so bald wie möglich aufbrechen müsse. Und er ging, hart entschlossen zu mutigem Kampf.

Nachdem ich mit ihnen fertig war, bat ich sie, mich zu meinem Segler zurückzubringen. Hierzu machten sie acht Kanus bereit, um über die Stromschnelle zu fahren; sie zogen sich vollkommen aus, ließen aber mich das Hemd anbehalten. Denn es kommt oft vor, dass manche beim Durchfahren der Schnellen untergehen. Daher bleiben sie nahe beieinander, um sich schnell helfen zu können, sollte ein Kanu kentern. Sie sagten zu mir, wenn meines sich unglücklicherweise umdrehen sollte, ich es auf keinen Fall loslassen sollte, da ich nicht schwimmen könne, sondern mich vielmehr an den kleinen Holzstreben in der Mitte des Kanus festhalten sollte. Denn sie würden mich leicht retten können. Ich versichere Ihnen, dass diejenigen, die jene Stelle weder gesehen noch in solch kleinen Booten, wie die Indianer sie haben, durchfahren haben, dies nicht tun könnten ohne große Beklommenheit, und seien sie die Selbstsichersten der Welt. Aber jene Stämme sind so geschickt im Durchfahren der Stromschnellen, dass dies für sie leicht ist. Ich fuhr durch dieselben mit ihnen, etwas, was weder ich noch ein anderer Christenmensch zuvor je getan hatte außer meinem jungen Mann, von dem ich schon sprach. Und wir kamen zu unseren Pinassen, wo ich einen guten Teil von ihnen beherbergte. Dort besprach ich mich auch mit Bouvier wegen seiner Furcht, dass ich seinen Jungen daran hindern würde, mit den Indianern zu gehen. Am nächsten Tag fuhren sie zu sich zurück mit dem Jungen, was seinen Herrn viel kostete. Meiner Meinung nach hoffte er, auf diese Weise den ziemlich beträchtlichen Verlust wettzumachen, den er wie mehrere andere durch seine diesjährige Reise erlitten hatte.

Es gab bei uns einen jungen Mann, der beschloss, mit den Charioquois-Indianern zu gehen, die ungefähr 150 Meilen von der Stromschnelle wohnen. Er ging mit Savignons Bruder, einem der Häuptlinge, der mir versprach, ihm so viel wie möglich zu zeigen. Der Junge von Bouvier ging mit dem Algonkin Iroquet, der etwa 80 Meilen von der Stromschnelle entfernt wohnt. Sie gingen sehr zufrieden und glücklich weg.

Nachdem die genannten Indianer abgereist waren, erwarteten wir immer noch die 300 anderen, von denen man uns gesagt hatte, dass sie kämen wegen des Versprechens, das ich ihnen gegeben hatte. Da sie aber offensichtlich nicht kamen, entschieden alle Segler, einige Algonkin, die von Tadoussac gekommen waren, dazu zu bringen, jenen entgegen zu gehen; man versprach ihnen, dass sie bei ihrer Rückkunft etwas erhalten würden, was spätestens in neun Tagen der Fall sein musste. Denn wir wollten sicher wissen, ob die Algonkin kämen oder nicht, bevor wir nach Tadoussac zurückkehrten. Sie stimmten zu, und dementsprechend fuhr ein Kanu ab.

Am 5. Juli kam ein Kanu der Algonkin an, die mit 300 Mann kommen sollten. Wir erfuhren, dass das Kanu, das von uns abgefahren war, in ihrem Gebiet angekommen sei und dass seine Insassen, ermüdet von der langen Fahrt, sich erholten. Und dass die Algonkin bald kämen, um ihr gegebenes Versprechen zu erfüllen, und dass sie in höchstens acht Tagen ankämen, aber dass nur 24 Kanus kommen würden; denn einer ihrer Häuptlinge und viele seiner Gefährten seien an einem Fieber gestorben, das bei ihnen ausgebrochen sei. Auch hätten sie einige Leute auf den Kriegspfad schicken müssen, und deshalb hätten sie nicht kommen können. Wir beschlossen, auf sie zu warten.

Als dieser Zeitraum vorüber war, ohne dass sie gekommen waren, fuhr Pont-Gravé am 11. des Monats von der Stromschnelle ab, um einige seiner Angelegenheiten in Tadoussac zu regeln, und ich blieb zurück, um auf die Indianer zu warten.

Am gleichen Tag kam ein Segler an mit Vorräten für viele der Pinassen, die an der Stromschnelle lagen. Denn vor einigen Tagen waren bei uns Brot, Wein, Fleisch und Most zu Ende gegangen, und wir hatten nur noch Zuflucht zum Fischen nehmen können und zum guten Flusswasser, und außerdem zu einigen dort wachsenden Wurzeln, die uns freilich auf keinerlei Weise mangelten. Ohne sie hätten wir zurückkehren müssen. Am gleichen Tag kam auch ein Kanu der Algonkin an, das uns zusicherte, dass am folgenden Tag die 24 Kanus ankommen müssten, von denen zwölf für den Krieg bestimmt seien.

Am 12. des Monats kamen die Algonkin mit einigen wenigen Pelzwaren. Bevor sie ans Handeln gingen, machten sie einem Montagnais-Indianer ein Geschenk, dem Sohn des erst kürzlich verstorbenen Annadabigeau, um ihn zu beruhigen und ihm seinen Ärger wegen des Todes seines Vaters zu nehmen. Wenig später beschlossen sie, allen Kapitänen der Segler einige Geschenke zu geben. Jedem gaben sie zehn Biberpelze; und als sie diese übergaben, sagten sie, dass es ihnen leid täte, dass sie nicht viele davon hätten, aber dass der Krieg (wo die meisten von ihnen nun hingingen) der Grund dafür sei. Sie hofften gleichwohl, dass man wohlwollend entgegennehme, was sie anzubieten hätten und sagten, dass sie alle unsere Freunde seien, und besonders seien sie Freund mit mir, der ich neben ihnen saß, mehr als mit allen anderen, welch letztere ihnen nur wohlgesinnt seien wegen ihrer Biberpelze. Denn diese anderen wären nicht so wie ich, der ich ihnen immer beigestanden hätte und der nicht doppelzüngig sei wie die anderen.

Ich antwortete ihnen, dass alle, die sie hier versammelt sähen, ihre Freunde seien, und dass sie, wenn sich vielleicht eine Gelegenheit ergebe, nicht zögern würden, ihre Pflicht zu tun; und dass wir alle Freunde seien, und dass sie fortfahren sollten, uns wohlzuwollen, und dass wir ihnen Geschenke machen würden zum Ausgleich von dem, was sie uns geben würden, und dass ich hoffe, dass sie friedlich Handel treiben würden. Dies taten sie, und jeder trug von dannen, was er konnte.

Am folgenden Morgen brachten sie mir heimlich 40 Biberpelze und versicherten mir ihre Freundschaft; sie sagten, dass sie sehr zufrieden seien mit der Entscheidung, die ich mit den Indianern getroffen hätte, die abgefahren seien, nämlich dass wir eine Wohnstätte an der Stromschnelle errichten würden. Das letztere sicherte ich ihnen zu und gab ihnen ein Geschenk als Gegengabe.

Nachdem all dies erledigt war, entschieden sie, dass sie den Leichnam Outetoucos' holen wollten, der an der Stromschnelle ertrunken war, wie wir schon weiter oben berichtet haben. Sie fuhren zu der Stelle, wo er war, gruben ihn aus und brachten ihn zur Insel St. Helen's, wo sie ihre üblichen Zeremonien vollzogen; sie sangen und tanzten über dem Grab und hielten danach Festgelage ab. Ich fragte sie, warum sie den Leichnam ausgegraben hätten. Sie antworteten, wenn ihre Feinde das Grab gefunden hätten, hätten diese das gemacht und ihn in mehrere Stücke gehauen und diese dann an Bäume gehängt, um ihnen Übles anzutun. Und aus diesem Grund hätten sie ihn jetzt so unauffällig wie möglich an einen Ort abseits vom Weg gebracht.

Am 15. Tag des Monats kamen 14 Kanus, deren Anführer Tecouehata hieß. Bei seiner Ankunft griffen alle anderen Indianer zu ihren Waffen und machten einige Drillübungen. Nachdem sie genügend getanzt und sich gedreht hatten, begannen die anderen in ihren Kanus ebenfalls zu tanzen, indem sie entsprechende Bewegungen mit ihren Körpern machten. Als der Gesang endete, stiegen sie mit einigen wenigen Pelzen aus und machten ähnliche Geschenke, wie sie die anderen gemacht hatten. Man machte ihnen als Gegengabe andere, je nach Wert. Am nächsten Tag handelten sie mit dem Wenigen, das sie hatten, und machten mir speziell noch ein Geschenk von 30 Biberpelzen, wofür ich sie entschädigte. Sie baten mich, ihnen weiterhin Wohlwollen zu schenken, was ich ihnen versprach. Sie sprachen mit mir insbesondere über einige Erkundungen im Norden, die von Nutzen sein könnten. Und diesbezüglich sagten sie mir, wenn es einen Gefährten von mir gebe, der mit ihnen gehen wolle, dann würden sie ihm Dinge zeigen, die mir gefallen würden, und dass sie ihn behandeln würden, als wäre er eines ihrer Kinder. Ich versprach, ihnen einen jungen Mann zu geben, worüber sie sehr erfreut waren. Als er sich von mir verabschiedete, um mit ihnen zu gehen, gab ich ihm eine recht genaue Liste der Dinge mit, die er erkunden solle, solange er bei ihnen sei. Nachdem sie mit dem Wenigen, das sie hatten, ihren Handel getrieben hatten, teilten sie sich in drei Partien. Die einen begaben sich auf den Kriegspfad, andere zogen über die Stromschnelle und die dritten auf einem kleinen Fluss, der in die große Stromschnelle fließt. Sie fuhren am 18. des Monats ab, und wir taten am gleichen Tag das Gleiche.

An jenem Tag fuhren wir 30 Meilen, die Distanz von der Stromschnelle bis Trois-Rivières, und am 19. kamen wir in Quebec an, wohin es ebenfalls 30 Meilen von Trois-Rivières aus sind. Ich überredete die Mehrheit von uns, in dieser *Habitation* zu bleiben; dann ließ ich einige Reparaturen durchführen und Rosenstöcke pflanzen. Ich ließ Eichenbauholz an Bord laden, um es in Frankreich zu testen sowohl für Bauholz als auch zum Fensterbau. Und am nächsten Tag, dem 20. Juli, fuhr ich ab. Am 23. kam ich in Tadoussac an, wo ich mich mit Zustimmung Pont-Gravés entschloss, nach Frankreich zurückzukehren. Nachdem ich Anweisungen gegeben hatte bezüglich der Dinge in unserer *Habitation* entsprechend dem Auftrag, den der Sieur de Monts mir gegeben hatte, bestieg ich am 11. August das Schiff des Kapitäns Tibaut aus La Rochelle. Auf unserer Reise fehlte es uns nicht an Fischen, wie etwa Doraden, Thunfisch und Pilotfischen. Die letzteren ähneln Heringen und sammeln sich um Bretter, die von einer Art Muscheln bedeckt sind, die sich dort anklammern und mit der Zeit wachsen. Manchmal gibt es eine solch große Menge dieser kleinen Fische, dass es sehr eigenartig aussieht. Wir fingen auch Schweinswale und andere Fischarten. Wir hatten ziemlich gutes Wetter bis Belle-Isle-en-Mer, wo wir in Nebel gerieten, der drei oder vier Tage lang anhielt. Als das Wetter wieder schön wurde, erblickten wir Pointe d'Arvert und kamen in La Rochelle am 10. September 1611 an.

Kapitel IV

Ankunft in La Rochelle. Auflösung der Verbindung zwischen dem Sieur de Monts und seinen Gesellschaftern, den Sieurs Colier und Le Gendre aus Rouen. Neid der Franzosen hinsichtlich der neuen Entdeckungen in Neufrankreich.

Nachdem ich in La Rochelle angekommen war, begab ich mich zum Sieur de Monts in Pons in der Saintonge, um ihm Auskunft zu geben über alles, was sich während meiner Reise zugetragen hatte und über das Versprechen, das mir die Huronen und Algonkin gegeben hatten, sofern man ihnen, was ich versprach, in ihren Kriegen beistehe. Nachdem der Sieur de Monts sich alles angehört hatte, entschied er, die Angelegenheit bei Hofe zu erledigen. Ich fuhr los, um ebenfalls dorthin zu gehen. Doch unterwegs wurde ich durch ein elendes Pferd aufgehalten, das auf mich fiel und mich fast umbrachte. Dieser Unfall hielt mich lange auf. Aber sobald ich wieder in leidlicher Verfassung war, machte ich mich wieder auf den Weg, um meine Reise zu beenden und den Sieur de Monts in Fontainebleau zu treffen. Dieser sprach bei seiner Rückkehr nach Paris mit seinen Gesellschaftern; aber diese wollten das Unternehmen nicht mehr fortsetzen, da sie keinen Auftrag hatten, bei dem andere davon ausgeschlossen wurden, in die von uns erkundeten Länder zu gehen und mit deren Bewohnern Handel zu treiben. Als der Sieur de Monts dies sah, einigte er sich mit seinen Gesellschaftern hinsichtlich des in der *Habitation* in Quebec Vorhandenen und gab ihnen eine Geldsumme für den ihnen gehörenden Anteil. Er sandte einige Leute dorthin, um die *Habitation* instandzuhalten in der Hoffnung, von Seiner Majestät ein Monopol gewährt zu bekommen. Doch während er mit dieser Angelegenheit befasst war, kamen ihm einige wichtige Dinge in die Quere, die ihn dazu zwangen, die erstere aufzugeben. Und er überließ es mir, mich um diese zu kümmern. Während ich dabei war, die Sache zu regeln, kamen die Schiffe aus Neufrankreich an und auf ihnen Leute aus unserer *Habitation*, darunter solche, die ich mit den Indianern ins Landesinnere geschickt hatte. Sie brachten mir ziemlich gute Nachrichten, nämlich, dass mehr als 200 Indianer gekommen seien, die glaubten, dass sie mich bei der großen Stromschnelle Saint-Louis[197] treffen würden, wohin zu kommen ich versprochen hatte in der Absicht, ihnen den Beistand zu leisten, um den sie mich gebeten hatten. Aber als sie sahen, dass ich mein Versprechen nicht hielt, waren sie sehr verärgert. Unsere Leute offerierten ihnen jedoch einige Entschuldigungen, die sie gelten ließen, und versicherten ihnen, dass ich im nächsten Jahr gewiss käme und sagten, dass sie ebenfalls nicht versäumen sollten zu kommen. Dies versprachen sie ihrerseits. Aber einige andere Franzosen, die zuvor den Handel in Tadoussac aufgegeben hatten, kamen mit einer Menge kleiner Pinassen zu der Stromschnelle, um zu schauen, ob sie mit diesen Stämmen Geschäfte machen könnten; sie versicherten ihnen, dass ich tot sei, was immer Gegenteiliges unsere Leute ihnen sagen würden. So schleicht sich der Neid in schlechte Seelen im Gegensatz zu Tugendhaftem. Sie benutzen die Leute, die sich in tausend Gefahren begeben, um andere Völker und Länder zu erkunden, und sie selbst behalten dann den Profit, und die anderen haben die Anstrengung. Es ist ungerecht, wenn einer das Schaf gefangen hat, dass ein anderer das Fell bekommt. Hätten sie an unseren Erkundungsfahrten teilnehmen, ihre Mittel einsetzen und ihr Leben riskieren wollen, hätten sie gezeigt, dass sie Anstand und Ehre besitzen. Aber sie zeigen im Gegenteil deutlich, dass es reine Bosheit ist, die sie dazu antreibt, auf gleiche Weise wie wir von den Früchten unserer Bemühung profitieren zu wollen. Dieser Gegenstand führt mich auch dazu, nochmals etwas zu sagen, um aufzuzeigen, wie einige Leute versuchen, andere von löblichen Unternehmungen abzuhalten, wie zum Beispiel die Leute von Saint-Malo, aber auch andere. Sie sagen, dass die Erträge dieser Entdeckungen ihnen gehören, weil Jacques Cartier, welcher der

197 S. Fußnote 185.

erste im Lande Kanada und auf den Inseln Neufundlands war, aus Saint-Malo stammte. Sie sagen dies, als hätte diese Stadt zu den Auslagen Jacques Cartiers für die Entdeckungen beigetragen; dieser aber fuhr auf Anordnung und Kosten Königs Franz' I. in den Jahren 1534 und 1535 dorthin, um diese Länder zu entdecken, die heute Neufrankreich genannt werden. Wenn Cartier also etwas entdeckt hat auf Kosten Seiner Majestät, haben alle Untertanen desselben dort eben soviel Recht und Handlungsfreiheit, wie die von Saint-Malo; denn diese können niemanden, der Entdeckungen auf seine eigenen Kosten gemacht hat, wie es, wie gezeigt, bei den oben beschriebenen Entdeckungen der Fall war, daran hindern, sich deren friedlich zu erfreuen. Und deshalb sollten sie kein Recht beanspruchen auf etwas, zu dem sie selbst nichts beigetragen haben. Ihre Begründung ist deshalb schwach und lahm. Und um noch weiterhin jenen zu zeigen, die diese Sache vertreten wollen, dass sie auf schwachem Grund stehen, setzen wir den Fall, dass ein Spanier oder anderer Fremder einige Länder und Reichtümer entdeckt hätte auf Kosten des Königs von Frankreich; würden die Spanier oder andere Fremde sich diese Entdeckungen und Reichtümer zuschreiben, nur weil der Entdecker Spanier oder Fremder war? Nein, hierfür gibt es keinen Grund, sie würden immer noch Frankreich gehören. Und deshalb können die Leute von Saint-Malo sich nichts zuschreiben, wie wir gezeigt haben, nur weil Cartier aus ihrer Stadt stammte. Aber weil er aus derselben kommt, müssen sie ihn hochhalten und ihm die Glorie geben, die ihm zusteht. Außerdem ist Cartier bei seiner Reise nie über die große Stromschnelle Saint-Louis hinausgekommen und hat nichts nördlich oder südlich des Landes am Sankt-Lorenz-Strom entdeckt. Seine Reiseberichte erzählen davon nichts, und dort wird nur von dem Saguenay-Fluss, von Trois-Rivières und Sainte-Croix[198] gesprochen, wo er in einem Fort nahe unserer *Habitation* überwinterte. Er hätte nicht vergessen, davon zu sprechen, wenn er andere Erkundungen gemacht hätte, denn er hat ja alles berichtet. Dies zeigt, dass

198 Fluss Saint-Charles.

er das ganze Land am oberen Sankt-Lorenz-Strom ausließ, von Tadoussac bis zur großen Stromschnelle, wo es schwierig ist, das Land zu erkunden, und wo er weder sich noch seine Pinassen aus Abenteuerlust in Gefahr bringen wollte. Auf diese Weise ist sein Tun bisher ohne Nutzen gewesen bis vor vier Jahren, als wir unsere *Habitatio*n in Quebec bauten. Nachdem wir sie errichtet hatten, wagte ich unter Gefahr, die Stromschnelle hinunterzufahren, um den Indianern auf ihrem Kriegspfad beizustehen und Männer zu entsenden, um die Stämme kennenzulernen, ihre Lebensart sowie die Beschaffenheit ihrer Länder. Da wir uns dort derart bemüht haben, ist dies nicht Grund genug, dass wir uns der Frucht unserer Anstrengung erfreuen, zumal Seine Majestät[199] bis jetzt noch keinerlei Mittel zur Verfügung gestellt hat, um den an diesen Unternehmen Beteiligten beizustehen? Ich hoffe, dass Gott ihm eines Tages die Gnade verleihen wird, für den Dienst an Gott, seine eigene Größe und das Wohlergehen seiner Untertanen mehrere arme Völker zur Kenntnis unseres Glaubens zu bringen, sodass sie sich eines Tages des himmlischen Königreichs erfreuen werden.

199 Ludwig XIII.

Vierte Reise des Sieur de Champlain,

Kapitän in der Marine des Königs und Leutnant des Herrn Prince de Condé in Neufrankreich, unternommen im Jahr 1613.

Kapitel I

Was mich dazu brachte, Regulierung anzustreben. Auftrag erhalten. Widerstand dagegen. Schließliche Verkündung desselben in allen Häfen Frankreichs.

Der Wunsch, den ich stets gehabt habe, weitere Erkundungen in Neufrankreich durchzuführen zum Wohle, Nutzen und Ruhme des französischen Namens und ebenso, um jenen armen Völkern die Kenntnis Gottes zu vermitteln, hat mich immer mehr dazu gebracht, Möglichkeiten zur Verwirklichung dieses Vorhabens zu suchen, das nur verwirklicht werden kann durch gute Regulierung. Dies ist so, da jeder, der die Früchte meiner Mühen pflücken möchte, ohne zu den Auslagen und großen Kosten beizutragen, die für den Unterhalt der Wohnstätten nötig sind, um diese Unternehmungen zu einem guten Ende zu führen, diesen Handel ruiniert durch eine Habgier, die so groß ist, dass sie die Händler bereits vor der Saison abfahren und sich in das treibende Eis stürzen lässt in der Erwartung, als erste in jenem Land anzukommen; und sie außerdem auch in ihren eigenen Ruin treibt, denn heimlichen Handel mit den Indianern treibend und im Wettbewerb miteinander mehr Handelsgut offerierend als notwendig kaufen sie die Waren der Indianer zu teuer; und während sie somit denken, sie betrügen ihre Kameraden, betrügen sie meistens sich selbst.

Das ist der Grund, warum ich, als ich am 10. September 1611[200] nach Frankreich zurückkam, mit dem Sieur de Monts darüber sprach und er für gut befand, was ich ihm dabei sagte. Aber da seine Geschäfte es ihm nicht gestatteten, die Sache bei Hofe zu verfolgen, überließ er es vollständig mir, sie weiter zu betreiben.

200 S. oben: Dritte Reise, Ende von Kapitel III.

Daraufhin setzte ich einige Denkschriften auf, die ich dem Herrn Gerichtshofpräsidenten Jeannin[201] zeigte (der gute Unternehmungen gern Frucht tragen sieht), und er lobte mein Projekt und ermutigte mich, es weiter zu verfolgen.

Aber da ich mir sicher war, dass diejenigen, die gern in trübem Wasser fischen, solche Regulierungen ärgerlich fänden und nach Mitteln suchen würden, sie zu verhindern, erschien es mir vorteilhaft, mich unter den Schutz eines großen Mannes zu begeben, dessen Autorität nützlich sein könnte gegen ihren Neid.

Da ich nun wusste, dass Monseigneur der Herr Graf von Soissons[202] ein frommer und allen gottgefälligen Unternehmungen gegenüber aufgeschlossener Fürst ist, wandte ich mich an ihn durch die Vermittlung des Sieur de Beaulieu, Rat und Kaplan des Königs, und legte ihm die Wichtigkeit der Angelegenheit dar sowie die Wege zu ihrer Regulierung; auch zeigte ich das Übel auf, welches die herrschende Unreguliertheit bis jetzt verursacht hatte und den vollständigen Ruin, der zur großen Unehre des französischen Namens drohte, falls Gott nicht jemanden veranlasste, die Sache in Ordnung zu bringen und Hoffnung weckte, dass eines Tages gelingen werde, was man sich von ihr erhoffen konnte. Nachdem er über alle Einzelheiten der Angelegenheit aufgeklärt worden war und die von mir gemachte Karte des Landes gesehen hatte, versprach er mir, den guten Willen des Königs vorausgesetzt, die Sache unter seine Patronage zu nehmen.

Sofort danach übergab ich Seiner Majestät und den Herren seines Rates eine Petition mit Artikeln, in denen ich bat, dass er gnädigerweise Regulierungen verkünden wolle zur Überwachung dieser Angelegenheit, ohne die, wie ich schon ausgeführt habe, sie zugrunde gehen würde. Und demgemäß übergab Seine Majestät die Leitung und Überwachung der Sache an den Herrn

201 Pierre Jeannin (1540–1622?), Jurist unter den Königen Heinrich III., Heinrich IV. und Ludwig XIII.

202 Charles de Bourbon-Soissons (1566–1612), Gouverneur des Dauphiné und der Normandie.

Grafen, der mir sofort die Ehre antat, mich zu seinem Vertreter zu ernennen.[203]

Als ich nun daran ging, den Auftrag des Königs in allen Häfen und Anlegestellen Frankreichs verkünden zu lassen, befiel den Herrn Grafen eine Krankheit, und sehr zu unserem Bedauern verstarb er.[204] Dies verzögerte unsere Angelegenheit etwas. Aber Seine Majestät übergab deren Leitung alsbald dem Herrn Prinzen[205], der sie wieder in Gang setzte. Und da dieser Herr mich gleichermaßen mit der Ernennung zu seinem Vertreter ehrte,[206] kam es dahin, dass ich die Veröffentlichung des Auftrags weiterhin betrieb. Kaum war dies erledigt, als einige Wirrköpfe, die an der Sache keinerlei Anteil hatten, ihn bedrängten, sie aufheben zu lassen, wobei sie sagten, dass dies das angebliche Interesse aller französischen Händler sei. Doch diese hatten keinerlei Grund, sich zu beklagen, da ja jeder der Gesellschaft beitreten konnte, und somit konnte sich niemand benachteiligt fühlen. Als somit ihr böser Wille durchschaut war, wurde ihr Verlangen abgewiesen mit dem Hinweis lediglich, dass sie in die Gesellschaft eintreten könnten.

Während dieser Streitereien war es mir unmöglich, etwas für die *Habitation* in Quebec zu tun, in die ich Arbeiter schicken wollte, um sie zu reparieren und zu vergrößern; auch kam die Zeit zur Abreise rasch näher. So mussten wir uns für dieses Jahr damit begnügen, wieder hinüberzureisen ohne andere Gesellschaftsstatuten als die Pässe des Herrn Prinzen, die für vier Schiffe erteilt wurden, die schon für die Reise vorbereitet waren; drei davon waren aus Rouen und eines aus La Rochelle. Jedes hatte zugestimmt, dass es vier Mann zur Verfügung stellen würde, die mir helfen sollten sowohl bei meinen Erkundungen

203 Die Bestellung von Charles de Bourbon-Soissons zum Vizekönig von Neufrankreich erfolgte am 8. Oktober 1612; Champlain wurde am 15. Oktober 1612 zum Stellvertreter ernannt.

204 Charles de Bourbon-Soissons starb am 1. November 1612.

205 Henri II. de Bourbon-Condé (1588–1644).

206 Champlains Ernennungsurkunde trägt das Datum des 22. November 1612.

als auch im Krieg, denn ich wollte mein Versprechen halten, das ich den Huronen im Jahre 1611 gegeben hatte, nämlich, dass ich nach meiner nächsten Reise ihnen in ihren Kriegen beistehen würde.

Während ich die Abreise vorbereitete, wurde ich benachrichtigt, dass das *Parlement* von Rouen die Veröffentlichung des Auftrags des Königs nicht erlauben wollte, weil Seine Majestät sich und seinem Rat die alleinige Zuständigkeit vorbehalten wollte für Zwistigkeiten, die in dieser Angelegenheit entstehen könnten. Auch widersetzten sich die Händler von Saint-Malo. Das hielt mich gehörig auf und zwang mich, dreimal nach Rouen zu reisen mit Anordnungen Seiner Majestät; denselben Folge leistend, gab das *Parlement* seinen Widerstand auf und wies die Ansprüche der Gegner ab. Und so wurde der Auftrag in allen Häfen der Normandie verkündet.

Kapitel II

Abfahrt von Frankreich, und was sich ereignete bis zu unserer Ankunft an der Stromschnelle.

Ich verließ Rouen am 5. März, um nach Honfleur zu gehen; der Sieur L'Ange war mit dabei, da er mir beistehen sollte bei meinen Erkundungsfahrten und im Krieg, sollte sich hierzu Notwendigkeit ergeben.

Am nächsten Tag, dem 6. des Monats, schifften wir uns auf einem Schiff des Sieur de Pont-Gravé ein; wir setzten sofort die Segel, da der Wind recht günstig war.

Am 10. April sichteten wir die Grand Bank, wo wir mehrmals unsere Angelschnüre auswarfen, aber nichts fingen.

Am 15. kam ein starker Sturm auf, der Regen und Hagel brachte; auf ihn folgte ein anderer, der 48 Stunden andauerte; er war so heftig, dass mehrere Schiffe bei der Cape-Breton-Insel Schiffbruch erlitten.

Am 21. sichteten wir die Insel[207] und das Cape Ray[208].

Am 29. bemerkten uns die Montagnais vom All Devils' Point[209], warfen sich in ihre Kanus und kamen zu uns hergefahren; sie waren so mager und unansehnlich, dass ich sie nicht erkannte. Als sie herankamen, begannen sie nach Brot zu schreien und sagten, dass sie Hungers sterben würden. Das ließ uns denken, dass der Winter nicht sehr streng gewesen war und somit die Jagd schlecht; hierüber haben wir schon anläßlich der früheren Reisen gesprochen.

Als sie auf unserem Schiff waren, schauten sie jedem ins Gesicht, und da ich nicht dabei war, fragten sie, wo der Herr de Champlain sei. Man antwortete ihnen, dass ich in Frankreich geblieben sei. Aber dies glaubten sie nicht. Unter ihnen war ein

207 Cape Breton Island.
208 S. Fußnote 128.
209 Nahe Tadoussac.

Greis, der zu mir in die Ecke kam, wo ich auf und ab ging, um noch nicht erkannt zu werden; er nahm mich beim Ohr (denn sie ahnten, dass ich es war) und sah die Narbe von dem Pfeilschuss, den ich bei der Niederlage der Irokesen erhalten hatte. Da stieß er einen Schrei aus, und alle anderen taten es ihm gleich unter großen Zeichen der Freude; sie sagten: ›Deine Leute sind am Hafen von Tadoussac und warten auf Dich.‹

Am gleichen Tag kamen wir als Erste in Tadoussac an, obwohl wir als Letzte abgefahren waren. Mit der gleichen Flut kam der Sieur Boyer von Rouen. Hierdurch konnte man sehen, dass eine Abfahrt vor der richtigen Jahreszeit nur dazu führt, dass man ins Eis gerät. Nachdem wir geankert hatten, kamen unsere Leute herbei, und nachdem sie berichtet hatten, wie alles in der *Habitation* abgelaufen war, machten sie sich daran, drei Trappen und zwei Hasen vorzubereiten, die sie mitgebracht hatten. Sie warfen die Innereien auf Deck, woraufhin die armen Indianer auf dieselben stürzten und sie wie hungrige wilde Tiere mitsamt ihrem Inhalt verschlangen; und sie kratzten mit den Fingernägeln den Talg weg, mit dem unser Schiff eingeschmiert worden war und aßen ihn gierig, als hätten sie etwas großartig Schmeckendes gefunden.

Am folgenden Tag kamen zwei Schiffe aus Saint-Malo an, die abgefahren waren, bevor der Widerstand gegen die Regulierung beseitigt und der Auftrag in der Normandie verkündet worden war. Ich ging an Bord dieser Schiffe in Begleitung von L'Ange. Die Sieurs de La Mainerie und La Tremblaye waren dort die Kapitäne, und ich verlas ihnen den Auftrag des Königs samt dem Verbot der Missachtung und der hierfür auferlegten Strafen. Sie antworteten, dass sie Untertanen und treue Diener Seiner Majestät seien und dessen Anordnungen befolgen würden. Danach ließ ich an einen Pfosten im Hafen das Wappen und den Auftrag Seiner Majestät anbringen, damit man nicht behaupten konnte, nichts davon zu wissen.

Als ich am 2. Mai zwei Schaluppen sah, die ausgerüstet waren, um zur Stromschnelle[210] zu fahren, schiffte ich mich mit L'Ange

210 S. Fußnote 185.

auf einer von ihnen ein. Wir wurden durch solch schlechtes Wetter aufgehalten, dass der Mast unserer Schaluppe brach, und wenn Gott uns nicht bewahrt hätte, wären wir verloren gewesen, wie es vor unseren Augen mit einer Schaluppe aus Saint-Malo geschah, die zum Island of Orleans fuhr; ihre Mannschaft konnte sich aber retten.

Am 7. kamen wir in Quebec an, wo wir die antrafen, die dort in gutem Zustand überwintert hatten; sie waren nicht krank geworden. Sie sagten uns, dass der Winter in keiner Weise streng gewesen und der Strom nicht zugefroren sei. Die Bäume begannen bereits, ihr Blätterkleid anzulegen und die Felder, sich mit Blumen zu schmücken.

Am 13. fuhren wir von Quebec ab, um zu der Saint-Louis-Stromschnelle[211] zu fahren, wo wir am 21. ankamen. Dort fanden wir die eine unserer Pinassen, die Tadoussac nach unserer Abfahrt verlassen hatte. Sie hatte ein wenig Warenhandel getrieben mit einer kleinen Truppe Algonkin, die aus dem Irokesenkrieg kam und zwei Gefangene bei sich hatte. Die Leute auf der Pinasse sagten ihnen, dass ich mit einer Anzahl von Männern gekommen sei, um ihnen auf dem Kriegspfad beizustehen gemäß der Versprechen, die ich ihnen in den vorhergehenden Jahren gegeben hatte; und dass ich außerdem in ihr Land zu gehen und mit allen ihren Freunden Freundschaft zu schließen wünschte. Hierüber freuten sie sich sehr und dies umso mehr, als sie jetzt in ihr Land zurückkehren wollten, um ihren Freunden von ihrem Sieg zu berichten, ihre Frauen zu sehen und ihre Gefangenen bei einem feierlichen Fest zu Tode zu martern. Als Pfand für ihre Rückkehr, die, wie sie versprachen, vor der Mitte des ersten Mondes (so rechnen sie die Zeit) stattfinden würde, ließen sie ihre aus Holz und Elchleder gefertigten Rundschilde und einen Teil ihrer Bogen und Pfeile zurück. Es ärgerte mich sehr, dass ich nicht rechtzeitig angekommen war, um mit ihnen in ihr Land zu gehen.

Drei Tage später kamen drei Kanus der Algonkin aus dem Landesinneren an; sie waren mit einigen wenigen Pelzen beladen,

---

211 S. Fußnote 185.

welche sie eintauschten. Sie sagten mir, dass die schlechte Behandlung, welche die Indianer im vorigen Jahr erhalten hätten, es ihnen verleidet habe, weiterhin zu kommen; sie glaubten nicht, dass ich jemals wieder in ihr Land kommen würde, da meine Rivalen ihnen einen sehr schlechten Eindruck von mir vermittelt hätten. Deshalb wären 1200 Mann auf den Kriegspfad gegangen, da sie keine Hoffnung mehr gehabt hätten auf Hilfe von den Franzosen, die, so glaubten sie, nicht mehr in ihr Land kommen wollten.

Diese Nachricht machte die Händler sehr traurig, denn sie hatten eine große Menge Handelswaren eingekauft in der Hoffnung, dass die Indianer kämen, wie sie es für gewöhnlich getan hatten. Daraufhin beschloss ich, mich bei meinen Erkundungen in ihr Land zu begeben, um den dort Verbliebenen zu versichern, dass sie gute Behandlung erfahren würden und um ihnen von der Menge guter Waren zu erzählen, die an der Stromschnelle warteten und außerdem von meinem Wunsch, ihnen im Krieg beizustehen. Und um dies zu unternehmen, ließ ich sie um drei Kanus sowie um drei Indianer als Führer bitten. Mit viel Mühe bekam ich aber lediglich zwei Kanus und einen Indianer, und dies nur durch einige Geschenke, die sie erhielten.

Kapitel III

Abfahrt, um das Nordmeer zu entdecken auf einen Bericht hin, den man mir darüber machte. Beschreibung mehrerer Flüsse, Seen, Inseln vom Chaudière-Wasserfall an und anderen Stromschnellen.

Da ich nur zwei Kanus hatte, konnte ich nur vier Mann mitnehmen, darunter einen namens Nicolas de Vignau, den unverschämtesten Lügner, den man seit langem gesehen hat, wie die Fortsetzung dieser Erzählung zeigen wird. Er hat vor einiger Zeit bei den Indianern überwintert, und ich hatte ihn in früheren Jahren auf Erkundungen geschickt. Bei seiner Rückkehr nach Paris im Jahre 1612 hat er mir berichtet, dass er das Nordmeer gesehen habe und dass der Fluss der Algonkin[212] aus einem See komme, in den er fließe; und dass man in 17 Tagesreisen von der Stromschnelle Saint-Louis bis zu dem Meer fahren könne und zurück. Er sagte auch, er habe die Bruchstücke eines englischen Schiffes gesehen, das an der Küste zerschellt sei; dass es dort noch 80 Leute gegeben habe, die sich an Land hatten retten können, die aber dann von den Indianern umgebracht worden seien, weil die Engländer ihnen ihren Mais und andere Lebensmittel mit Gewalt wegnehmen wollten. Er sagte auch, dass er die Skalpe jener Leute gesehen habe, welche die Indianer ihrer Gewohnheit gemäß abgezogen hätten. Diese würden sie mir zeigen und mir auch einen jungen Engländer übergeben, den sie für mich in ihrer Obhut hielten. Diese Nachricht hatte mich sehr erfreut, da ich dachte, dass ich nahebei das gefunden hatte, was ich weit entfernt gesucht hatte. So beschwor ich ihn, mir die Wahrheit zu sagen, sodass ich den König benachrichtigen könne, und warnte ihn, wenn er eine Lüge erzähle, er einen Strick um seinen Hals lege; aber wenn sein Bericht wahr wäre, er sicher sein könnte,

212 Fluss Ottawa.

gut entlohnt zu werden. Er versicherte mir dessen Wahrheit mit noch stärkeren Eiden als zuvor. Und um seine Rolle noch besser zu spielen, gab er mir eine Beschreibung des Landes, von der er sagte, er habe sie angefertigt nach bestem Vermögen. Die Selbstsicherheit, die er ausstrahlte, die Schlichtheit, die ihn, wie ich sah, durchdrang, die Beschreibung, die er verfasst hatte, die Bruchstücke des Schiffes und all die anderen oben erwähnten Dinge hatten den Anschein hoher Wahrscheinlichkeit, zusammen mit der Reise der Engländer nach Labrador im Jahre 1612. Diese fanden dort eine Meerenge, durch die sie bis 63° Breite und 290 Länge fuhren; sie überwinterten nahe 53° und verloren einige Schiffe, wie ihr Bericht zu verstehen gibt. All dies veranlasste mich, seine Erzählung als wahr anzunehmen, und ich erstattete daraufhin Bericht an den Herrn Kanzler[213], und zeigte ihn auch den Herren Marschall de Brissac[214], dem Präsidenten Jeannin[215] und noch anderen Herren am Hofe, die mir sagten, ich müsse die Sache persönlich in Augenschein nehmen. Aus diesem Grund bat ich den Sieur Georges, einen Kaufmann in La Rochelle, de Vignau einen Platz auf seinem Schiff zu geben, was dieser gern tat. Als Vignau an Bord war, befragte er ihn, warum er diese Reise mache, und da er keinen Nutzen davon hatte, fragte er ihn, ob er eine Art Gehalt erwarte. De Vignau antwortete, er erwarte nichts, und dass er von niemandem etwas erwarte als vom König, und dass er die Reise lediglich unternehme, um mir das Nordmeer zu zeigen, das er selbst gesehen habe. Und in La Rochelle machte er eine diesbezügliche Erklärung vor zwei Notaren.

Als ich mich nun am Pfingsttag[216] von allen Chefs verabschiedete, deren Gebeten ich mich empfahl, und von allen anderen insgesamt, sagte ich zu de Vignau in deren Gegenwart, dass, wenn das, was er zuvor gesagt hatte, nicht wahr wäre, er mir die Mühe dieser Reise ersparen solle, da auf dieser mehrere Gefahren

213 Nicolas Brûlart de Sillery (1544–1624), ab 1607 Chancelier de France.
214 Charles II. de Cossé (1550–1621), ab 1594 Maréchal de France.
215 S. Fußnote 201.
216 26. Mai 1613.

drohten. Er versicherte erneut bei Gefahr seines Lebens die Wahrheit dessen, was er gesagt hatte.

Somit fuhr ich am 27. Mai von St. Helen's Island[217] ab, unsere Kanus beladen mit Lebensmitteln, unseren Waffen sowie Waren, um den Indianern Geschenke machen zu können. Bei mir waren vier Franzosen und ein Indianer, und es wurde mir ein Abschiedssalut gegeben mit einigen Schüssen aus kleinen Kanonen. An diesem Tag kamen wir lediglich zur Stromschnelle Saint-Louis, die nur eine Meile stromaufwärts liegt. Das Wetter war schlecht und hinderte uns daran, noch weiter zu fahren.

Am 29. überwanden wir die Stromschnelle, zum Teil zu Land, zum Teil zu Wasser; wir waren gezwungen, unsere Kanus auf unseren Schultern zu tragen, auch unsere Kleidung, Vorräte und Waffen, was keine leichte Mühe ist für Leute, die nicht daran gewöhnt sind. Nachdem wir die Stromschnelle zwei Meilen hinter uns gelassen hatten, kamen wir in einen See[218], der etwa zwölf Meilen Umfang hat und in den drei Flüsse strömen, von denen einer aus Westen kommt aus der Richtung der Huronen,[219] die von der großen Stromschnelle 150 oder 200 Meilen entfernt wohnen; ein anderer kommt aus dem Süden,[220] dem Land der Irokesen, die ähnlich weit weg wohnen; und der dritte kommt aus Norden,[221] wo die Algonkin und Nebicerini leben, ebenfalls in gleicher Entfernung. Dieser Fluss aus dem Norden kommt dem Bericht der Indianer zufolge von weiter her und fließt durch ein Gebiet von Stämmen, die ihnen unbekannt sind und ungefähr 300 Meilen von ihnen entfernt wohnen.

Dieser See ist voller schöner und großer Inseln, die wie Wiesen sind. Es ist ein Vergnügen, dort zu jagen, da hier Hoch- und Niederwild in Fülle vorhanden sind; und ebenso gibt es Fische. Das umgebende Land ist voller großer Wälder. Wir begaben uns zu der Einfahrt in den See, um dort die Nacht zu verbringen,

217 S. Fußnote 190.
218 Lake St. Louis.
219 Sankt-Lorenz-Strom.
220 Fluss Chateauguay.
221 S. Fußnote 212.

und errichteten Barrikaden wegen der Irokesen, die durch diese Gegend streifen, um ihre Feinde zu überraschen. Ich bin sicher, sollten sie unserer habhaft werden, würden sie uns ebenso warm begrüßen, wie sie ihre Feinde begrüßen. Deshalb hielten wir während der ganzen Nacht gute Wacht. Am nächsten Tag vermaß ich die Lage dieses Platzes; er liegt auf 45° 18' Breite. Gegen drei Uhr nachmittags gelangten wir in den Fluss[222], der aus Norden kommt, und überwanden eine kleine Stromschnelle auf dem Land, um unsere Kanus zu schonen; dann fuhren wir zu einer Insel für den Rest der Nacht, wo wir den Tag erwarteten.

Am letzten Maitag kamen wir durch einen anderen See[223], der sieben oder acht Meilen lang ist und drei breit. In ihm gibt es einige Inseln. Das Land in der Umgebung ist sehr flach, außer an mehreren Orten, wo es mit Fichten bedeckte Abhänge gibt. Wir kamen über eine Stromschnelle, die von den Bewohnern der Gegend Quenechouan genannt wird; sie ist voller Steine und Felsen, und das Wasser strömt hier mit großer Geschwindigkeit. Wir mussten ins Wasser steigen und unsere Kanus nahe am Ufer mit einem Seil entlangziehen. Eine halbe Meile weiter überwanden wir eine andere kleine Stromschnelle durch kräftiges Paddeln, was sich nicht ohne Schweiß bewerkstelligen lässt. Große Geschicklichkeit ist nötig, um diese Stromschnellen zu meistern, da man Strudeln und flachen Bänken ausweichen muss, die sich dort überall finden. Dies machen die Indianer mit unübertrefflicher Gewandtheit, wobei sie die Umwege und die leichtesten Stellen mit den Augen suchen und erkennen.

Am Samstag, dem 1. Juni, kamen wir über zwei weitere Stromschnellen. Die erste war eine halbe Meile lang und die zweite eine Meile[224], bei welch letzterer wir viel Mühe hatten. Denn die Strömungsgeschwindigkeit ist so groß, dass ein schrecklicher Lärm herrscht; von Stufe zu Stufe fallend erzeugt das Wasser allenthalben so weißen Schaum, dass es nicht mehr

222 S. Fußnote 212.
223 S. Fußnote 187.
224 Vermutlich Chute-à-Blondeau, Ontario.

zu sehen ist. Diese Stromschnelle ist durchsetzt mit Felsen sowie einigen verstreuten Inseln, auf denen Fichten und weiße Zedern wachsen. Es war an diesem Platz, wo wir uns so sehr anstrengen mussten. Denn da wir unsere Kanus wegen der Dichte des Waldes nicht über Land tragen konnten, mussten wir sie im Wasser mit Seilen ziehen. Während ich meines zog, fürchtete ich beinahe umzukommen, weil es in einem Strudel umkippte. Und wäre ich nicht glücklich zwischen zwei Felsen gefallen, hätte das Kanu mich mit hineingezogen, denn ich konnte das um meine Hand gewickelte Seil nicht rechtzeitig lösen. Das schmerzte sehr und riss mir fast die Hand weg. In dieser Gefahr schrie ich zu Gott und begann mein Kanu zu mir herzuziehen; durch eine Gegenströmung, wie sie in diesen Schnellen vorkommen, trieb es dann zu mir zurück. Als ich freigekommen war, lobte ich Gott und bat ihn, uns weiter zu bewahren. Hinterher kam unser Indianer, um mich zu retten, aber ich war schon außer Gefahr. Man braucht nicht zu staunen, dass ich unser Kanu retten wollte. Denn wenn es verloren gegangen wäre, hätten wir uns darauf einrichten müssen, dort zu bleiben oder zu warten, bis einige Indianer vorbeikommen würden, was eine elende Wartezeit ist für die, die nichts zu essen haben und an solche Erschöpfung nicht gewöhnt sind. Unseren anderen Franzosen ging es nicht besser, und auch sie dachten mehrere Male, dass sie verloren seien. Aber die Güte Gottes hat uns alle behütet. Während des übrigen Tages ruhten wir uns aus; wir hatten genug gearbeitet.

Wir begegneten am nächsten Tag in einem Fluss 15 Kanus der Indianer, die Quenongebin hießen, nachdem wir einen kleinen, vier Meilen langen und zwei breiten See[225] durchfahren hatten. Sie waren über mein Kommen unterrichtet worden durch jene, die an den Saint-Louis-Stromschnellen[226] vorübergekommen waren auf dem Rückweg vom Krieg gegen die Irokesen. Ich freute mich sehr über unsere Begegnung, und sie sich auch. Sie staunten, mich mit so wenigen Leuten in diesem Land zu sehen

225 Vermutlich die Verbreiterung des Ottawa beim heutigen L'Original.
226 S. Fußnote 185.

und mit nur einem Indianer. Als wir uns in der landesüblichen Weise begrüßt hatten, bat ich sie, nicht weiterzufahren, bis ich ihnen meine Wünsche dargelegt hätte. Dem stimmten sie zu und fuhren auf eine Insel, um dort zu lagern.

Am nächsten Tag gab ich ihnen zu verstehen, dass ich in ihr Land gekommen sei, um sie zu besuchen und mein Versprechen zu erfüllen, das ich ihnen zuvor gegeben hatte. Wenn sie entschlossen seien, auf den Kriegspfad zu gehen, würde mir das gelegen kommen, denn ich hätte Leute zu diesem Zweck mitgebracht. Hierüber waren sie sehr erfreut. Aber als ich ihnen sagte, dass ich weiterreisen wollte, um die anderen Stämme zu warnen, wollten sie mich davon abbringen und sagten, dass der Weg dorthin schlecht sei und wir Solches bisher noch nie gesehen hätten. Deshalb bat ich sie, mir einen ihrer Leute mitzugeben, um unser zweites Kanu zu steuern und auch, um uns als Führer zu dienen, denn unsere bisherigen Führer kannten sich nun nicht mehr aus. Das taten sie gern, und ich gab ihnen zur Belohnung ein Geschenk und überließ ihnen einen unserer Franzosen, denjenigen, den wir am wenigsten brauchten. Diesen schickte ich zur Stromschnelle zurück mit einem Blatt aus meinem Notizbuch, auf dem ich, da ich kein anderes Papier hatte, sie über meine Situation benachrichtigte.

So trennten wir uns. Und als wir unsere Reise flussaufwärts fortsetzten, kamen wir zu einem anderen sehr schönen und breiten Fluss, der von einem Stamm namens Ouescharini herkommt, der in dessen Norden wohnt, vier Tagereisen von seiner Mündung entfernt. Dieser Fluss ist sehr gefällig wegen der schönen Inseln in ihm und seiner mit schönen Bäumen bewachsenen Ufer. Der Boden dort wird gut zu bearbeiten sein.

Am vierten Tag fuhren wir an einem anderen Fluss[227] vorbei, der aus dem Norden kommt, wo Stämme namens Algonkin wohnen. Er fällt in den großen Strom Sankt-Lorenz drei Meilen stromabwärts von den Saint-Louis-Stromschnellen und formt so eine große Insel von fast 40 Meilen Umfang. Dieser Fluss ist

227 Fluss Gatineau.

nicht breit, aber voller zahlloser Stromschnellen, die sehr schwer zu durchfahren sind. Manchmal fahren jene Stämme auf diesem Fluss, um Begegnungen mit ihren Feinden aus dem Weg zu gehen, da sie wissen, dass dieselben sie nicht an Orten mit solch schwierigem Zugang suchen werden.

An der Mündung dieses Flusses gibt es einen anderen, der aus Süden kommt[228] und an dessen Mündung es einen wunderbaren Wasserfall gibt. Das Wasser fällt aus 20 oder 25 Faden Höhe mit einem solchen Ungestüm, dass es einen beinahe 400 Schritte breiten Bogengang bildet. Die Indianer fahren zum Vergnügen darunter durch, ohne sich anders nass zu machen als durch die Sprühtropfen des Wassers. In der Mitte des Flusses gibt es eine Insel[229], auf der wie auf dem Land in der Umgebung Fichten und weiße Zedern wachsen. Wenn die Indianer in diesen Fluss fahren wollen, steigen sie mit ihren Kanus den Berg empor und tragen sie eine halbe Meile weit. Das Land in der Nachbarschaft ist voller Jagdwild, weshalb die Indianer hier gern Halt machen. Die Irokesen kommen ebenfalls manchmal, um sie bei der Durchfahrt zu überraschen.

Eine Meile von dort entfernt fuhren wir durch eine Stromschnelle[230], die eine halbe Meile breit ist und einen Höhenunterschied von sechs bis sieben Faden hat. Hier gibt es viele kleine Inseln, die nichts als schroffe, schwierig zu umfahrende und mit struppigem Gehölz bewachsene Felsen sind. Das Wasser fällt an einer Stelle mit solchem Ungestüm auf einen Felsen, dass es im Lauf der Zeit ein großes und tiefes Becken ausgehöhlt hat. Dies hat bewirkt, dass das Wasser darin im Kreis läuft und in der Mitte große Strudel bildet, weshalb die Indianer es Asticou nennen, das heißt Heizkessel. Dieser Wasserfall macht solchen Lärm in dem Becken, dass man es über mehr als zwei Meilen hört. Die Indianer, die hier vorüberkommen, vollziehen eine Zeremonie, die wir bei passender Gelegenheit beschreiben werden.[231] Wir hatten große

---

228 Fluss Rideau.

229 Green Island.

230 Die Chaudière-Wasserfälle.

231 S. Fußnote 255.

Mühe, gegen eine starke Strömung bergan zu paddeln, um zum Fuß des Wasserfalls zu gelangen; dort nahmen die Indianer die Kanus und unsere Franzosen und ich unsere Waffen, Vorräte und anderen Sachen, um durch die schroffen Felsen ungefähr eine Viertelmeile durchzusteigen, wo sich der Wasserfall befindet. Und wir mussten sofort wieder ins Kanu steigen, um wiederum an Land zu gehen, um uns etwa 300 Schritte weit durch Unterholz zu kämpfen. Dann mussten wir ins Wasser gehen, um unsere Kanus über die spitzen Felsen hinwegzuheben, was uns jede nur erdenkliche Mühe kostete. Ich maß die geografische Lage und fand 45° 38' Breite.

Am Nachmittag fuhren wir in einen See ein, der fünf Meilen lang und zwei breit ist, in welchem sich sehr schöne Inseln voller Weinstöcke, Nussbäume und anderer guter Bäume befinden. Zehn oder zwölf Meilen weiter flussaufwärts kamen wir an einigen Inseln voller Fichten vorbei. Die Erde ist sandig, und man findet dort eine Wurzel, die eine karmesinrote Farbe abgibt, mit der sich die Indianer ihrer Sitte gemäß das Gesicht und kleine Schmucksachen bemalen. Es gibt auch eine Bergkette entlang dieses Flusses, und das Land in der Umgebung scheint ziemlich unattraktiv zu sein. Den Rest des Tages verbrachten wir auf einer sehr ansprechenden Insel[232].

Am folgenden Tag setzten wir unsere Reise bis zu einer großen, fast drei Meilen breiten Stromschnelle[233] fort, wo das Wasser zehn oder zwölf Faden hinabfällt und dabei einen wundervollen Lärm macht. Sie ist von einer ungezählten Anzahl mit Fichten und Zedern bewaldeten Inseln durchsetzt. Um sie überwinden zu können, mussten wir uns entschließen, unseren Mais aufzugeben und einige andere unserer Lebensmittel, zusammen mit den weniger notwendigen Kleidungsstücken. Wir behielten nur unsere Waffen und Netze, damit wir je nach Ort und Jagdglück etwas zum Leben erhalten könnten. Solchermaßen erleichtert, überwandten wir die Stromschnelle teilweise durch Paddeln und

232 Möglicherweise Mohr Island.
233 Chats Falls.

teilweise über Land und brachten unsere Kanus und Waffen über die Schnelle hinaus, die eineinhalb Meilen lang ist. Unsere Indianer, die bei solchen Anstrengungen unermüdlich sind und daran gewöhnt, solche Mühsal zu erdulden, erleichterten uns die Arbeit sehr.

Als wir unsere Reise fortsetzten, überwanden wir zwei andere Stromschnellen, die eine durch Tragen über Land, die andere durch Paddeln und Stochern. Dann fuhren wir in einen See[234] ein, der sechs oder sieben Meilen lang war und in den sich ein aus Süden kommender Fluss[235] ergießt. Hier, fünf Tagereisen vom anderen Strom[236] entfernt, gibt es Stämme vom Volk der Matou-oüescarini. Die Ländereien um den See herum sind sandig und mit Fichten bedeckt, die fast alle von den Indianern abgebrannt wurden. Es gibt einige Inseln, und auf einer von ihnen ruhten wir uns aus. Hier sahen wir mehrere schöne rote Zypressen, die ersten, die ich je in diesem Land gesehen habe. Aus ihrem Holz fertigte ich ein Kreuz, das ich an einem der Inselenden aufrichtete, und zwar auf einem hohen und sichtbaren Punkt. Ich befestigte daran das Wappen Frankreichs, wie ich es an anderen Orten gemacht habe, wo wir angehalten hatten. Ich nannte diese Insel Sainte-Croix Island.

Am 6. verließen wir diese Sainte-Croix-Insel, wo der Fluss eineinhalb Meilen breit ist, und nachdem wir acht oder zehn Meilen gefahren waren, paddelten wir über eine kleine Stromschnelle und kamen an einer Menge Inseln verschiedener Größe vorüber.[237] Hier ließen unsere Indianer ihre Säcke mit ihren Vorräten und den weniger notwendigen Sachen, damit sie nicht so viel zu tragen hatten, sobald man über Land gehen musste an etlichen Stromschnellen vorbei, über die unser Weg führte. Ein großer Streit entstand zwischen unseren Indianern und unserem Hochstapler, der behauptete, es bestehe keine Gefahr in den Stromschnellen,

---

234 Lac des Chats.

235 Fluss Madawaska.

236 S. Fußnote 219.

237 Die Chenaux-Stromschnellen und die Inseln am Nordende des Lac des Chats.

und dass wir sie durchfahren sollten. Unsere Indianer sagten zu ihm: ›Du bist lebensmüde‹, und zu mir, dass ich ihm nicht Glauben schenken dürfe und dass er nicht die Wahrheit sage. Als ich auf diese Weise mehrmals bemerkt hatte, dass er keinerlei Kenntnis jener Orte hatte, folgte ich dem Rat der Indianer; und ich tat gut daran, denn er suchte schwierige Plätze, an denen ich umkommen sollte, oder um mir die Unternehmung zu verleiden, wie er später gestand (worüber wir noch sprechen werden). Wir überquerten also im Westen den Fluss, der nach Norden strömte, und ich vermaß unsere Lage, welche 46° 40' Breite betrug. Wir hatten große Mühe, diesen Weg über Land zu gehen, da wir schon meinethalben mit drei Hakenbüchsen beladen waren und mit ebenso vielen Paddeln, meinem Mantel und einigen kleineren Artikeln. Ich ermutigte unsere Leute, die etwas schwerer beladen waren, aber viel mehr litten an den Mücken als an ihrer Last. Als wir somit vier kleine Teiche[238] durchfahren hatten und zweieinhalb Meilen weitergezogen waren, waren wir derart ermüdet, dass es uns unmöglich war, weiterzugehen; denn seit fast 24 Stunden hatten wir nichts gegessen als etwas gebratenen Fisch ohne etwas anderes, denn wir hatten ja unsere Vorräte liegen lassen, wie ich oben geschildert habe. So ließen wir uns am Ufer eines Teiches[239] nieder, der recht annehmbar war. Wir machten Feuer, um die uns sehr belästigenden Mücken zu verjagen. Deren Aufdringlichkeit ist so unglaublich enorm, dass man es gar nicht beschreiben kann. Wir warfen unsere Netze aus, um einige Fische zu fangen.

Am nächsten Tag fuhren wir an diesem Teich entlang, der vielleicht eine Meile lang war. Dann gingen wir auf dem Land drei Meilen durch Gelände, das schwieriger war, als wir bis dahin gesehen hatten, weil die Stürme Fichten umgeworfen hatten, die nun übereinanderlagen. Dies stellt keine geringe Behinderung dar, denn einmal muss man über und ein anderes Mal unter diesen Bäumen hindurch.[240] Auf diese Weise kamen wir zu

238 Coldingham, Catherine, Town und Edmonds Lakes.
239 Olmsted Lake.
240 Ungefähr an dieser Stelle verlor Champlain seinen Astrolab; dieser wurde hier durch Zufall im August 1867 gefunden.

einem sechs Meilen langen und zwei Meilen breiten See[241], in dem es Fische in üppiger Zahl gab. Daher gehen hier die in der Umgebung wohnenden Stämme auf Fischfang. Nahe diesem See gibt es eine Siedlung der Indianer, welche die Erde bearbeiten und Mais ernten. Ihr Häuptling heißt Nibachis; er kam uns mit seinen Leuten besuchen und staunte, wie wir die Stromschnellen und dortigen schlechten Wege passieren konnten, um zu ihnen zu gelangen. Nachdem er uns nach ihrer Sitte Tabak geschenkt hatte, begann er zu seinen Stammesgenossen zu sprechen und sagte zu ihnen, dass wir aus den Wolken gefallen sein müssten. Denn er wisse nicht, wie wir hätten durchkommen können, wo doch sie, die sie in dem Land lebten, so viel Mühe hätten, diese schlechten Strecken zu bewältigen. Und er gab ihnen zu verstehen, dass ich alles zuwege bringe, was ich mir vorgenommen habe; kurz gesagt, dass er bezüglich mir glaube, was die anderen Indianer ihm über mich gesagt hätten. Und da sie wussten, dass wir Hunger hatten, gaben sie uns Fisch, den wir aßen. Nach dem Essen gab ich ihnen durch Thomas, meinen Dolmetscher, die Freude zu verstehen, die ich empfand darüber, ihnen begegnet zu sein. Ich sagte, dass ich in diesem Land sei, um ihnen in ihren Kriegen beizustehen, und dass ich noch weiterreisen wolle, um andere Häuptlinge zum gleichen Zweck zu besuchen. Hierüber freuten sie sich und versprachen, mir zu helfen. Sie zeigten mir ihre Gärten und Felder, wo Mais wuchs. Ihre Böden sind sandig, weshalb sie sich mehr der Jagd als der Feldarbeit widmen, im Gegensatz zu den Huronen. Wenn sie ein Gelände bearbeitbar machen wollen, brennen sie die Bäume ab, und zwar können sie dies ganz leicht, denn es handelt sich nur um Fichten voller Harz. Wenn das Holz verbrannt ist, graben sie die Erde etwas um und pflanzen dann den Mais Saatkorn für Saatkorn, wie sie es in Florida machen. Zu diesem Zeitpunkt war der Mais erst vier Fingerbreit hoch.

241 Muskrat Lake.

Kapitel IV

Fortsetzung. Ankunft bei Tessoüat, und das gute Willkommen, das er mir gewährt. Die Art ihrer Friedhöfe. Die Indianer versprechen mir vier Kanus, um meine Reise fortzusetzen. Kurz darauf verweigern sie sie mir. Ansprache der Indianer, um mich von meinem Unternehmen abzubringen, wobei sie mir die Schwierigkeiten aufzeigen. Meine Antwort auf diese Schwierigkeiten. Tessoüat beschuldigt meinen Führer der Lüge und nicht dort gewesen zu sein, wo er behauptete. Er besteht darauf, dass er die Wahrheit spreche. Ich dränge sie, mir Kanus zu geben. Mehrfache Weigerung. Mein Führer wird der Lüge überführt, und sein Geständnis.

Nibachis ließ zwei Kanus ausrüsten, um mich zu einem anderen Häuptling namens Tessoüat zu bringen, der acht Meilen entfernt wohnte am Ufer eines großen Sees[242], durch den der Fluss strömt, den wir verlassen hatten und der nach Norden weist.[243] So durchquerten wir den See[244] in Richtung Westnordwest fast sieben Meilen weit. Nachdem wir Land betreten hatten, gingen wir eine Meile nach Nordosten durch ziemlich schönes Land auf schmalen gebahnten Pfaden, auf denen man leicht vorankommt. Wir kamen am Ufer des Sees an, wo sich Tessoüats Wohnstätte befand[245]. Bei ihm war ein anderer Häuptling, sein Nachbar, und er war hocherstaunt, mich zu sehen und sagte uns, er denke, ich sei eine Traumgestalt und er glaube nicht, was er sah. Von dort fuhren wir auf eine Insel[246], wo ihre Hütten ziemlich schlecht mit Baumrinde gedeckt sind; sie ist voller Eichen, Fichten und

242 Unterer Allumette Lake.
243 S. Fußnote 212.
244 S. Fußnote 241.
245 Am Unteren Allumette Lake.
246 Morrison Island.

Ulmen und braucht nicht wie die anderen Inseln im See Überschwemmungen zu fürchten.

Die Lage dieser Insel ist gut für die Verteidigung. Denn an ihren beiden Enden und dort, wo der Fluss in den See strömt, befinden sich schlimme Stromschnellen, deren Ungebärdigkeit die Insel stark macht. Die Indianer haben sich hier niedergelassen, um den Angriffen ihrer Feinde zu entgehen. Sie liegt auf 47° Breite, ebenso wie der See, der 20 Meilen lang und drei oder vier breit ist. Er hat Fische in Fülle, andererseits ist die Jagd dort nicht sehr gut.

Als ich nun die Insel besuchte, bemerkte ich ihre Friedhöfe, die mich mit Bewunderung erfüllten, gab es doch Grabmäler in der Form von Heiligenschreinen; sie waren aus oben gekreuzten Holzstücken gefertigt; aufrecht im Boden versenkt, standen sie jeweils etwa drei Fuß voneinander entfernt. Über die Querbalken oben befestigte man ein großes Stück Holz und davor ein stehendes; in letzteres war grob (wie man erwarten würde) das Gesicht des- oder derjenigen geschnitzt, der oder die hier begraben liegt. Wenn es ein Mann ist, so bringen sie ein Rundschild an, ein Schwert mit einem Griff in der bei ihnen gebräuchlichen Art, eine Keule, einen Bogen und Pfeile. Wenn es sich um einen Häuptling handelt, hat er einen Federbusch auf dem Kopf und irgendeinen anderen Schmuck oder eine Verzierung; wenn um ein Kind, geben sie ihm einen Bogen und Pfeile; wenn um eine Frau oder ein Mädchen, einen Kessel, einen irdenen Topf, einen Holzlöffel und ein Paddel. Das längste Grab ist sechs oder sieben Fuß lang und vier breit, die anderen weniger. Sie sind gelb und rot angemalt, wobei einige Malereien so niveauvoll sind wie die Schnitzereien. Der Tote wird in seinem Biberfell oder in anderem Pelzwerk begraben, das er zu Lebzeiten trug; und sie geben ihm alle seine Wertsachen bei, etwa Beile, Messer, Kessel und Ahlen, damit er sich ihrer in dem Land bedienen kann, in das er geht. Denn sie glauben an die Unsterblichkeit der Seele, wie ich schon anderweitig erklärt habe. Solche geschnitzten Grabmäler erhalten nur Krieger; denn für andere Männer legen sie nicht mehr aufs Grab als für die Frauen, da sie unnütze Leute sind. Daher findet man auch nur wenige solche Gräber dort.

Nachdem ich die Kargheit des dortigen Bodens gesehen hatte, fragte ich sie, warum sie sich damit plagten, eine so schlechte Erde zu bearbeiten, da es doch viel bessere Böden gebe, die sie aber ungenutzt und unbewohnt ließen, wie etwa bei der Stromschnelle Saint-Louis[247]. Sie entgegneten, dass sie hierzu gezwungen seien, um in Sicherheit leben zu können, und dass die Magerkeit der Umgebung ihnen zum Bollwerk gegen ihre Feinde diene. Aber falls ich eine Franzosensiedlung an der Saint-Louis-Stromschnelle errichten wolle, wie ich versprochen hätte, dann würden sie ihre Wohnstätte verlassen und sich nahe uns niederlassen; denn sie wären sicher, dass ihre Feinde ihnen nichts Böses antun würden, solange wir bei ihnen wären. Ich sagte ihnen, dass wir dieses Jahr Vorbereitungen mit Holz und Steinen treffen würden, um im nächsten Jahr ein Fort zu bauen und die Böden zu bearbeiten. Als sie das hörten, stießen sie einen lauten Schrei aus als Zeichen der Zustimmung. Am Ende dieser Besprechung bat ich alle Häuptlinge und Anführer unter ihnen, sich am nächsten Tag auf dem Festland in der Hütte von Tessoüat einzufinden, der mir zu Ehren ein Tabakfest veranstalten wollte. Ich sagte, dass ich ihnen dann meine Absichten kundtun würde. Sie versprachen zu kommen und sandten umgehend Boten zu ihren Nachbarn, um diese einzuladen, ebenfalls zu kommen.

Am nächsten Tag kamen alle Eingeladenen, jeder mit seiner Holzschüssel und seinem Holzlöffel, und setzten sich ohne Rangordnung oder Zeremonie in Tessoüats Hütte auf den Boden. Er servierte ihnen eine Art ohne Salz gekochten Brei aus zwischen zwei Steinen zerriebenem Mais sowie in kleine Stücke geschnittenem Fleisch und Fisch. Es gab dazu auch auf Kohlen gegrilltes Fleisch und gekochten Fisch, welch beides er ebenfalls verteilte. Was mich angeht, so wollte ich gewiss nichts von ihrem Brei, weil sie beim Kochen sehr schmutzig vorgehen, aber ich bat sie um Fisch und Fleisch, um diese in meinem Stil zu braten. Sie gaben mir davon. Zu trinken hatten wir schönes, klares Wasser.

247 S. Fußnote 185.

Tessoüat, der das Fest veranstaltete, unterhielt uns, ohne dass er, dies ist ihre Sitte, selbst etwas aß.

Als das Mahl vorüber war, gingen die jungen Männer, die den Ansprachen und Beratungen nicht beiwohnen und bei den Festmählern an der Tür der Hütte bleiben. Dann begann jeder, der verblieben war, seine Pfeife zu stopfen, und die einen oder anderen boten auch mir eine an, und wir verwandten, wie es ihre Sitte ist, eine gute halbe Stunde auf diese Zeremonie, ohne ein Wort zu sagen.

Nachdem ich während dieser langen Stille reichlich geraucht hatte, gab ich ihnen durch meinen Dolmetscher zu verstehen, dass der Grund meiner Reise kein anderer war, als sie meiner Zuneigung zu versichern und mein Wunsch, ihnen in ihren Kriegen beizustehen, wie ich es ja auch zuvor schon getan hatte. Ich sagte, was mich im vergangenen Jahr gehindert hatte zu kommen, obwohl ich es versprochen hatte, sei der Umstand gewesen, dass mein König mich in anderen Kriegen beschäftigte. Aber jetzt habe er mir befohlen, sie zu besuchen und sie des Versprochenen zu versichern, und dass ich zu diesem Zweck eine Anzahl Männer an der Stromschnelle Saint-Louis[248] hätte. Ich sagte, dass ich auch gekommen sei, um durch ihr Land zu reisen, um die Fruchtbarkeit des Bodens zu erkunden sowie die Seen, Flüsse und das Meer, die sich ihren Angaben nach in ihrem Land befänden. Auch wolle ich einen Stamm namens Nebicerini kennenlernen, der sechs Tagereisen von ihnen entfernt lebe, um ihn ebenfalls einzuladen, sich auf den Kriegspfad zu begeben; und aus diesem Grund bitte ich sie, mir vier Kanus zu geben mit acht Indianern, die mich in dieses Land führen könnten. Und da die Algonkin keine großen Freunde der Nebicerini sind, schienen sie mir mit desto größerer Aufmerksamkeit zuzuhören.

Nachdem ich geendet hatte, begannen sie wiederum zu rauchen und ganz leise miteinander zu sprechen über meine Vorschläge. Dann ergriff Tessoüat für alle das Wort und sagte, dass sie mich schon immer als ihnen zugeneigter gekannt hatten

248 S. Fußnote 185.

als jeden anderen Franzosen, den sie je gesehen hätten; dass die Beweise, die sie aus der Vergangenheit hätten, den Glauben an die Zukunft erleichterten; außerdem, dass ich wohl gezeigt hätte, dass ich ihr Freund sei, da ich doch so viele Gefahren auf mich genommen hätte, um zu ihnen zu kommen und sie auf den Kriegspfad einzuladen; und dass all dies sie verpflichte, mir wohlzuwollen wie ihren eigenen Kindern; dass ich gleichwohl im Vorjahr mein Versprechen nicht gehalten hätte und dass 2000 Indianer zur Stromschnelle gekommen seien in der Absicht, mich dort zu finden, um in den Krieg zu ziehen und mir Geschenke zu machen, und als sie mich nicht vorgefunden hätten, sehr traurig gewesen seien, da sie glaubten, dass ich tot sei, wie ihnen einige auch erzählt hätten; auch hätten die Franzosen, die an der Stromschnelle waren, ihnen nicht in ihren Kriegen helfen wollen, und dass sie von einigen schlecht behandelt worden seien, so sehr, dass sie unter sich beschlossen hätten, nicht mehr zur Stromschnelle zu kommen, und dass dies sie dazu veranlasst hätte (da sie nicht mehr hofften, mich nochmals zu sehen), allein in den Krieg zu ziehen und dass in der Tat 1200 von ihnen auch dorthin gezogen seien. Und weil nun die Mehrzahl der Krieger abwesend sei, bäten sie mich, die Angelegenheit auf das folgende Jahr zu verschieben, und dass sie dies allen in der Region mitteilen würden. Was die vier Kanus anginge, um die ich bäte, so würden sie mir diese zur Verfügung stellen, doch unter großen Schwierigkeiten, denn sie müssten mir sagen, dass solch ein Unternehmen ihnen sehr missfalle, weil es mir große Mühen abverlangen würde; dass die dortigen Völker Zauberer seien und vielen ihrer Leute den Tod gebracht hätten durch Magie und Vergiftung, und dass sie deshalb nicht deren Freunde seien. Außerdem würde ich jene nicht für den Krieg brauchen, da sie nur geringen Mut besäßen. Und noch mit mehreren anderen Argumenten versuchten sie, mich von meinem Vorhaben abzubringen.

Ich andererseits, der ich keinen anderen Wunsch hatte, als diese Stämme zu sehen und mit ihnen Freundschaft zu schließen, um das Nordmeer zu sehen, versuchte ihre Schwierigkeiten zu beheben, indem ich sagte, dass es nicht weit sei bis zu deren Ländern; dass, was die schlechten Überlandwege anginge, sie nicht miserabler sein könnten als diejenigen, die ich bisher schon zu überwinden hatte; und was die Zaubereien angehe, so hätten diese keinerlei Macht, mir Schlechtes anzutun, und dass mein Gott mich vor denselben beschütze; dass ich auch ihre Kräuter kenne, und dass ich mich daher davor hüten würde, diese zu essen; dass ich wünschte, sie alle zu guten Freunden machen zu können, und den anderen Stämmen deshalb Geschenke machen würde und sicher sei, dass sie umgekehrt auch etwas für mich tun würden. Auf diese Argumente hin gewährten sie mir, wie ich gesagt habe, die vier Kanus, was mich sehr erfreute. Ich vergaß alle bisherigen Mühen auf die Hoffnung hin, dieses so sehr ersehnte Meer zu sehen.

Um den Rest des Tages zu verbringen, ging ich in ihren Gärten spazieren, in denen es ausschließlich Kürbisse, Bohnen und unsere Erbsen gab, die sie zu pflanzen beginnen. Dort kam Thomas, mein Dolmetscher, der ihre Sprache sehr gut versteht, um mich zu warnen, dass die Indianer, nachdem ich sie verlassen hatte, gedacht hatten, wenn ich diese Reise unternehme, ich sterben würde und sie auch; dass sie mir nicht die versprochenen Kanus geben könnten, da es unter ihnen niemanden gebe, der mich dorthin führen wolle; sondern dass ich die Reise auf das nächste Jahr verschieben solle, wenn sie mich mit guter Begleitung dorthin führen würden, um sich gut gegen jene Stämme zu schützen, falls diese Übles beabsichtigten; denn diese seien bösartig.

Diese Nachricht beunruhigte mich sehr, und ich ging sofort zu ihnen und sagte, dass ich sie bis zu diesem Tag als Männer erachtet hätte, die zu ihrem Wort stehen, und dass sie sich nun als Kinder zeigten und Lügner; und wenn sie ihre Versprechen nicht erfüllen wollten, dann sollten sie nicht so tun, als wären sei meine Freunde. Jedenfalls, sofern sie sich wegen der vier Kanus belästigt fühlten, könnten sie mir nur zwei geben und lediglich vier Indianer dazu.

Sie schilderten mir erneut die Schwierigkeit des Weges, die Zahl der Stromschnellen, die Bösartigkeit jener Stämme und sagten, dass es die Furcht sei, mich zu verlieren, welche sie zu ihrer Weigerung veranlasse.

Ich antwortete ihnen, dass es mich ärgere, dass sie sich so wenig als meine Freunde zeigten, und dass ich dies nie geglaubt hätte; dass ich einen jungen Mann hätte (und zeigte auf meinen Schwindler), der in ihrem Land gewesen sei und all die Schwierigkeiten, von denen sie sprachen, nicht gesehen hätte und auch die Stämme nicht so bösartig gefunden hätte, wie sie sie schilderten. Da begannen sie, ihn anzuschauen, und darunter besonders Tessoüat, der alte Häuptling, bei dem er überwintert hatte. Er nannte ihn bei seinem Namen und sagte ihm in seiner Sprache: ›Nicolas, stimmt es, dass Du gesagt hast, dass Du bei den Nebicerini warst?‹ Dieser sagte lange nichts, und dann sagte er ihnen in ihrer Sprache, die er nicht gut spricht, Ja, ich bin dort gewesen. Sofort betrachteten sie ihn schief, warfen sich auf ihn, als wollten sie ihn auffressen oder zerreißen, und stießen laute Schreie aus. Tessoüat sagte zu ihm: ›Du bist ein unverschämter Lügner, Du weißt sehr wohl, dass Du Dich jeden Abend an meiner Seite mit meinen Kindern zum Schlafen legtest und jeden Morgen aufgestanden bist. Wenn Du bei jenen Stämmen gewesen bist, dann nur im Schlaf. Wie konntest Du so dreist sein, Deinem Chef Lügen zu erzählen und so bösartig, sein Leben in so vielen Gefahren aufs Spiel setzen zu wollen? Du bist nicht mehr zu retten, er müsste Dich grausamer sterben lassen als wir dies mit unseren Feinden tun; ich staune nicht, dass er uns so lästig wurde, da er ja Deinen Worten Vertrauen schenkte.‹ Daraufhin sagte ich ihm, dass er diesen Leuten eine Antwort schulde; und wenn er in jenen Ländern gewesen sei, solle er mir Beweise dafür geben, sodass ich es glauben könne und er dadurch die Schwierigkeit behebe, in die er mich brachte. Aber er blieb stumm und völlig verzweifelt.

Daraufhin zog ich ihn von den Indianern weg und beschwor ihn, mir die Wahrheit klar zu sagen: Wenn er jenes Meer gesehen hätte, würde ich ihm die Belohnung geben lassen, die ich ihm versprochen hatte; und wenn er es nicht gesehen hätte, so solle er es mir nun sagen, ohne mir noch mehr Kummer zu bereiten.

Wiederum bestätigte er mit Schwüren alles, was er mir bisher gesagt hatte und sagte, dass er es mir zeigen werde, wenn die Indianer Kanus zur Verfügung stellen würden.

Nach diesen Gesprächen kam Thomas zu mir, um mir mitzuteilen, dass die Indianer der Insel[249] heimlich ein Kanu zu den Nebicerini schickten, um ihnen meine Ankunft anzukündigen. Um von der Gelegenheit zu profitieren, ging ich daraufhin zu diesen Indianern, um ihnen zu sagen, dass ich diese Nacht einen Traum gehabt habe, dass sie ein Kanu zu den Nebicerini senden wollten, ohne es mir anzukündigen, was mich erstaune, da sie ja wussten, dass ich dorthin gehen wolle. Zur Antwort sagten sie mir, dass ich sie sehr beleidige, da ich einem Lügner, der mich verderben wolle, mehr Vertrauen schenke als so vielen tapferen Häuptlingen, die meine Freunde seien und denen mein Leben teuer sei. Ich entgegnete, dass mein Mann (gemeint war unser Schwindler) in jener Region gewesen sei mit einem der Verwandten Tessoüats und das Meer gesehen habe, die Bruchstücke eines zerschellten englischen Schiffes, sowie 80 Skalpe, welche die Indianer besäßen und auch einen jungen Engländer, den sie gefangen hielten und mir zum Geschenk geben wollten.

Sie riefen lauter als zuvor, als sie vom Meer sprechen hörten, den Schiffen, den Skalpen der Engländer und von dem Gefangenen, dass mein Mann ein Lügner sei. Von da an nannten sie ihn so, als sei dies die größte Beleidigung, die sie ihm antun konnten; sie sagten alle gemeinsam, dass man ihn sterben lassen müsse, sofern er den nicht nenne, mit dem er dort gewesen sei, und die Seen angebe, die Flüsse sowie die Wege, auf denen er gegangen sei. Hierauf antwortete er selbstsicher, dass er den Namen des Indianers vergessen habe, obwohl er ihn mir mehr als 20-mal erwähnt hatte und sogar noch am Vortag. Die Besonderheiten des Landes habe er auf einem Blatt Papier beschrieben, das er mir gegeben habe. Daraufhin zeigte ich die Karte und ließ sie für die Indianer übersetzen; diese befragten ihn diesbezüglich, doch er

249 S. Fußnote 246.

gab ihnen hierauf keine Antwort, vielmehr ließ sein bedrücktes Schweigen seine Niedertracht erkennen.

Da ich in meinem Kopf unsicher war, zog ich mich zurück und stellte mir die schon erwähnten Einzelheiten der Reise der Engländer vor und fand, dass die Aussagen unseres Schwindlers diesen ziemlich genau entsprachen. Außerdem gab es wenig Anschein dafür, dass dieser junge Mann dies alles erfunden hatte und die Reise nicht hatte unternehmen wollen, sondern dass es vielmehr glaubhaft sei, dass er diese Dinge gesehen hatte, aber dass es Mangel an Wissen war, was ihm nicht erlaubte, auf die Fragen der Indianer zu antworten. Weiterhin, wenn der Bericht über die Engländer stimmt, so darf das Nordmeer von jenen Ländereien nicht weiter als 100 Meilen Breite entfernt sein, denn ich befand mich auf 47° Breite und 296° Länge. Aber es konnte sein, dass die Schwierigkeit der Überwindung der Stromschnellen und die Rauheit der mit Schnee bedeckten Berge der Grund dafür sind, dass diese Stämme keine Kenntnis von jenem Meer haben. Sie haben mir ja auch immer gesagt, dass es vom Land der Ochataiguins nur 35 oder 40 Tagereisen bis zum Meer sind, das sie von drei Stellen aus sehen. Dies haben sie mir auch dieses Jahr noch versichert. Aber niemand hat zu mir von jenem Nordmeer gesprochen außer diesem Lügner, der mir große Freude bereitet hat wegen der Kürze des Weges.

Als nun dieses Kanu bereitgemacht wurde, ließ ich ihn vor seine Gefährten kommen. Ich informierte ihn über alles, was sich ereignet hatte und sagte ihm, dass es jetzt kein Versteckspiel mehr geben könne und dass er sagen müsse, ob er die erwähnten Dinge gesehen hätte oder nicht; dass ich die sich präsentierende Gelegenheit nutzen wolle; dass ich alles vergessen hätte, was vorgefallen sei; aber dass ich, sollte ich noch weitergehen, ich ihn hängen und erwürgen ließe, ohne ihm irgendwelche Gnade zu erweisen. Nachdem er eine Weile nachgedacht hatte, fiel er auf die Knie und bat mich um Verzeihung und sagte, dass alles was er gesagt hätte, sowohl in Frankreich als auch in diesem Land bezüglich des Meeres, falsch sei; dass er es nie gesehen habe, und dass er nicht weiter weg gewesen sei als bis zum Dorf von Tessoüat; dass er dies alles nur gesagt habe, um nach Kanada zurückkehren zu können. Von Zorn überwältigt, hieß ich ihn sich zurückziehen, da ich ihn nicht mehr vor mir ausstehen konnte, und beauftragte Thomas damit, sich über die ganze Angelegenheit eingehend zu informieren. Diesem gegenüber fuhr der Schwindler fort zu sagen, dass er wegen der Gefahren nicht glaubte, dass ich die Reise unternehmen würde, und dass er vielmehr glaubte, dass sich Schwierigkeiten ergeben könnten, die mir das Durchkommen verwehren würden, wie zum Beispiel diejenige mit diesen Indianern, die mir keine Kanus geben wollten; und dass man so die Reise auf ein anderes Jahr verschieben würde. In Frankreich wäre er dann für seine Entdeckung belohnt worden. Und wenn ich ihn in diesem Land lassen würde, er so lange suchen würde, bis er es fände, und würde er dabei sterben. Dies sind seine Worte, wie sie mir Thomas berichtete. Sie befriedigten mich nicht sehr, staunte ich doch über die Frechheit und Gemeinheit dieses Lügners. Und ich kann mir nicht denken, wie er dieses Lügengebäude konzipiert hat, außer dass er von der oben erwähnten Reise der Engländer gehört hatte; und dass er in der Hoffnung, eine Belohnung zu bekommen, wie er ja auch sagte, er die Verwegenheit besaß, diese Geschichte aufzutischen.

Wenig später ging ich zu den Indianern, um sie zu meinem großen Bedauern über die Schlechtigkeit dieses Lügners zu unterrichten und darüber, dass er mir nun die Wahrheit gestanden hatte. Sie freuten sich darüber und tadelten mich für den Mangel an Vertrauen, das ich in sie gehabt hatte, die sie doch Häuptlinge und meine Freunde waren; dass sie immer die Wahrheit sagten; und dass man diesen Lügner zu Tode bringen solle, da er überaus arglistig sei. Sie sagten mir: ›Siehst Du nicht, dass er Dich sterben lassen wollte; gib ihn uns, und wir versprechen Dir, dass er nicht mehr lügen wird.‹ Und weil sie alle nach ihm schrien und ihre Kinder noch mehr, verbot ich ihnen, ihm etwas zu Leid zu tun und sagte, dass auch ihre Kinder daran gehindert werden sollten. Denn ich wollte ihn zur Stromschnelle zurückbringen, um ihn jenen Herren zu zeigen, denen er Salzwasser bringen sollte; und wenn wir dort wären, würde ich überlegen, was man mit ihm tun solle.

Da meine Reise in diese Richtung damit geendet und ich keinerlei Hoffnung hatte, das Meer noch in dieser Region zu erblicken außer vielleicht durch Mutmaßung, blieben mir nun lediglich das Bedauern, meine Zeit nicht besser verwendet zu haben und die Mühen und Anstrengungen, die ich hatte gleichwohl geduldig ertragen müssen. Wäre ich in eine andere Richtung vorgedrungen, wie die Indianer mir empfohlen hatten, hätte ich ein Unternehmen begonnen, das nun auf ein anderes Mal verschoben werden muss. Da ich zur Stunde keinen anderen Wunsch hatte, als von dort zurückzukehren, lud ich die Indianer ein, zur Stromschnelle Saint-Louis[250] zu kommen, wo sich vier Schiffe voll mit Waren aller Arten befanden und wo sie gute Behandlung erführen. Dies teilten sie allen ihren Nachbarn mit. Und bevor ich abfuhr, ließ ich ein Kreuz aus dem Holz einer weißen Zeder machen, welches ich mit dem Wappen Frankreichs auf einer erhöhten Stelle am Ufer des Sees[251] aufrichten ließ. Und ich bat die Indianer, es gut zu bewahren ebenso wie jene, die sie entlang der Wege finden würden, auf denen wir gekommen waren; und wenn sie sie abbrechen würden, würde ihnen Übles widerfahren; wenn sie sie aber bewahrten, würden sie nicht von ihren Feinden angegriffen. Sie versprachen mir, sich so zu verhalten und dass ich die Kreuze wiederfinden würde, sobald ich zu ihnen zurückkehren würde.

---

250 S. Fußnote 185.
251 S. Fußnote 242.

Kapitel V

Unsere Rückkehr an die Stromschnelle. Falscher Alarm. Zeremonie am Chaudière-Wasserfall. Beichte unseres Lügners vor allen Chefs. Und unsere Rückkehr nach Frankreich.

Am 10. Juni verabschiedete ich mich von Tessoüat, dem guten alten Häuptling, und machte ihm einige Geschenke, wobei ich ihm versprach, wenn Gott mir weiterhin Gesundheit schenke, im folgenden Jahr zu kommen, ausgerüstet für den Kriegspfad. Und er versprach mir, eine große Zahl Leute bis dahin zusammenzubringen. Er sagte, dass ich nichts anderes mehr sehen würde als Indianer und Waffen, was mich sehr zufriedenstellen würde. Und er gab mir seinen Sohn zur Begleitung mit. So brachen wir mit 40 Kanus auf und fuhren durch den nach Norden fließenden Fluss[252], den wir verlassen hatten. Wir gingen an Land [und trugen die Boote], um anschließend einige Seen zu durchqueren. Unterwegs trafen wir auf neun Kanus der Ouescharini mit 40 starken und kräftigen Männern, die auf die Nachrichten hin kamen, die sie erhalten hatten. Und wir begegneten auch noch anderen, die zusammen 60 Kanus stark waren; und 20 weiteren, die vor uns abgefahren waren, da sie bereits genügend Waren hatten.

Wir kamen von der Insel der Algonkin[253] an über sechs oder sieben Stromschnellen bis zur kleinen Schnelle[254] durch recht unschönes Land. Ich erkannte deutlich, dass wir, wenn wir hier heraufgekommen wären, sehr viel größere Mühe gehabt hätten und nur unter großen Schwierigkeiten hätten passieren können. Die Indianer hatten sich nicht ohne Grund gegen unseren Lügner gewandt, der mich nur erledigen wollte.

---

252 Der Fluss Ottawa fließt infolge einiger Windungen gelegentlich nach Norden, so etwa vor dem Coulonge Lake.

253 S. Fußnote 246.

254 Chenaux-Stromschnellen.

Unseren Weg fortsetzend, ruhten wir uns zehn oder zwölf Meilen flussabwärts von der Insel der Algonkin auf einer sehr angenehmen Insel aus. Sie war voller Weinreben und Nussbäumen, und wir fingen guten Fisch. Gegen Mitternacht kamen zwei Kanus an, die weiter entfernt fischen gewesen waren und sagten, dass sie vier Kanus ihrer Feinde gesehen hätten. Sofort schickte man drei Kanus zu ihrer Erkundung, doch sie kamen ohne etwas gesehen zu haben zurück. Hierdurch beruhigt, legte sich jeder zur Ruhe außer den Frauen; diese entschieden, die Nacht in ihren Kanus zu verbringen, da sie sich an Land nicht sicher genug fühlten. Eine Stunde vor Tagesanbruch träumte ein Indianer, dass die Feinde ihn angriffen; er sprang auf und lief zum Wasser, wobei er schrie: ›Man bringt mich um.‹ Alle seine Stammesgenossen wachten benommen auf und warfen sich, da sie sich von ihren Feinden verfolgt glaubten, ins Wasser; das Gleiche tat einer unserer Franzosen, der glaubte, dass man ihn niederknüppele. Der große Lärm weckte uns andere, die wir weiter entfernt schliefen, ebenfalls auf, und wir liefen zu ihnen, ohne die Sache weiter zu untersuchen. Aber als wir sie im Wasser in diese oder jene Richtung irren sahen, staunten wir nicht schlecht, denn sie wurden von keinem Feind verfolgt, und wären sie verfolgt worden, hätten sie sich nicht verteidigen können, sondern wären umgekommen. Als ich unseren Franzosen über die Ursache dieser Aufregung befragte, sagte er, dass ein Indianer geträumt hätte und dass er selbst sich dann mit den anderen, um sich zu retten, ins Wasser geworfen hätte in dem Glauben, geschlagen worden zu sein. Nachdem wir erkannt hatten, wie sich die Sache verhielt, gab es viel Gespött.

Wir setzten unseren Weg fort und kamen zum Chaudière-Wasserfall, wo die Indianer ihre übliche Zeremonie abhielten,[255] welche folgendermaßen geht. Nachdem sie ihre Kanus zum Fuß des Wasserfalls getragen haben, versammeln sie sich an einem Platz, wo einer von ihnen mit einem Holzteller eine Kollekte

255 Dies ist die Zeremonie, auf die oben bei Fußnote 230 Bezug genommen wird.

durchführt, und jeder von ihnen legt ein Stück Tabak darauf. Wenn die Kollekte beendet ist, wird der Teller in die Mitte der Gruppe gelegt, und alle tanzen um ihn herum und singen dabei in der ihnen eigenen Art. Dann hält einer der Häuptlinge eine Ansprache, in der er aufzeigt, dass sie schon seit langer Zeit eine solche Opfergabe darbieten und sie durch dieselbe vor ihren Feinden beschützt werden, ihnen ohne diese aber Unglück zustoße, wie der Teufel ihnen versichere. Sie leben mit diesem Aberglauben wie auch mit manchen anderen, wie wir andernorts schon erwähnt haben. Wenn er geendet hat, nimmt der Redner den Teller und wirft den Tabak in die Mitte des Wasserfalls, wobei alle einen lauten Schrei ausstoßen. Diese armen Leute sind so abergläubisch, dass sie nicht glauben, eine gute Reise unternehmen zu können, wenn sie diese Zeremonie nicht an diesem Ort vollzogen haben, und dies, obwohl ihre Feinde ihnen an dieser Stelle auflauern, da dieselben wegen der schlechten Wege nicht weiterzugehen wagen und sie dort überraschen. Das haben sie schon mehrmals getan.

Am nächsten Tag kamen wir zu einer Insel[256] an der Einfahrt in den See; sie befindet sich sieben oder acht Meilen von der großen Saint-Louis-Stromschnelle entfernt. Während der Nacht, als wir ruhten, gab es einen anderen Alarm. Die Indianer hatten geglaubt, Kanus ihrer Feinde gesehen zu haben. Deshalb zündeten sie mehrere große Feuer an, die ich sie aber wieder auslöschen ließ. Ich legte ihnen dar, dass die Feuer ihnen zum Nachteil gereichen konnten, da sie durch dieselben, statt sich zu verstecken, ja ihre Gegenwart kundtaten.

Am 17. Juni kamen wir zu der Saint-Louis-Stromschnelle[257], wo ich L'Ange vorfand, der in einem Kanu schon vor mir gekommen war, um mir mitzuteilen, dass der Sieur de Maisonneuve aus Saint-Malo einen Pass des Herrn Prinzen[258] für mich gebracht hätte für drei Schiffe. Bevor ich ihn sprach, ließ ich

256 Vermutlich Carillon Island an der Einfahrt zum Lake of Two Mountains.
257 S. Fußnote 185.
258 S. Fußnote 205.

alle Indianer zusammenrufen, um ihnen zu verstehen zu geben, dass ich wünschte, dass sie mit keinerlei Waren handelten, ohne dass ich ihnen Erlaubnis hierzu gegeben hätte. Und was die Lebensmittel angehe, so würden sie dieselben sofort nach unserer Ankunft erhalten. Sie versprachen mir dies und sagten, dass sie meine Freunde seien. Wir fuhren unseren Weg weiter und kamen zu den Pinassen, wo wir mit einigen Kanonensalven begrüßt wurden, was einige unserer Indianer erfreute, andere aber sehr erstaunte, da sie noch nie solche Musik gehört hatten. Nachdem ich an Land gegangen war, kam Maisonneuve zu mir mit dem Pass des Herrn Prinzen. Und sobald ich den Pass angesehen hatte, ließ ich Maisonneuve und seine Leute in gleicher Weise wie uns selbst davon profitieren. Und ich ließ den Indianern sagen, dass sie am nächsten Tag Handel treiben könnten.

Nachdem ich alle Anführer gesehen, ihnen über die Ereignisse meiner Reise Bescheid gegeben und auch von der Bösartigkeit unseres Lügners gesprochen hatte, welch Letztere sie sehr erstaunte, bat ich sie, sich zu versammeln, damit er in ihrer Gegenwart und derer der Indianer und seiner Gefährten seine Bosheit kundtue; dies taten sie gern. Als sie somit versammelt waren, ließen sie ihn kommen und fragten ihn, warum er mir nicht das Nordmeer gezeigt habe, wie er bei seiner Abreise versprochen hatte. Er antwortete, dass er eine ihm unmögliche Sache versprochen habe, da er dieses Meer nie gesehen habe, und dass der Wunsch, diese Reise zu unternehmen, ihn zu der Aussage verleitet habe; dass er auch nicht glaube, dass ich diese Reise unternehmen solle; und er bat sie, ihm verzeihen zu wollen. Hierum bat er mich gleichermaßen und gestand, dass er schlimm gefehlt habe. Wenn ich ihn jedoch im Lande lassen wolle, würde er so hart arbeiten, dass er seinen Fehler wieder gutmachen würde; und dass er das Meer besuchen und im nächsten Jahr darüber berichten würde. Aus mehreren Gründen vergab ich ihm unter dieser Bedingung.

Nachdem ich ihnen im Einzelnen von der guten Aufnahme berichtet hatte, die mir an den Wohnstätten dieser Indianer zuteil geworden war und davon, was ich täglich getan hatte, fragte ich auch, was sie [die Franzosen] denn während meiner

Abwesenheit getan hätten und wie sie mit ihrem Zeitvertreib, nämlich dem Jagen, zurechtgekommen seien. Sie sagten, sie hätten so große Fortschritte gemacht, dass sie meistens sechs Hirsche zurückgebracht hätten. Einmal, nämlich am Tag des heiligen Barnabas[259], hatte der Sieur du Parc zusammen mit zwei anderen sogar neun getötet. Diese Hirsche gleichen nicht den unsrigen, und es gibt unterschiedliche Arten, die einen sind größer, die anderen kleiner und ähneln unserem Damwild. Sie hatten auch die größtmögliche Zahl von Tauben erjagt, und hatten nicht weniger Fische, nämlich Hechte, Karpfen, Störe, Alsen, Barben, Schildkröten, Wolfsbarsche und andere, bei uns unbekannte gefangen, die sie jeden Tag zum Mittag- und Abendessen verzehrten. Auf diese Weise waren sie alle in besserem Zustand als ich, der ich geschwächt war durch die Arbeit und das Gezänk der vergangenen Wochen; auch hatte ich meistens nicht mehr gegessen als einmal am Tag schlecht gekochten oder halbgebratenen Fisch.

Am 22. Juni, gegen acht Uhr abends, schlugen die Indianer bei uns Alarm, weil einer der Ihren geträumt hatte, dass er die Irokesen gesehen hatte. Um sie zufriedenzustellen, nahm jeder der Unsrigen seine Waffen auf, und einige wurden zu den Hütten der Indianer geschickt, um sie zu beruhigen und um die Zugänge auszuspähen. Als man erkannte, dass es ein falscher Alarm war, begnügte man sich damit, einige 200 Musketen- und Hakenbüchsenschüsse abzufeuern; dann legte man die Waffen nieder und stellte nur die üblichen Wachen auf. Das beruhigte sie sehr, und sie waren erfreut zu sehen, dass die Franzosen bereit waren, ihnen beizustehen.

Nachdem die Indianer ihren Handel abgeschlossen hatten und entschieden hatten, nach Hause zurückzukehren, bat ich sie, zwei junge Männer mitzunehmen, damit die Indianer unsere Freundschaft sähen, ihnen das Land zeigen könnten und die Verpflichtung hätten, sie zu uns zurückzubringen. Doch sie machten große Einwände und wiesen mich auf den Ärger hin,

---

259 11. Juni.

den mir unser Lügner bereitet hatte und fürchteten, dass diese mir falsche Berichte erstatten würden, wie jener es getan hatte. Ich antwortete, dass diese gute und wahrheitsliebende Leute seien; und ich sagte, wenn sie diese nicht mitnehmen wollten, dann seien sie nicht meine Freunde; daraufhin stimmten sie zu. Unseren Lügner wollte jedoch keiner der Indianer nehmen, wie sehr ich sie auch darum bat, und so überließen wir ihn dem Schutz Gottes.

Da ich sah, dass ich in diesem Land nichts weiter zu tun hatte, beschloss ich, auf das nächste Schiff zu gehen, das nach Frankreich zurückkehrte. Da die Pinasse des Sieur de Maisonneuve abfahrbereit war und er mir die Fahrt anbot, nahm ich an. Am 27. Juni brachen wir zusammen mit dem Sieur L'Ange von der Stromschnelle[260] auf. Wir ließen die anderen Pinassen zurück, da diese warteten, bis die Indianer vom Kriegspfad zurückkämen. Wir erreichten Tadoussac am 6. Juli.

Am 8. August erschien das Wetter günstig für unsere Abfahrt.

Am 18. verließen wir die Gaspé-Halbinsel beim Rocher Percé.

Am 28. befanden wir uns auf der Grand Bank, wo die Fischerei zum Einsalzen praktiziert wird, und wir fingen so viele Fische, wie es uns beliebte.

Am 26. August[261] kamen wir in Saint-Malo an, wo ich die Kaufleute besuchte und ihnen darlegte, wie leicht es wäre, sich in einer guten Gesellschaft für die Zukunft zusammenzuschließen. Sie entschieden sich hierfür, wie diejenigen in Rouen es schon getan hatten sowie diejenigen von La Rochelle, nachdem sie erkannt hatten, dass Regulierung notwendig ist. Denn ohne eine solche ist es unmöglich, aus diesen Ländern Gewinn zu erwarten. Möge Gott in seiner Gnade diese Unternehmung zu seiner Ehre und zu seinem Ruhm gedeihen lassen, zur Bekehrung jener Heiden und zum Wohle und zur Ehre Frankreichs.

Ende

260 S. Fußnote 185.
261 Vermutlich September.

Bibliografische Information der Deutschen Nationalbibliothek
Die Deutsche Nationalbibliothek verzeichnet diese Publikation
in der Deutschen Nationalbibliografie; detaillierte bibliografische Daten
sind im Internet über http://dnb.d-nb.de abrufbar.

Cover & Umschlag: Anja Carrà, Weimar; Karina Bertagnolli, Wiesbaden
Bildnachweis: © Parc national du Mont-Tremblant, Canada,
Photo by Jamshed Khedri on Unsplash
Gesamtherstellung: CPI books GmbH, Leck – Germany

ISBN: 978-3-7374-0058-9

Mehr über Ideen, Autoren und Programm des Verlags finden Sie auf
www.verlagshausroemerweg.de und in Ihrer Buchhandlung.